京郊民宿产业发展研究

赵慧娟 王业娜 丁杰 著

北京出版集团
北京出版社

图书在版编目（CIP）数据

京郊民宿产业发展研究 / 赵慧娟，王业娜，丁杰编著． -- 北京：北京出版社，2024.11. -- ISBN 978-7-200-19025-0

Ⅰ．F726.92

中国国家版本馆CIP数据核字第2024DH9455号

京郊民宿产业发展研究
JINGJIAO MINSU CHANYE FAZHAN YANJIU

赵慧娟　王业娜　丁杰　编著

*

北京出版集团
北京出版社　出版
（北京北三环中路6号）
邮政编码：100120

网　　址：www.bph.com.cn
北京出版集团总发行
新华书店经销
北京建宏印刷有限公司印刷

*

145毫米×210毫米　10.125印张　256千字
2024年11月第1版　2024年11月第1次印刷
ISBN 978-7-200-19025-0
定价：68.00元
如有印装质量问题，由本社负责调换
质量监督电话：010-58572393

编委会

总顾问　田宏忠

顾　问　周　丽　张敬东　李永生

编著人员　赵慧娟　王业娜　丁　杰　刘安英
　　　　　　刘　钊　马媛媛　杜　程　郇宜秀
　　　　　　苑　鑫　易玲玲　孙丽媛

前言

北京民宿学院自 2022 年服贸会揭牌成立以来，学校、企业、行业协会三方共建，学校与国奥集团、北京旅游行业协会民宿分会以产业学院的形式在人才培养、科学研究、技术创新、企业培训、社会服务等方面持续推进，多次举办工作研讨会，尤其在学校"数字技术技能节"上共同就民宿专业学生联合培养、实习就业、教师进行民宿研究等问题开展师生大讨论，制订实施计划，共同推动民宿人才的培养和对京郊民宿产业发展的研究。

目前，国家和地方层面密集出台了不少促进民宿发展的各类政策，2023 年中央一号文件中明确提出"培育乡村新产业新业态""实施乡村休闲旅游精品工程，推动乡村民宿提质升级"。党的二十大报告提出，全面推进乡村振兴。扎实推动乡村产业、人才、文化、生态、组织振兴。伴随着乡村振兴战略的全面实施，民宿产业已成为精准扶贫的产业选择、乡村振兴的突破点，已成为具有巨大增长空间的新型消费领域和各地政府着力培育的新兴产业。生动丰富的民宿实践推动了民宿相关理论研究，但关于京郊民宿产业发展研究的成果尚不多见，不能与民宿发展的实际需求相匹配。京郊民宿产业的发展特点、发展现状及发展对策，在城乡融合发展和乡村振兴中承担着重要作用和独特角色，需要基于国家战略和产业实践，广泛进行案例研究和系统总结。

《京郊民宿产业发展研究》主要由北京民宿学院的教师团队完成，

本书博采众长，以求较为全面、系统地反映京郊民宿发展情况，力求描绘京郊民宿发展蓝图，研究民宿产业发展案例、模式及人才供需问题，为民宿投资经营、开展行业管理和学术研究等提供参考，以促进民宿学术研究和产业实践。北京民宿学院的教师团队成员立足京郊民宿发展实际，在以往对民宿研究的基础之上不断拓展研究领域、拓宽研究视角、改进研究方法，汇集诸多研究成果于本书。本书共分六章：第一章京郊民宿发展理论基础及发展现状，第二章京郊民宿产业发展案例研究，第三章京郊民宿产业发展模式研究，第四章京郊民宿产业人才供需研究，第五章京郊民宿产业评价指标体系构建研究，第六章京郊民宿产业发展的政策建议。

本书是北京民宿学院进行民宿科学研究、社会服务的重要抓手，接下来，北京民宿学院将在政、校、企、行、协的共同推动下，立足北京，放眼全国，围绕服务国家乡村振兴战略在人才联合培养、技术创新、科学研究、社会服务等方面持续发力，推动民宿产业成为乡村振兴的重要增长点和支撑点，共同推进国内民宿IP建设，共创中国民宿IP新时代！

北京民宿学院编写团队
2024年6月

目 录

第一章 京郊民宿发展理论基础及发展现状 ……………………1
一、民宿发展理论基础 ………………………………………… 2
二、京郊民宿发展研究现状 ………………………………… 12
三、京郊民宿发展历程 ……………………………………… 28
四、京郊民宿产业发展现状 ………………………………… 33

第二章 京郊民宿产业发展案例研究 ……………………… 61
一、延庆区：石光长城、原乡里·三司、荷府民宿 ……… 62
二、门头沟区：百花山社、隐北野奢、瓦窑民宿 ………… 83
三、密云区：山里寒舍、老友季 …………………………… 100
四、怀柔区：国奥乡居、瓦厂、渔唐 ……………………… 111
五、平谷区：金塔仙谷、家里有矿民宿 …………………… 134
六、昌平区：仙人洞村、严方院宿集、后院·白虎涧 …… 140
七、房山区：隐居乡里·姥姥家、博士小院、圣水莲庭民宿 …… 151
八、大兴区：未来好宿·搪瓷缸小院、茶香丽舍·清幽阁民宿 … 162

第三章　京郊民宿产业发展模式研究 … 169
一、以"联盟引领社区共生"为主的民宿区域品牌发展模式 … 170
二、"长城文化+非遗传承"赋能京郊民宿产业发展模式 … 181
三、以"农文旅融合景村合一"为主的"民宿+"推动乡村振兴产业模式 … 193
四、以"乡居度假模式"为主的民宿产业发展模式 … 197
五、以"质朴乡土，纯净自然"为主的民宿产业发展模式 … 207

第四章　京郊民宿产业人才供需研究 … 213
一、京郊民宿产业人才需求情况调研 … 214
二、京郊民宿产业人才供给情况分析 … 241
三、京郊民宿产业人才供需矛盾突出 … 247
四、破解供需矛盾的对策研究 … 251

第五章　京郊民宿产业评价指标体系构建研究 … 263
一、京郊民宿产业评价指标体系构建原则 … 264
二、京郊民宿产业评价方法选择 … 266
三、京郊民宿产业评价指标设计 … 267
四、京郊民宿游客满意度分析 … 271

第六章　京郊民宿产业发展的政策建议 287
　　一、明确京郊民宿发展定位，盘活乡村旅游资源 288
　　二、加快建设公共服务数据平台，加强事中事后监管服务
　　　　与监管并举 290
　　三、加强行业自律、社区自治及建设数字文旅生态系统，培育
　　　　民宿产业集群竞争力 294
　　四、挖掘人文及绿色资源，培育北京特色民宿品牌 295
　　五、数字赋能乡村民宿行业管理，打造数字民宿新高地 297
　　六、发挥北京民宿学院作用，培养京郊民宿产业人才 299

附录 301

参考文献 308

第一章

京郊民宿发展理论基础及发展现状

一、民宿发展理论基础

（一）民宿发展历程

民宿最早可以追溯到18世纪，当时的民宿具有私人服务的特质，多为主人自己经营，客人与主人有一定程度上的交流，并有特殊的机会去认识当地环境（戴湘毅等，2019）。1855年，法国参议员欧贝尔带领一群贵族到巴黎郊外的农村度假，向当地人学习制作鹅肝酱馅饼，学习养蜜蜂、伐木种树、挖池塘淤泥，与当地农民同吃住。此后农家乐在欧洲悄然兴起。这一时期，英国和德国的贵族也有到乡村农场、农庄旅游的习惯。1865年，意大利"农业与全国协会"的成立标志着现代意义上的农家乐诞生。20世纪60年代初期，英国的西南部与中部人口较稀疏的农家，为了增加收入开始经营民宿，当时的民宿数量并不多，是采用B&B（Bed and Breakfast）的经营方式，它属于家庭式的招待，就是英国最早的民宿。而日本的民宿发展至今已有百年历史。最早的民宿是由一些登山、滑雪、游泳等爱好者租借民居而衍生发展起来的。日本民宿的雏形源于20世纪20年代末。当时，那些去日本滑雪胜地白马山麓的登山或滑雪爱好者会聘请当地人做向导，并付费在他们家里借宿。之后，沿海城市同样出现了家庭旅馆式的民宿。日语"Minshuku"后来成为中文"民宿"一词的来源。我国民宿的历史起源于20世纪80年代的台湾垦丁，1981年前后，台湾的垦丁国家公园附近由于游客的爆发性增长，饭店、旅馆、住宿供不应求且缺乏服务。有空屋的人家因此挂起民宿的招牌进行营业，台湾的民宿就此开始发展。目前垦丁的民宿已经成为台湾旅游发展的重要品牌和核心竞争力（梅林等，2021）。

中国大陆民宿则萌芽于20世纪90年代前后，当时大多称其为"农家乐"或"客栈"。客栈，在中国已有几千年的发展历史，而和民宿相关的客栈则一般指在丽江、大理、北戴河等地萌芽的、居民自主开发的客栈。有关中国大陆农家乐的发源地说法不一。流传较广的是四川成都一带兴起的"农家乐"。为了接待到乡村郊野赏花看景的客人，有村民将自己的房屋收拾一番，不仅可以短暂留宿客人，还能使其品尝当地地道的农家菜品。农家菜品最常见的是鸡、兔和鱼。客人到鸡栏、兔笼、鱼池边看中哪只（条），就叫老板捉来当场过秤宰杀，清洗干净趁鲜烹饪上桌。差不多同时期，与四川相距千里的上海崇明区前卫生态村则推出了农家乐休闲度假项目，主打"吃农家饭、住农家屋、干农家活、享农家乐"的主题，深受都市游客的青睐。21世纪初期，在热门旅游目的地和大城市周边产生了很多农家乐式的休闲农庄，可以观赏当地乡野风景、提供当地特色饮食和体验特色活动。处在初级阶段的民宿1.0时代多是自发形成的，以乡村农家乐为主流，没有高级奢华的设施，追求的是淳朴的民风及独具特色的民俗文化。

各国民宿业的发展大概经历了三个阶段：第一阶段，就像我们熟知的农家乐，粗糙而原始；第二阶段，是一些在城市里有资产积累的退休人士，回乡重构梦想，多为零散的、自发的；第三阶段，政府、资本介入，呈现高端化、专业化和品牌连锁化的发展趋势。

在第一阶段的发展历程中，全球民宿主要经历了如下阶段：

◎20世纪60年代，英国出现B&B型家庭旅馆，是最早的民宿。

◎20世纪70年代，美国民宿以家居式青年旅馆的形式兴起。

◎20世纪80年代，中国台湾因景区发展迅速，住宿设施不足，民宿应运而生。

◎20世纪90年代，中国大陆以农家乐和家庭旅馆为主的民宿开始发展。

◎20世纪90年代，中国台湾、英国等地开始成立各类协会及相关部门引导民宿发展。

◎21世纪初,法国和中国台湾地区修订法规,对民宿的设立标准进行规范。

全球各国民宿行业发展除了有一定的共性,不同国家和地区也发展出了不同的特点。比如北美洲地区的民宿主要以青年旅舍、家庭旅馆的形式呈现,价格相对便宜;欧洲地区则是结合当地特色农场,作为农场副业的形式经营;而亚洲地区则是全球精品民宿发展的代表,发展出了不同的主题风格,并呈现出高端化、精品化、重服务的趋势(见表1-1)。

表1-1 不同地区民宿特色

美洲地区	欧洲地区	亚洲地区
发展特色:美洲民宿发展相对成熟,以居家式为主	发展特色:以英国、法国为主,是民宿发展的起源地	发展特色:以中国台湾、日本为经典,是全球民宿发展精品的代表
开发形式:以青年旅舍、家庭旅馆的形式呈现,价格相对便宜	开发方式:优先保护农舍,结合开发,采用副业形式经营	发展趋势:不同主题风格的民宿成为旅游核心吸引力之一,并呈现高端化、精品化、重服务的趋势

(二)民宿定义及类型

随着民宿的不断发展成熟,逐渐有了清晰的定义。比较常用的定义:民宿是指利用自用住宅空闲房间,或者闲置的房屋,结合当地人文、自然景观、生态、环境资源及农林渔牧生产活动,以家庭副业方式经营,提供旅客乡野生活之住宿处所。民宿不同于传统的饭店旅馆,也许没有高级奢华的设施,但它能让人体验当地风情。

不同国家和地区对于民宿也有不同的定义和限定条件。比如中国台湾地区法律规定民宿必须位于风景特定区、观光地区、原住民区、偏远地区以及离岛地区等，甚至规定为"非都市土地"的区域，因此，台湾地区民宿多处于风景优美的乡村偏远地带。法国政府规定民宿房间数最多为6间，申请设立民宿必须符合消防、建筑及食品卫生等规范，同时必须为旅客办理保险。2017年，我国首个民宿的国家行业标准《旅游民宿基本要求与评价》出台，对营业执照、消防安全、卫生服务等做出了详细的规定。2019年12月，北京市文旅局会同有关部门联合印发了《关于促进乡村民宿发展的指导意见》，这是北京首次对乡村民宿发展发布的规范性指导意见。该意见指出，在经营规模方面，乡村民宿的单体经营规模为经营用客房数不超过14间（套）、建筑面积不超过800㎡。为了避免对传统旅馆和酒店行业产生冲击，日本于2017年6月颁布的住宅泊宿事业法，允许居民将自家闲置的房间出租给游客的同时，限制其每年营业时间不超过180天，地方政府有权将民宿营业时间压缩至30～60天/年（资质型民宿和特区民宿不受此限制，可以经营180天以上）。

根据不同的划分标准，民宿可以分为不同的类型。按发展类别可分为传统民宿、现代民宿；按地理位置可分为乡村民宿、城市民宿；按服务功能可分为单一服务型民宿、综合服务型民宿；按规模可分为居家散落型民宿、单独打造型民宿、小簇集群型民宿、连片新建型民宿；按发展层级可分为一般民宿、精品民宿、主题民宿；按产权可分为私有民宿、集体所有民宿、国有民宿、社会民宿。日常生活中大致可将民宿分为以下6种类型：农家乐、家庭旅馆、青年旅社、乡村别墅、酒店式公寓、客栈。从功能上，又可以将民宿分为以下5种类型：

◎农业体验型：以农林渔牧业为基础，集吃、住、娱、休闲度假于一体的综合型场所；

◎民俗体验型：以地理人文景观为特色，为游客提供休闲度假场所；

◎度假休闲型：海滨、草原、海岛、森林、雪山、温泉等拥有独特旅游资源的地方，可以满足游客放松休闲需求的场所；

◎艺术体验型：会体现出强烈的店主的风格，有较多的设计元素，民宿本身能满足用户猎奇的心理，或能提供一些个性化产品及体验活动的地方；

◎自助体验型：强调自助互助、实惠、不浪费，以社群生活和文化交流著称。顾客多为背包客、夫妻或结伴而行的游客。

民宿客人的人群定位主要包括：各地散客、中产阶层客人、商务客人，以及各地的背包族与民宿主人志趣相投的客人。根据《中国民宿发展报告（2020—2021）》的数据，由于受到新冠疫情（以下简称疫情）影响，2020年上半年各省区市客源倾向于周边游，随走随订演变成一种流行的出行方式，接受调查的民宿中，74.81%的民宿接待的全部是大陆居民，剩余25.19%的民宿接待的客人中有港、澳、台同胞，也有极少数的日、韩等亚洲国家的客人。民宿作为本地及周边游的重要方式，已经显现出其优势，尤其是民宿中的旅游民宿。随着疫情结束，跨境旅游的逐渐放开，相信未来会有更多来自世界各地的游客选择民宿作为住宿第一选择，体验物美价廉的居住服务的同时，更好地融入当地的文化和生活之中。

（三）国内民宿业发展现状及问题

2012年以后，中国旅游度假需求增长迅速，大众出行主体由商务出行转向个人旅游，居民对于客栈民宿等个性化主题酒店需求增加。而今，客栈民宿市场在中国正处于爆发式增长期。国内的民宿首先出现在经济发达的沿海地区，处在初级阶段的民宿行业本身多是自发形成的，以乡村农家乐为主流，只能提供简单的餐饮娱乐和住宿服务。国内民宿大多学习我国台湾地区和日本的经验，发展正处于起步阶段，现在越来越多的人对生活品质的要求提高了，人们也不再满足于传统的农家乐、农庄、旅游景区提供的服务，转而投向精致高品位的民宿休闲旅游，因此各地民宿也如雨后春笋般纷纷涌现。

目前我国的民宿分布主要集中在南方，北方占有少量份额。民宿主要集中在旅游景区周边，依托于旅游景点，以景区为核心向周边辐射，形成了过分集中于景区的特点。在北方，民宿以北京、秦皇岛为主要分布区；在南方则以丽江、大理、厦门、嘉兴、三亚、杭州、桂林、舟山、成都为主要分布区。

随着旅游业的发展和游客需求的不断提高，民宿行业也在不断地经历创新和发展。未来，民宿行业可能会出现以下几个趋势。

1. 多元化融合的住宿形式

随着旅游市场的竞争加剧，民宿行业将不再局限于传统的"家庭式住宿"，而是呈现更加多元的住宿形式，如酒店、公寓、度假村等。

2. 强化数字化营销和服务

随着互联网技术的不断发展，民宿行业将越来越重视数字化营销和服务，通过建立更加智能化的预订和服务平台，提高游客体验和满意度。

3. 强调可持续发展和环保理念

随着全球环保意识的不断提高，民宿行业将更加强调可持续发展和环保理念，推广低碳、绿色、环保的住宿方式和服务，减少对环境的影响。

4. 加强安全管理和健康保障

民宿行业将更加注重安全管理和健康保障，确保旅客的安全和健康。

5. 提供更加丰富的文化体验和旅游活动

民宿不仅仅是住宿场所，还可以提供丰富的文化体验和旅游活动，如当地美食、手工艺制作、户外探险等，让旅客可以更加全面地了解当地的文化和风俗习惯。

在上述发展趋势的推动下，全国各地的民宿开始发展"民宿+"新业态，让民宿不仅只是民宿。"民宿+文化"，让民宿成为文化的传播地，比如利用乡村田野的优势，结合二十四节气，因地制宜组织面向少年儿童的农耕课堂，以最直接、最简单的方式传播春耕夏耨、秋收冬藏的农耕文化；"民宿+体育"，让民宿成为体育的发展地，比如有条件的民宿在建设过程中会注重游泳池等体育设施的建设，为住宿者及周边群众提供体育设施服务，或者为冰雪爱好者提供运动空间和场地；"民宿+旅游"，让民宿成为旅游的吸引地，通过有吸引力的民宿反向带动附近的旅游业发展。除此之外，还有"民宿+研学""民宿+养生""民宿+茗茶""民宿+禅""民宿+烧烤""民宿+剧本杀"等细分模式。综上所述，当代"民宿+"可以分成几大类，包括文化体验类（如"古镇+"）、生态休闲类（"风景区+"）、微旅游目的地类（"特色民宿+"）等（见表1-2）。

近年来，随着休闲度假旅游的发展，民宿业在中国得到蓬勃发展。2015年11月，国家发布《国务院办公厅关于加快发展生活性服务业促进消费结构升级的指导意见》，首次提出要积极发展客栈民宿、短租公寓、长租公寓等细分业态。2016年3月出台《关于促进绿色消费的指导

表1-2 "民宿+"成为民宿经营的新模式

	文化体验类："古镇+"		生态休闲类："风景区+"	微旅游目的地类："民宿+"
核心特点	民宿因古镇而存在		依托景区辐射、资源环境辐射或客群辐射	民宿本身足够有特色，形成品牌
开发方式	门票主导模式	开放商业模式	依托乡村旅游、自然风景区	依托环境或品牌
典型案例	乌镇（东栅+西栅）	平乐（平乐古镇+平沙落雁）	九寨沟、黄山周边民宿群	台湾宜兰厝、浙江莫干山民宿
产品组成	1.特色商业街（餐饮、购物、住宿、休闲娱乐），购物比例40%~60%，住宿与休闲娱乐的比例较低 2.民宿集群（以住宿为主，民宿自带的少量休闲商业配套为辅）		1.景区休闲观光 2.民宿集群（以住宿为主，民宿自带的少量休闲商业配套为辅）	1.民宿集群（以住宿为主，民宿自带的少量休闲商业配套为辅） 2.集中休闲配套商业（满足游客日常生活需求） 3.多个休闲活动场所（生态采摘、温泉养生等）

意见》，提出持续发展共享经济，鼓励个人闲置资源有效利用，有序发展民宿出租。民宿行业也出台了多项国家、行业标准，如《旅游民宿基本要求与等级划分》（GB/T 41648—2022）、《旅游民宿基本要求与评价》（LB/T 065—2019），还有一些地方标准，如北京市地方标准《乡村民宿服务要求及评定》（DB11/T 1752—2020）、贵州省地方标准《民宿质量等级划分与评定》（DB52/T 1743—2023）等，规范行业的发展。

中国旅游与民宿发展协会发布的《2020年度民宿行业研究报告》显示，2020年国内民宿房源总量已超过300万套，途家民宿房源高达230万套，高品质民宿和豪华民宿较2019年同期增长了4倍（中国旅游与民宿发展协会，2021）。根据艾媒数据2019—2020年中国民宿房源数量排

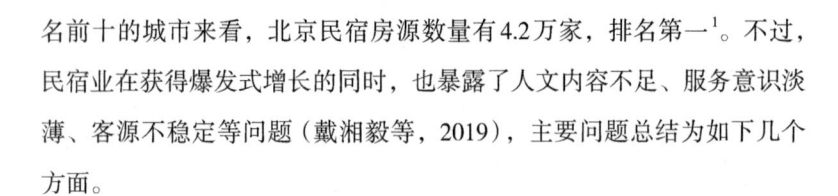

名前十的城市来看,北京民宿房源数量有4.2万家,排名第一[1]。不过,民宿业在获得爆发式增长的同时,也暴露了人文内容不足、服务意识淡薄、客源不稳定等问题(戴湘毅等,2019),主要问题总结为如下几个方面。

1. 缺乏文化内涵

目前,民宿的发展规模不断扩大,影响范围越来越广,在一些旅游资源比较丰富的地区,民宿数量更是呈指数爆炸式增长。虽然民宿发展迅猛,但是不可否认的是,民宿在发展过程中出现了很多问题,使发展速度受到了制约。民宿一般都是在乡村地区,因此在发展过程中,很多乡村民宿管理人员由于自身文化素养不够,容易受到市场盲目性弊端的影响,在看见他人获取利益之后盲目投资,照搬他人的营业模式。事实上,这种行为在民宿运营过程中屡见不鲜,但这种行为带来了严重的后果。盲目投资而不考虑市场因素,且没有与本地乡村特色及优势相结合,会失去乡村特色的文化内涵,使民宿发展与其所处地区的农业特点相悖,民宿游失去独特的优势,与其他娱乐场所并无二致。

2. 投资回报周期长

民宿是"重资本"行业。民宿建设中,近60%的民宿投资在200万元以上,投入资金的来源有76.34%为自有资金。除了前期的房源成本、建设成本、装修成本等静态投资外,民宿还有后期运营等动态投资,对于个体来说整体投资并不是一笔小数目。据估算,一幢8间房的精品装

---

[1] 《民宿行业数据分析:2019—2020年北京民宿房源数量为4.2万》,艾媒网,参见:https://www.iimedia.cn/c1061/72412.html 2020-07-02。

修民宿，非农房主人经营民宿的前期投资成本（包括房源成本、建设成本、装修成本）在200万～300万元，投资回报期一般在5～7年；民宿一般要求租期15～20年，而且每年需要滚动投资，包括维护标准化设施、聘请专业化团队提升管理等，这些算起来也不是一个小数目。尽管农业担保和其他金融机构的贷款解决了乡村民宿建设的"燃眉之急"，但是不可否认乡村民宿依然是"重资本"行业，前期投资大、见效慢、回本时间长，这是投资乡村民宿的特点。2020—2022年由于受到新冠疫情影响，一部分民宿主资金压力增大，有人选择离场，但更多的人看好乡村民宿市场，纷纷选择入场（高飞，2022）。然而民宿业发展至今已经过了高收益、短回报周期的早期发展阶段，如何在同质化严重、竞争日益激烈、境内外旅游大规模复苏的多重压力下走出独特的道路，是现阶段民宿业发展急需解决的问题。

3. 民宿从业人员学历偏低

《中国民宿发展报告（2020—2021）》显示，我国民宿行业的发展水平仍处于初级阶段。员工的用工成本也普遍较低，民宿员工30岁以上的占70%。同时，民宿主普遍表示专业的民宿员工难招，需要专业的民宿人才一起助力民宿运营，59.35%的民宿主或管家渴望从专业的外部支持中获得员工培训的帮助。培养高素质民宿人才已经成为当务之急，民宿行业迫切需要民宿人才职业化。

4. 同质化严重，创新不足

多数民宿重模仿轻创意，主题不突出、特色不明显。无论是建筑风格、室内装潢等硬件设施方面，还是食宿服务、体验分享方面都非常相似，缺少独特的经营理念、游客向往的特色体验以及主人与游客之间的互动，缺乏地方特色，同质化现象严重。调查显示，排名前三的民宿服务分别是：住宿服务（99.43%）、餐饮服务（80.15%）、会议接待服务（50.38%）。除房费收入外，排名前五的收入类型分别是：餐饮收入、土特产礼品销售收入、活动策划收入、景区门票销售收入，以及旅游线路销售收入，但占比一般都比较少。民宿的市场定位模糊，没有针对青年白领、退休职工等不同的消费群体进行市场细分。另外，配套设施不足，道路交通、环境卫生、停车场地、用水用电、通信网络等公共设施建设滞后。

二、京郊民宿发展研究现状

（一）京郊民宿研究发展阶段

国内民宿研究始于20世纪末，可分为：萌芽期（1998—2015年），这个阶段，文献数量少、增速慢、研究内容单一；快速发展期（2016—2022年），这个阶段文献数量增速迅猛、研究内容多样化（程金龙等，2023）。为探索国内对乡村民宿研究关注情况，本研究以中国知网[1]为检索平台，以"乡村民宿"为主题词，检索年限设定为2022年及以前，共得到1169篇文献，年度发文数量趋势如图1-1所示。由年度发文数量分析发现，国内对乡村民宿的研究晚于民宿研究，自2004年才开始有零星的研究关注乡村民宿，至2016年开始进入快速发展期。分析认为主要是由于国内乡村民宿起源于农家乐等乡村农户家庭式住宿，受到地理位置较偏僻交通不便、经营者文化程度偏低、经营理念落后、集群度低、乡

---

[1] 来自中国知网的数据统计。

村民宿经济发展较慢等多方面因素影响，受到学者的关注较晚。同时，由于民宿领域缺乏系统的理论基础，乡村民宿的建设和管理普遍缺乏系统性和规范性，发展较为混乱，因而受到学者的关注度较低。

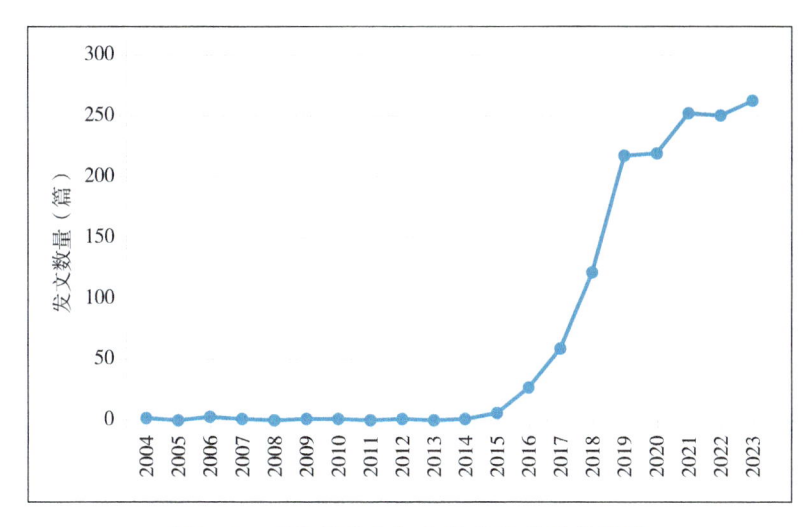

图1-1 "乡村民宿"主题发文数量趋势图

尽管自2016年以来国内乡村民宿已开始广泛受到研究关注，但研究对象主要集中在民宿经济发展较早的广西阳朔、浙江莫干山、海南、福建、云南等南方地区。为探究京郊民宿的研究发展情况，本研究以中国知网为检索平台，分别以"北京乡村民宿"与"京郊民宿"为主题词，检索2023年及以前的文献，"北京乡村民宿"词条得到结果225条，包括期刊论文72篇、学位论文143篇、会议报告3篇、报纸文章7篇；"京郊民宿"词条得到结果72条，包括期刊论文26篇、特色期刊文献2篇、学位论文4篇、会议报告1篇、报纸文章39篇。将以上两个词条的搜索结果汇总合并，对北京地区乡村民宿相关性进行人工筛选，手动剔除重复性、非京郊地区及非研究性文章后，得到有效文献120篇，作为本次

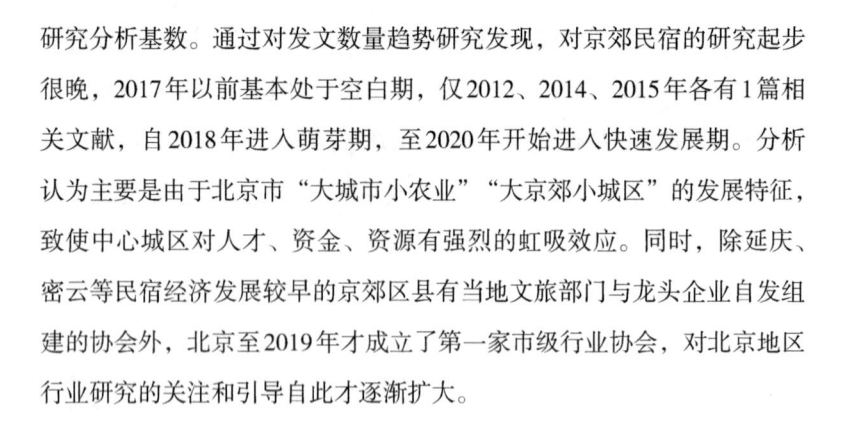

研究分析基数。通过对发文数量趋势研究发现，对京郊民宿的研究起步很晚，2017年以前基本处于空白期，仅2012、2014、2015年各有1篇相关文献，自2018年进入萌芽期，至2020年开始进入快速发展期。分析认为主要是由于北京市"大城市小农业""大京郊小城区"的发展特征，致使中心城区对人才、资金、资源有强烈的虹吸效应。同时，除延庆、密云等民宿经济发展较早的京郊区县有当地文旅部门与龙头企业自发组建的协会外，北京至2019年才成立了第一家市级行业协会，对北京地区行业研究的关注和引导自此才逐渐扩大。

（二）京郊民宿研究主要关注内容

在2019年之前，京郊民宿研究的对象十分单一，主要集中在建筑领域对民宿设计和村落改造等方面，或仅对京郊旅游和休闲农业等产业发展的解困途径做简单探析。为研究其主要关注内容，本研究选取2019年后京郊民宿研究文献的摘要部分，通过词云图软件易词云进行词频分析。

1. 京郊民宿研究主要关注地区

对京郊民宿研究关注地区的词频分析（见表1-3、图1-2）发现，在北京10个郊区中，近5年来研究者主要关注怀柔、延庆、密云、门头沟4个郊区，其中对怀柔、延庆的关注度相对较高。其一，是因为以上4区的民宿产业发展较早，政府参与及调控程度较高，投资主体多元化且重资本，整体运营与服务体系相对成熟，地域行业自律水平较高，宣传力度较大，品牌化与集聚效益较高，发展模式也更具代表性，因而受到更为广泛的研究关注。其二，由于其他6个郊区的民宿产业发展相对较晚，政府与重资本企业参与程度较低，投资主体较为单一，不同村域民宿发展较为零散，因而受到的相关研究关注较少，提示研究者可以着力开展对此区域的相关研究。

表1-3　2019—2023年京郊民宿研究主要关注区词频统计表

排序	北京郊区	词频
1	怀柔	102
2	延庆	81
3	密云	50
4	门头沟	25

图1-2　2019—2023年京郊民宿研究主要关注区词云图

2. 京郊民宿研究主要关注时间

通过对时间词频分析（见表1-4、图1-3）发现，京郊民宿研究主要关注假期，符合乡村民宿发展主要研究服务休闲旅游的特性。同时，当前研究最关注的假期分别为"五一"、端午节、暑期和周末，提示乡村民宿主要针对"五一"、端午节小假期及周末的短途游，以及暑期的旅游档期，与传统住宿行业有明显区分。在实际运营中，由于交通方式、距离及同质化问题等因素限制，京郊民宿目前的需求端主要面向京津冀等周边地区的消费群体，面临高峰期与低谷期客流量相差较大、运营稳定性较差等客观难题，因此对非假期及非热门时段的京郊民宿发展研究还亟待加强。

表1-4　2019—2023年京郊民宿研究主要关注时间词频统计表

排序	关注时间	词频
1	假期	110
2	"五一"	60
3	端午节	60
4	暑期	47
5	周末	45

图1-3　2019—2023年京郊民宿研究主要关注时间词云图

3. 京郊民宿研究主要关注主题

为研究2019年以来京郊民宿研究主要关注主题，笔者对高频关键词进行了筛选，并按照相关程度进行了研究领域分类分析（见表1-5、表1-6、图1-4）。由分析结果可见，京郊民宿研究领域关注度从高到低分别是民宿发展、营销策略、影响因素、游客感知、乡村振兴、政策支持、服务质量、运营主体、细分市场、环境因素、改造设计、管理策略、地域文化、模式研究，研究主要集中在宏观层面的民宿发展研究，以及如何通过调整影响因素、搭载战略政策、提升服务品质与用户体验、提高运营主体经营能力等途径寻求京郊民宿经济发展水平的提升，体现了京郊民宿研究领域中具有独特的政策导向性与市场适应性。同时，分析结果也提示现阶段学界对京郊民宿管理策略、特色地域文化发展及模式研究等方面的关注度尚有待提高，在下一阶段京郊民宿产业研究中可重点关注对上述方向的研究。

表1-5 2019—2023年京郊民宿研究主题词词频统计表

关键词	词频	关键词	词频	关键词	词频	关键词	词频	关键词	词频	关键词	词频
发展	283	乡村振兴	72	问题	58	经济	35	滑雪场	27	疫情防控	23
旅游	178	村民	72	运营	57	企业	34	公司	26	孩子	23
游客	164	消费券	72	传统	54	升级	34	经营者	26	品质	22
预订	130	疫情	70	订单	53	影响	33	农家乐	25	创新	22
市场	127	价格	69	环境	52	旅游业	32	旅游市场	25	农户	22
客人	116	产品	69	乡村旅游	51	露营	32	村庄	25	从业者	22
酒店	115	农村	68	消费者	49	投资	31	农业	25	房东	22
体验	88	活动	68	资源	47	模式	30	管理	25	房价	22
文化	86	周边	67	闲置	44	宿主	30	目的地	25	家庭	21
需求	81	精品	66	行业	44	农民	29	分析	24	国际	21
消费	81	设计	62	生态	41	亲子	28	接待	24	战略	21
特色	80	长城	61	研究	40	滑雪	28	理念	24	投入	21
平台	80	经营	60	银行	40	建议	27	餐饮	24	旅行	21
文旅融合	80	项目	60	政策	39	建筑	27	主题	24	成本	21
产业	78	景区	59	村落	39	房间	27	冰雪	24	规划	20
服务	75	建设	59	品牌	36	出行	27	客房	23	降价	20

表1-6　2019—2023年京郊民宿研究主题词按研究主题分类统计表

研究领域/总词频	关键词	研究领域/总词频	关键词
民宿发展 816	酒店、发展、产业、问题、行业、研究、品牌、经济、升级、建议、分析、创新、规划	营销策略 605	市场、需求、消费、平台、消费券、价格、订单、房价、降价
影响因素 438	文化、产品、活动、项目、影响、出行、旅游市场、目的地、餐饮、旅行	游客感知 417	游客、客人、体验、消费者
乡村振兴 374	旅游、乡村旅游、资源、旅游业、生态、农业	政策支持 345	文旅融合、乡村振兴、银行、政策、战略
服务质量 301	预订、服务、房间、接待、客房、品质	运营主体 283	村民、企业、宿主、农民、公司、经营者、农户、业者、房东
细分市场 253	露营、亲子、滑雪、滑雪场、农家乐、主题、冰雪、孩子、家庭、国际	环境因素 251	农村、周边、环境、村落、村庄
改造设计 192	设计、建设、闲置、建筑	管理策略 187	经营、运营、管理、理念、成本
地域文化 174	特色、长城、景区、传统文化	模式研究 148	精品、投资、模式、投入

图1-4　2019—2023年京郊民宿研究主题词词云图

4. 京郊民宿研究主要关注方向

引证文献是指对某篇文章进行引用并对该项研究进行继续、应用、发展或评价的文献，通过寻找2019—2023年京郊民宿研究领域引证文献较多的原始文献，可以分析出现阶段京郊民宿研究热点和研究趋势。本研究利用中国知网可视化功能进行了2019—2023年京郊民宿研究相关文献的互引网络分析，发现引证文献最多的一篇文献研究主题是京郊民宿的发展路径研究，引证文献数量高达66篇，足见该主题广泛受到业界及研究人员的关注。其余引证文献较多的4篇文献研究主题分别是现状及发展研究、空间分布与影响因素研究、改造设计研究和市场案例研究。以上5个研究方向的共引关联性较强，说明这些研究领域相对成熟并更为体系化。同时，其他研究方向的原始文献分布广泛而分散，说明京郊民宿相关研究在多个领域均有零星开展。因此，下一阶段京郊民宿研究应主要趋向发展路径研究、现状及发展研究、空间分布与影响因素研究、改造设计研究和市场案例研究这5个方面，在其他方向也有初步研究基础和较大的开展空间。同时，由于北京市具有首都城市战略定位及"大城市小农业""大京郊小城区"的特殊市情农情，是京津冀协同发展的核心，在进行乡村民宿研究时应注意与其他地方乡村民宿研究重点进行区分，对标北京市"四个中心"和"两区建设"高质量发展要求，重点关注京郊民宿的特色化、差异化发展研究。

（三）京郊民宿的研究主体

1. 学术界的研究力量

为研究京郊民宿主要研究主体，本研究选取2019年后京郊民宿研究文献，通过中国知网可视化功能进行作者合作网络分析（见图1-5a）。

首先选取出现频次大于等于2的作者（见图1-5c），发现仅有7位作者且相互基本无关联，说明大多数作者发文仅为1篇，而发文较多的作者之间几乎没有合作关系。选取合作超过1次的作者（见图1-5b），得到的作者合作网络图与图1-5a差别不大，再选取合作超过2次的作者，发现仅剩北京农学院的2位作者，说明大部分作者选择合作研究和写作，但合作尚停留在初级层面，也有少部分学者选择单独开展研究。

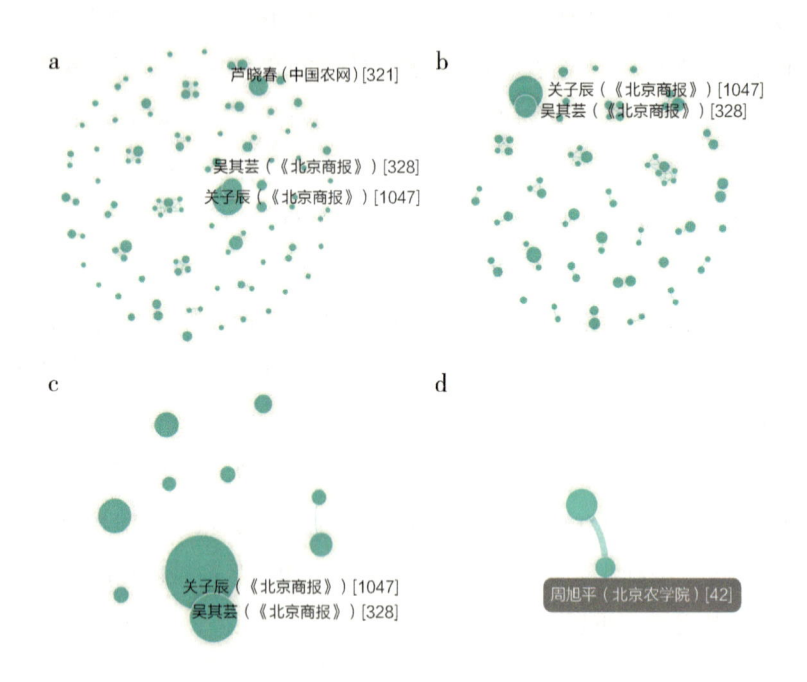

图1-5　a为作者合作网络分析，b为合作超过1次的作者合作网络分析，c为发文超过2次的作者合作网络分析，d为合作超过2次的作者合作网络分析

根据中国知网可视化分析得到的文献学科分布（见图1-6）和机构分布（见图1-7），现阶段学术界研究力量主要来源于旅游、贸易经济、服务业经济、农业经济以及建筑科学和工程等学科领域，主要研究机构仅有北京农学院、北京农业职业学院等高校及北京商报等报社，涉及学科领域较少，研究力量较薄弱。民宿行业与传统住宿业不同，具有很强的学科交叉性，需要吸引更多学科领域的有组织研究能力及高水平研究学者参与，助推京郊民宿研究向高质量发展。

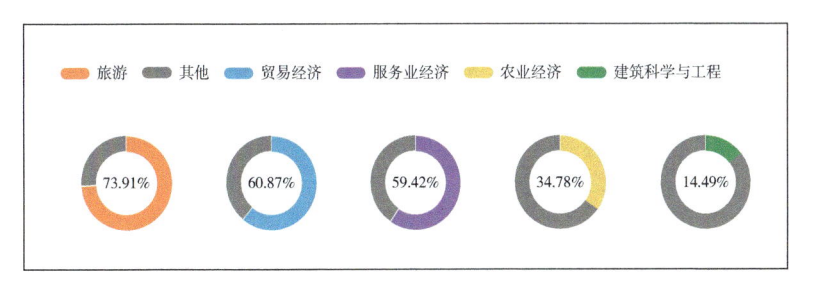

图1-6 京郊民宿研究涉及学科分布

图1-7 京郊民宿研究涉及机构分布

2. 平台研究力量

随着互联网平台的高度发展，民宿销售推广渠道不断向多元化拓展，携程、同程旅行、马蜂窝、驴妈妈、飞猪、途家、木鸟民宿、小猪短租、美团、大众点评、抖音、百度等各大OTA（在线旅行社）、C2C

（消费者对消费者）、O2O（线上到线下）、短视频社区平台及搜索平台均有不同细分领域的大批民宿商户和消费者进驻。这些互联网平台通过为民宿提供推广、预订、团购或评价等服务，掌握民宿房源、价格、订单、游客评价及餐饮、相关旅游消费等方面的一手数据并建立了数据库，掌握着先进的大数据分析技术，已经成为民宿研究的有生力量。本研究统计了2020年至今全国范围内发布的与民宿相关的行业研究报告，发现共有44家民宿旅游平台、咨询机构、行业协会、政府部门、民宿品牌、高校、研究机构等发布了共计152份研究报告，其中民宿平台贡献率约为70.39%，由此可见，民宿平台已成为行业调研研究的主力军（见表1-7）。

表1-7　2020—2024年平台发布的民宿相关研究报告数量统计表

平台名称	研究报告数量（份）	平台名称	研究报告数量（份）
木鸟民宿	21	驴妈妈	8
途家	16	美团	5
携程	14	爱彼迎	5
马蜂窝	11	途牛	4
同程旅行	9	抖音	2
飞猪（阿里巴巴、小猪）	10	百度	2

产业发展研究离不开数据支撑，在未来的京郊民宿研究中，研究者可寻求与以上主流平台的深度合作，利用平台独特的数据库资源优势和大数据分析技术，有利于对京郊民宿发展现状与发展趋势开展更为科学的分析研究。主流平台也可以通过学者的学术研究优势，开辟京郊专题民宿行业发展研究，并进一步提升研究报告的研究水平和研究质量，更好地服务整体行业走向高质量发展。

（四）现阶段研究结论综述

1. 京郊民宿的主要类型

按照建筑形式及空间分布规律，京郊民宿主要为山水资源型民宿，源自景区服务和农家乐的发展，以四合院形式为主，结合周边山水资源做出一定景观上的修饰，并通过简单的农事活动拓展项目，使游客体验到乡村生活的乐趣（戴湘毅等，2019）。按照服务质量，京郊民宿可分为普通农家院、特色农家院和精品民宿（黄冠华，2021）。其中，精品民宿又可以从不同角度分类，按投资经营模式可分为企业主体模式、"合作社+农民"模式、民营企业投资公司化模式；按消费者定位可分为针对公司团体型、针对亲子家庭型、针对中高消费群体型；按功能体验形式可分为农家体验式、工艺体验式和自然体验式；按外观和建筑风格可分为中国传统民居民宿、欧式民宿、和风民宿，以及其他主题民宿等（詹玲慧等，2021）；按照乡村旅游发展，京郊民宿可分为农业观光型、景区带动型、民俗特色型和个性化风格型（任柯燃等，2021）；按照服务功能，京郊民宿可分为依托景区型、文化主体型、特色餐饮型、创新创意型、景观建筑型和亲子游乐型6种类型（付华等，2023）。

2. 京郊民宿的空间分布

京郊民宿的空间分布受到地理区位、自然环境、旅游资源、基础设施、交通网络、政策导向等多方面复杂因素影响（见图1-8），近年来京郊民宿呈现明显的集聚性分布，在中心城区周边和远郊地带均有聚集核心生成，有北郊富集、南郊稀疏的显著性差异，并有突出的"一区多核"分布特征。其中"一区"为位于昌平区东部与怀柔区南部交接地带、毗邻中心城区的区域，"多核"为密云东北部地区、延庆西南部地区、房山西南部地区及房山—丰台—大兴—通州交会的边界区域（贾子玉等，2019）。

如图1-8所示，在自然地理及农业资源的环境资源本底影响下，受平原地区基础设施资源优势的影响，北京乡村民宿在平原农业发展圈分布密度高，但由于山区具有独特的生态环境和景观资源，北京乡村民宿在山区生态涵养发展圈分布数量最多，同时，其数量比重随着与国家级景区距离增大而呈现急剧递减趋势，在景区6千米范围内、交通路网1千米范围内分布最为集中，且与国家级景区密切相关，但与景区客源地距离关联较弱（张建、马景、米莉，2023）。

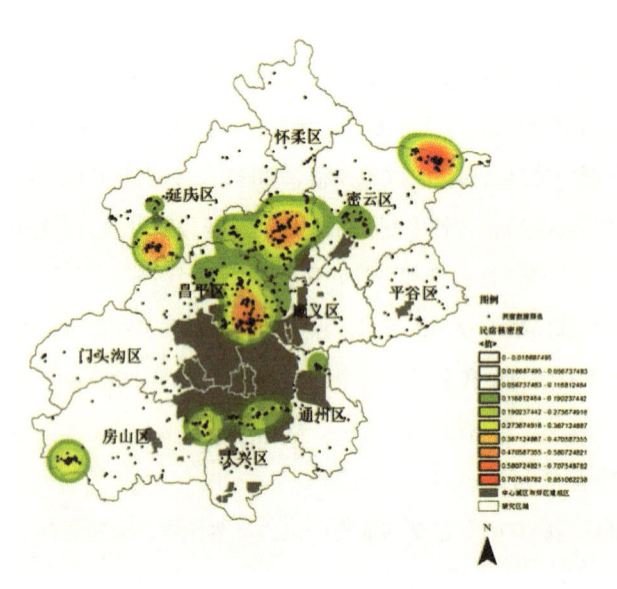

图1-8 京郊地区乡村民宿分布与核密度示意图（贾子玉等，2019）

3. 京郊民宿的发展特征

当前，京郊民宿行业正处于由"粗放型"向"精细型"发展方向转变、从"初级"向"中高端"发展方向转变的阶段，具有自然资源与人文资源融合发展的突出地区特色，农民参与意愿普遍较强，经营模式多样，行业监管力度也在逐渐加强（魏燕妮，2020），同时具有服务功能多样化、生态涵养区乡村民宿发展迅速、创意型民宿在平原区逐渐兴起、投资主体多样化、经营者学历层次高等主要发展特征（付华等，2023），并已呈现规划科学、供需匹配、文化赋能、三生融合、双创协同的高质量发展特征（侯宇轩等，2022）。受到整个社会消费升级的影响，北京乡村民宿消费需求也发生了转变和升级，促使京郊民宿产业向高标准高要求的方向发展（袁铭等，2020）。由于一般依托较为知名的山水和文旅资源，京郊民宿价格普遍较高，单价超过1000元的中高端房源在怀柔、延庆、门头沟、平谷、密云等远郊区均占有较大比重（戴湘毅等，2019）。

4. 京郊民宿存在问题及促进发展建议

高质量发展受限，建议加强顶层设计。由于缺乏统筹规划和相关政策保障，京郊民宿产业普遍缺少资金支持，政府指导人员、本土化运营管理人才和高素质从业人才严重匮乏，难以支撑整体产业有效发展（魏燕妮，2020）。尽管越来越多的京郊民宿呈现高标准的精品发展趋势，也更注重个性服务、文化赋能、三生融合和双创协同，但由于政府的宏观引导、统一规划和金融支持力度等不足，致使产业布局和融合发展在一定程度上受阻（侯宇轩等，2022）。此外，由于市场发展未与宏观调控有机结合，京郊民宿的供给市场存在明显的盲目性和同质化问题，特色文化元素发掘不充分，带来无序竞争、供给过剩、背离乡村等诸多问题（付华等，2023）。因此，政府应首先加强顶层设计，战略统筹乡村产业振兴高质量发展路径，自上而下加大力度健全完善相关制度体系，从宏观角度调度资源投入、调控市场竞争，引导京郊民宿整体产业向规范化、品质化、集群化、多元化的方向可持续发展。

发展水平参差不齐，建议加强行业自律。当前，京郊民宿在行业监管上仍缺乏整体的地方行业标准，权威行业协会的组织建设较为滞后，行业监管与产业发展未形成良性循环互促关系，行业合作和行业自律水平仍偏低，致使管理水平和服务质量参差不齐，发展稳定性和可持续性普遍较弱（黄冠华，2021）。此外，由于缺乏严格的约束和监督机制，准入门槛低、运营主体和从业人员素质良莠不齐，京郊民宿服务质量监管仍处于灰色地带（戴湘毅等，2019）。因此，需在政府主管部门的指导下推进权威行业协会的建设，加强行业自律管理和监督，发挥重要的协调作用，制定地方行业标准，构建广泛适用的服务质量权威评价体系，规范行业行为，促进行业合作和良性竞争，弥补政府监管的盲区。

运营管理乏力，建议加强人才培养。乡村民宿行业具有极强的综合性、交叉性和服务性，需要参与人员具备较强的运营和服务能力，但在京郊民宿的从业人员中普遍存在运营与服务意识不强、能力有限等问题（魏燕妮，2020）。当前京郊民宿多为自家经营，鲜有高品质、有特色、服务专业、运营得当的民宿（袁铭等，2020）。由于大部分京郊民宿的经营主体是当地村民，缺乏专业性的管理能力和前瞻性的经营理念，致使民宿经营水平参差不齐，民宿文化内涵开发不足，整体产业发展停滞不前（詹玲慧等，2021）。因此，应切实提高对京郊民宿人才培养的重视程度并加大投入，由政府部门、行业协会和优质高校作为人才培养的主体，着力加强常规职业技能培训和专业技术技能人才培养（戴湘毅等，2019）。此外，也应注重建立健全人才保障政策，广泛吸引各类人才，为京郊民宿产业的高质量发展提供强有力的人才支撑。

品牌意识不足，建议发掘特色文化。在当前京郊民宿发展研究中，众多学者均提到了品牌意识薄弱的问题，由于品牌定位不清晰、品牌塑造意识不足、品牌维护能力有限、一味模仿、盲目跟风、缺少认同等问题突出。因此，京郊各区民宿产业的发展，应根据自身优势进行精准的品牌定位与个性塑造，注重品质保障和文化内涵，全面提升品牌维护与全方位推广（刘保莲，2023）。此外，乡村民宿发展的精髓主要体现在文化上，作为一个坐拥丰富旅游资源和深厚文化底蕴的城市，更应在乡村民宿产业发展中深挖本土特色文化元素，文旅深度融合，提高民宿的层次感和体验感，打造独特品牌和属于自己的高标准，为整体产业发展注入更多生命力（任柯燃等，2021）。

对乡村振兴支撑不足，建议提升联农带农力度。乡村民宿产业是当前北京市推进乡村振兴的重要抓手，在民宿经济发展较好的区，可在盘活闲置农宅资源、带动农民就业的同时，较好地促进农民增收，但由于带动方式普遍单一、产业链较短、效益不稳定、与村内其他产业未联动等客观因素，乡村民宿对农民增收的带动能力难以显现。在实际推进北京乡村民宿产业发展的过程中，由于民宿开办所需投入和经营管理要求高、从业门槛高、政策支持不到位、乡村劳动力减少等，仍存在农民积极性低、参与度不高、可获得的增值收益少等诸多问题，使得京郊民宿的发展偏离了以农为本的初衷（李晨、江晶，2023）。因此，在大力推动京郊民宿高质量发展的同时，应因地制宜延长补足产业链，完善健全利益联结机制，建立合理的收益分配模式，加强与农户的紧密联系，提升农民职业技能素养和民宿经营管理能力，让广大农民在发展中同步受益、同步提升（霍剑波、毛翔飞、高云等，2024）。

三、京郊民宿发展历程

（一）京郊民宿发展历程

北京是著名的国际旅游目的地之一，旅游消费需求旺盛。民宿业作为北京休闲旅游产业的重要组成部分，其健康发展显得尤为重要。北京民宿萌芽于20世纪80年代后期的昌平、大兴等郊区，以农家乐等观光休闲形式为主，多为农家自营，基础设施不完善且缺乏相关规范和制度；20世纪90年代中后期至21世纪初，随着相应政策制度陆续颁布，京郊民宿规模迅速扩张，内容形式逐渐多元化，由农民自主经营转变为集体经营、政府引导经营、混合经营等多种经营模式，但各区项目同质化情况严重，缺乏特色；自2008年至今，北京民宿进入特色发展阶段，京郊民宿在文化主题和特色上纵向发展，呈现品牌化、高端化趋势（戴湘毅等，2019）。

近10年来，北京市民宿分布重心由东北向南移动，民宿的分布早期呈东南至西北分布，后期向四周均匀分布，并呈现由弱集聚到强集聚再逐渐趋于平稳的较强集聚态势（梅林等，2021）。当前，北京市总体发展规划为"大城市小农业""大京郊小城区"，因而京郊民宿发展主要从第三产业角度推进，在生态涵养区的山区主要依托景区旅游资源迅速发展民宿业，在平原区则以人文创意元素为核心发展民宿业，出现一批集休闲、娱乐、求知和教育多种功能于一体的精品民宿，它们具有投资主体多元化、经营者学历层次高等特征。

目前，北京乡村精品民宿主要分布在怀柔、密云、延庆和门头沟4个区，已经形成了包括景区依托型、文化主题型、特色餐饮型、景观建筑型、创意创新型、亲子乐园型等在内的乡村民宿品牌700余家，盘活闲置农宅2000余户，吸引社会资本近百亿元。毫无疑问，乡村民宿已经成为北京农村经济发展新的增长点（高飞，2022）。

2022年7月，文化和旅游部等10部门印发《关于促进乡村民宿高质量发展的指导意见》，提出到2025年，初步形成布局合理、规模适度、内涵丰富、特色鲜明、服务优质的乡村民宿发展格局，这将进一步促进乡村民宿的快速发展。随着北京民宿行业的快速发展，北京市政府各部门也颁布了各种政策对民宿行业的发展进行规范和支持（见表1-8）。随着各种政策、法律法规、国家标准和行业标准的不断落地，北京民宿业呈现出越来越规范化、合法化、专业化的趋势，为来自北京及全国各地的游客提供了越来越标准化、高端化的服务。

表1-8 2020—2021年有关北京民宿行业的产业政策

文件名称	发布时间	发布单位	与民宿相关的主要内容
《乡村民宿服务质量规范》（GB/T 39000—2020）	2020年9月29日	国家市场监督管理总局、国家标准化管理委员会	对乡村民宿的概念进行区分，明确乡村民宿是位于乡村内，利用村（居）民自有住宅、村集体房舍或其他设施，民宿主人参与接待，方便游客体验当地优美环境、特色文化与生产生活方式的小型住宿场所
《关于规范管理短租住房的通知》	2020年12月24日	北京市住房和城乡建设委员会、北京市公安局、北京市互联网信息办公室、北京市文化和旅游局	突出首都的功能定位和规划，明确了首都功能核心区经营短租住房。规定了短租住房内禁止的必要条件和短期租赁经营行为的管理要求，明确了短租住房出租人、经营者、互联网平台、租户、物业服务企业、属地管理部门等相关各方的责任
《关于服务"六稳""六保"进一步做好"放管服"改革有关工作的意见》	2021年4月15日	国务院办公厅	鼓励各地区适量放宽旅游民宿市场准入标准，推进实施旅游民宿行业标准

续表

文件名称	发布时间	发布单位	与民宿相关的主要内容
《关于全面推进乡村振兴加快农业农村现代化的实施方案》	2021年4月8日	中共北京市委、北京市人民政府	实施休闲农业"十百千万"畅游行动，打造一批优质主题线路、休闲村落和示范园区。充分发挥村集体经济组织在乡村民宿中的组织引导作用，推动传统农家乐的转型升级，开展乡村民宿星级评定，引导标准化、规范化发展，提高乡村旅游现代化服务水平
《2021年"大厨下乡"乡村民宿餐饮提升工作方案》	2021年4月20日	北京市文化和旅游局	通过挖掘北京市乡村餐饮文化、整理具有北京地方特色的乡村民宿饮食案例、帮扶民宿从业者开发餐饮产品、培训餐饮服务技能、加大宣传力度等系列措施，提升北京市乡村民宿餐饮水平，培育民宿饮食文化打造北京民宿特色餐饮品牌，满足广大旅游者对乡村民宿多层次的体验需求，推动北京市乡村民宿产业高质量发展
《社会资本投资农业农村指引（2021年）》	2021年5月8日	农业农村部办公厅、国家乡村振兴局综合司	鼓励社会资本参与到休闲农业、餐饮民宿、创意农业、农业体验、康养基地等产业的发展中
《推动城市南部地区高质量发展行动计划（2021—2025）》	2021年7月29日	中共北京市委、北京市人民政府	大力发展乡村旅游、精品民宿，加快建设融合历史文化与地质遗迹的国际旅游休闲区
《2021年北京市休闲农业"十百千万"畅游行动农民职业技能提升培训实施方案》	2021年7月30日	北京市农业农村局	围绕休闲农业精品线路文化挖掘、中国美丽休闲乡村提质升级、休闲农业园区精品打造、民宿接待户改造升级，开展农民职业技能提升培训；帮助休闲农业经营主体明确政策导向、产业方向、投资导向，切实解决休闲农业经营主体面临的困难，开拓休闲农业经营主体的发展思路，提升休闲农业经营主体的经营管理能力，加快培养高素质的休闲农业生产经营者队伍
《关于推动城乡建设绿色发展的意见》	2021年10月22日	中共中央办公厅、国务院办公厅	加强规范指导，落实农村振兴规范行动。加强高标准农田建设，加快智慧农业标准建设，加快现代农业全产业链标准提升，加快数字乡村标准化建设，建设农业农村标准化服务与推广平台，推动度假休闲、乡村旅游、民宿经济、传统村落保护利用等标准化落实，促进乡村多产业融合发展

（二）京郊民宿发展特点

京郊民宿多依托景区发展，不再仅限于农家乐的形式，而是综合了休闲、娱乐、求知和教育等多种功能需求。根据北京市文旅局的统计，截至2023年7月，北京全市共有乡村民宿4965家，其中不同类型民宿的占比却相去甚远。据付华等（2023）的研究，北京市乡村民宿按功能可分为依托景区型、文化主题型、特色餐饮型、创新创意型、景观建筑型、亲子乐园型6种类型，根据其研究调研的898家民宿，依托景区型282家，占总数的31.4%，表明乡村民宿的发展与景区旅游资源的关系密切，且大多以景区为中心向周边辐射扩散。创新创意型、景观建筑型、亲子乐园型和文化主题型的民宿分别在130～150家，而特色餐饮型仅有49家，表明北京乡村民宿不再局限于吃农家饭、住农家院的传统单一农家乐形式，已成为集休闲、娱乐、求知和教育于一体的综合性旅游住宿单位。

京郊民宿是乡村旅游产业升级的必然阶段，也是新冠疫情防控期间异军突起的一个产业。2021年北京市人民政府印发的《北京市"十四五"时期乡村振兴战略实施规划》提到要推出一批乡村精品民宿，打造一批乡村民宿特色乡镇，实现全市乡村民宿从规模到质量的全面提升。北京市以乡村民宿为重点，计划5年内评定星级民宿1000家，带动5800余家传统农家乐转型升级。京郊乡村民宿发轫于2015年以后，特别是在2020年疫情暴发之后，京郊民宿迎来一波较快的增长。由于出境游乃至出京游都受到影响，很多人便将目光转向了京郊乡村民宿，市场需求量大增。

除了平时，春节期间北京民宿也受到了很多人的追捧。当时因疫情影响，很多人响应政策号召就地过年，春节假期，民宿消费呈现显著的本地化、小半径特征。消费者的旅行半径在春节期间明显缩短，家庭型和朋友型成为民宿热门顾客类型，民宿预订量、价格齐升，北京周边的乡村民宿频频出现"一房难求"的现象（高飞，2022）。2022年春节假期，北京郊区民宿和设施齐全的酒店成为"就地过年"新宠。2022年1月31日至2月6日，北京乡村游累计接待游客86.9万人次，与2021年同比增长2.2倍，比2020年增长19.7倍（增长82.7万人），恢复到2019年同期的76.4%；营业收入达13818.9万元，比2021年同比增长1.4倍，比2020年增长26.4倍（增长13315.2万元），比2019年增长26.8%。木鸟民宿对外发布的《2023春节民宿消费报告》显示，2023年春节假期民宿订单量甚至达到2022年春节假期的6倍，北京成为订单前十城市中唯一的北方城市；北京民宿订单平均客单价达到2537.39元，仅次于三亚和西双版纳等地区，下沉市场民宿需求增加。

因为2022年冬奥会，举办地延庆表现更佳。据统计，春节假期，延庆民宿入住率达80%以上，共接待游客46万人次，实现旅游收入7233.9万元，游客量和收入均占全市乡村游的一半以上。相比以前，冬季是延庆乃至京郊旅游的淡季，但是，2022年延庆和门头沟、怀柔、密云的民宿基本满房，冬季也成为京郊度假的旺季（高飞，2022）。

然而2023年以来，北京民宿业的发展不断遇到各种问题。首先，由于国内和国际旅游不断放开，北京本地旅游消费者大量外流。北京远郊民宿几乎以北京本地客源为主，2023年跨省游、出境游恢复，对京郊民宿产生了一定的分流。虽然有全国各地的游客不断地涌入北京，但大部分游客还是会选择城市景点附近的酒店居住，很少会选择远离市区的京郊民宿，所以2023年京郊民宿降温明显，即便是"五一"假期的入住率也明显低于2022年。根据北京市文旅局5月4日发布的数据，2023年"五一"假期，北京乡村民宿出租率在60%~70%。另外，北京市旅游行业协会民宿分会2022年5月5日提供的数据显示，北京地区乡村民宿

"五一"期间接待总人数同比下滑65.04%。2023年京郊民宿价格降得也很厉害，基本上在拼低价，但即便如此，也难重现前两年经常满房的情况。

2023年京郊民宿面临的第二大困境便是受台风"杜苏芮"残余环流北上带来的特大暴雨洪水灾害影响。此次的降雨量之大历史罕见，降雨量在北京地区有仪器测量记录140年以来排第一位，且给房山、门头沟等郊区带来了严重的山洪，电力、通信基础设施受损，各行各业均损失惨重。京郊民宿多位于远郊山区，致使很多民宿遭受到严重的损失，即便没有遭受直接损失的民宿，其附近的交通、电力、网络也有不同程度的受损，影响了民宿的经营。暑假正值民宿经营的旺季，此次暴雨无论是否直接造成了民宿的损害，也对民宿的经营产生了间接的影响，对京郊民宿的运营造成了多重损失。尽管8月9日北京市防汛救灾工作情况新闻发布会上披露的灾后恢复重建工作总体思路预计受灾地区将在一年基本恢复，三年全面提升，但总体而言这次灾害对于多数京郊民宿来说是一次严重的打击，整个京郊民宿行业具体多久能恢复、民宿经营者对在山区开发民宿的信心何时能恢复尚不可知，仍需政府和社会各界关注和倾力帮助。

四、京郊民宿产业发展现状

（一）京郊民宿数量及分布情况

1. 北京市等级乡村民宿数量及分布情况

2024年2月，北京市文化和旅游局公布了2023年度北京市等级乡村民宿名单。根据乡村民宿地方标准《乡村民宿服务要求及评定（DB11/T

1752—2020)》，经各区申报、现场评审、专家评议、名单公示等程序，2023年通过评定的北京市等级乡村民宿共252家。[1]

从不同等级乡村民宿的数量分布上看，怀柔区数量最多，达81家，占比32%；延庆区有41家，占比16%；平谷区有26家，占比10%；门头沟区、昌平区、密云区分别有24家、23家、22家，占比分别为10%、9%、9%；房山区有19家，占比8%；通州区、大兴区、顺义区分别有8家、5家、3家，占比分别为3%、2%、1%。而具体到不同等级，各区数量分布又有区别（见图1-9）。

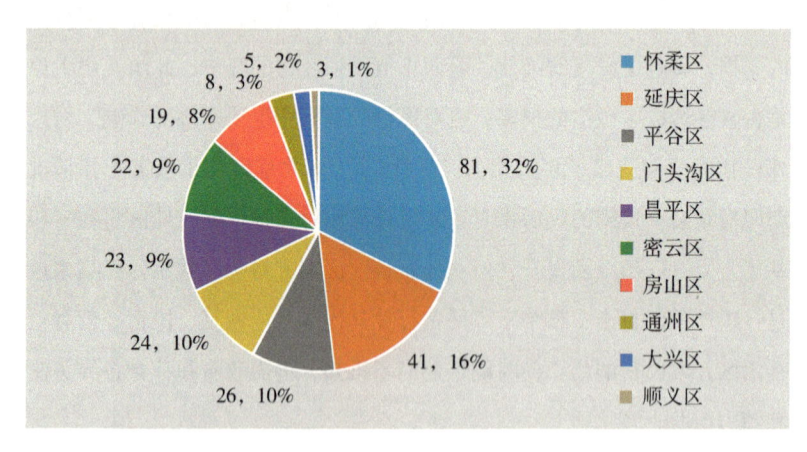

图1-9　2023年京郊各区等级乡村民宿数量及占比

甲级乡村民宿中，怀柔区最多，有9家，平谷区有5家，密云区、延庆区各有4家，门头沟区有3家，昌平区有2家，通州区、顺义区、房山区各有1家。从甲级乡村民宿数量来看，怀柔区占有绝对优势（见图1-10）。

---

[1] 数据来源：北京市文化和旅游局关于公布2023年度市级等级乡村民宿名单的公告，参见：https://whlyj.beijing.gov.cn/zwgk/tzgg/202402/t20240209_3561364.html 2024-02-09。

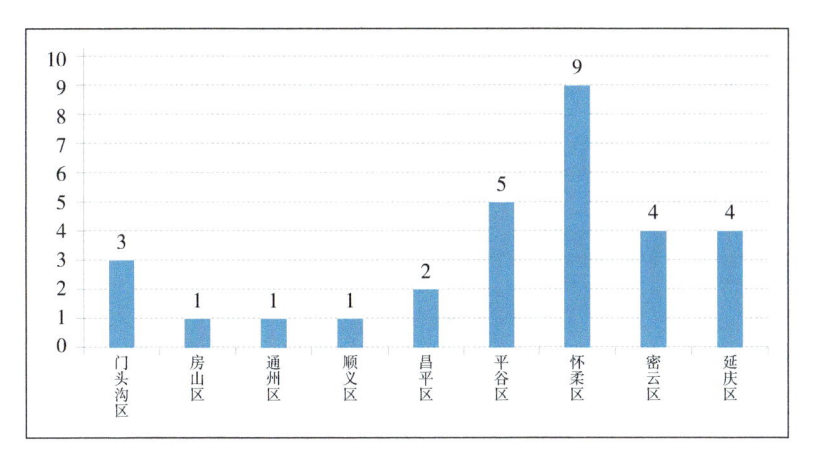

第一章 京郊民宿发展理论基础及发展现状

图1-10 2023年京郊各区甲级乡村民宿数量

乙级乡村民宿中，怀柔区依然最多，有34家，延庆区有18家，昌平区有15家，房山区有12家，门头沟区有11家，平谷区有9家，通州区有6家，顺义区和大兴区各有2家。从乙级乡村民宿数量来看，怀柔区仍然占有绝对优势（见图1-11）。

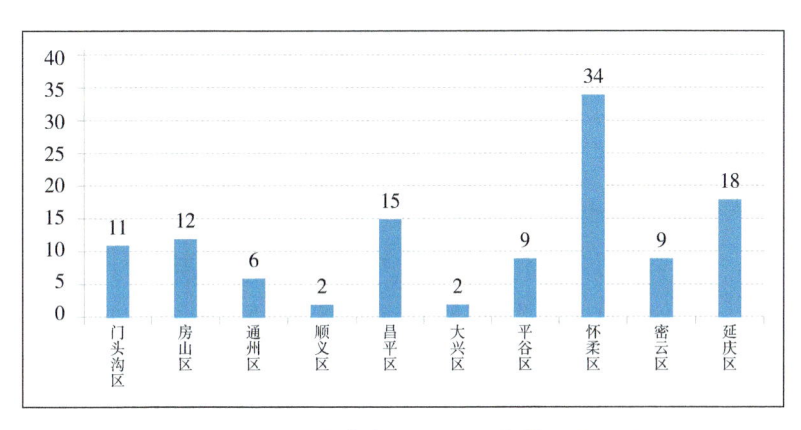

图1-11 2023年京郊各区乙级乡村民宿数量

丙级乡村民宿中，怀柔区有38家，延庆区有19家，平谷区有12家，门头沟区有10家，密云区有9家，房山区和昌平区各有6家，大兴区有3家，通州区有1家。从丙级乡村民宿数量来看，怀柔区仍然占有绝对优势（见图1-12）。

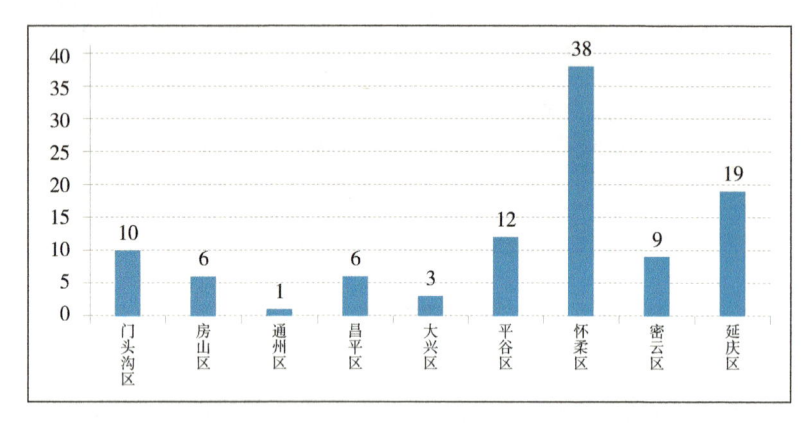

图1-12 2023年京郊各区丙级乡村民宿数量

综上，怀柔区无论是总数量，还是甲、乙、丙不同等级乡村民宿数量均占有优势；延庆区的甲级民宿数量仅有4家，但乙级、丙级民宿分别有18家、19家，数量均位居第二，延庆区的不同级别民宿分布相对均衡。通州区、大兴区、顺义区在不同等级乡村民宿数量上相对薄弱。

五星级乡村民宿中，怀柔区、延庆区分别有13家和9家，房山区有6家，密云区、门头沟区、昌平区分别有4家、3家、2家，通州区、顺义区、大兴区和平谷区没有五星级乡村民宿。从五星级乡村民宿数量来看，怀柔区和延庆区占有优势（见图1-13）。

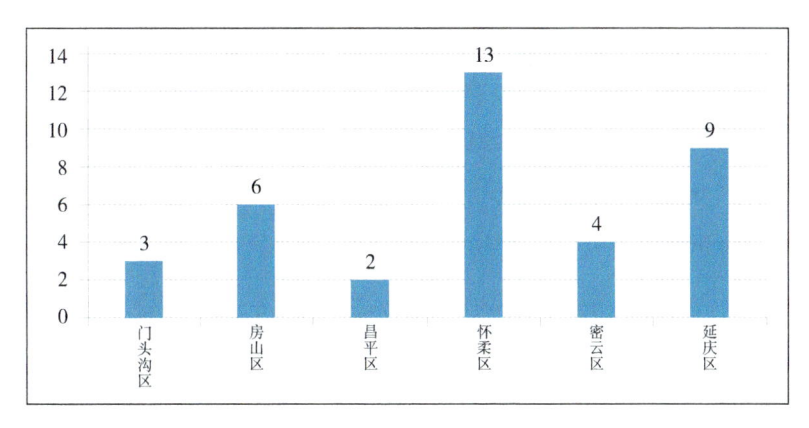

图1-13 2023年京郊各区五星级乡村民宿数量

四星级乡村民宿中，怀柔区、延庆区分别有29家和26家，密云区有11家，房山、门头沟区分别有9家、7家，顺义区、通州区、大兴区和昌平区分别有3家、2家、2家、1家，平谷区没有四星级乡村民宿，从四星级乡村民宿数量来看，同样是怀柔区和延庆区占有优势（见图1-14）。

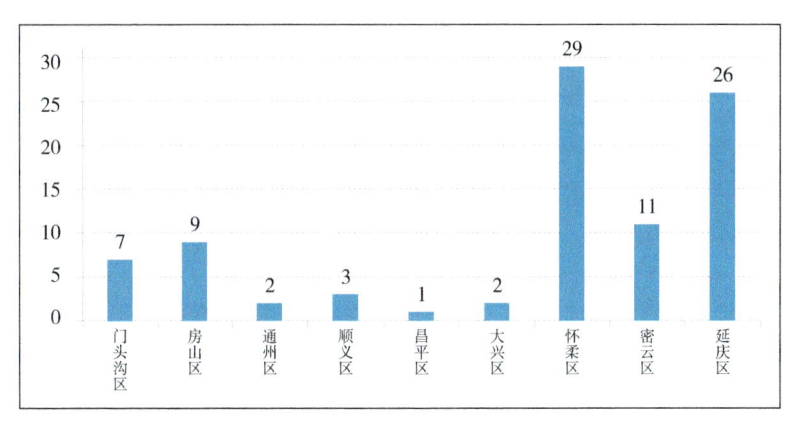

图1-14 2023年京郊各区四星级乡村民宿数量

三星级乡村民宿中,延庆区有98家,占有绝对优势。怀柔区、门头沟区分别有26家,房山区、密云区分别有22家,数量差异不大,平谷区、昌平区分别有19家、15家,大兴区、顺义区、通州区分别有8家、4家、2家。从三星级乡村民宿数量来看,延庆区占有绝对优势,其他各区数量相差不大(见图1-15)。

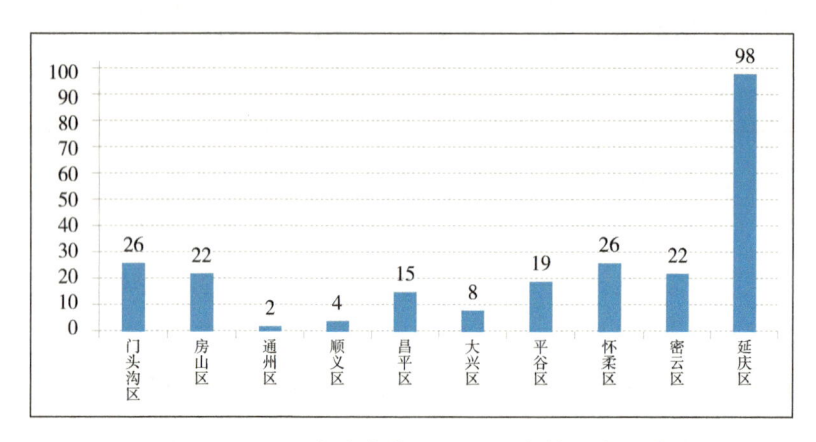

图1-15 2023年京郊各区三星级乡村民宿数量

从不同星级民宿的数量分布来看,怀柔区五星级民宿和四星级民宿均名列前茅,在高星级民宿中夺魁,延庆区的五星级、四星级民宿数量均位居第二,三星级民宿数量稳居第一。综合来看,怀柔区高星级民宿数量占有优势,而延庆区的不同星级民宿分布相对均衡,在总数量上延庆区占据优势地位,通州区、顺义区、昌平区、大兴区在星级民宿数量上处于相对弱势。

2. 全国甲级、乙级旅游民宿数量及分布情况

根据《〈旅游民宿基本要求与等级划分〉(GB/T 41648-2022)实施工作导则》,文化和旅游部公布了2023年全国甲级、乙级旅游民宿名单,

共71家民宿基本达到甲级、乙级旅游民宿标准，这批认定名单是经旅游民宿自愿申报、省级等级旅游民宿评定机构初审，全国旅游标准化技术委员会最终评定形成的。该评定结果有效期为3年，3年期满后应进行复核认定。2024年共有59家旅游民宿符合全国甲级旅游民宿标准，52家旅游民宿符合全国乙级旅游民宿标准。名单中，全国甲级旅游民宿共100家，北京市延庆区的荷府民宿和净隐南山民宿、门头沟区的一瓢客栈和百花山社精品民宿、密云区的老友记共5家民宿上榜（见表1-9）。

表1-9 2023年全国41家甲级旅游民宿一览表

序号	地区	民宿名称	评定时间
1	北京市	北京荷府民宿	2022年4月
2	北京市	北京一瓢客栈	2022年4月
3	河北省	南山小院	2022年9月
4	河北省	桃花树下	2022年9月
5	山西省	静乐县程子坪·双泉小院	2022年7月
6	山西省	安泽飞岭·蒹葭乡居	2022年7月
7	江苏省	青峰仙居	2022年8月
8	江苏省	仁德山庄	2022年8月
9	江苏省	三十六季客栈	2022年7月
10	江苏省	云沧海	2022年7月
11	浙江省	饮海三湾	2022年9月
12	浙江省	竹里云溪民宿	2022年9月
13	浙江省	月亮工坊民宿	2022年9月
14	安徽省	初心叁舍·大音希声	2022年6月
15	安徽省	我的收藏	2022年8月
16	福建省	拾间海民宿	2022年6月
17	江西省	旧雨新知民宿	2022年8月

续表

序号	地区	民宿名称	评定时间
18	江西省	湾里岭溪谷民宿	2022年11月
19	江西省	半亩方塘民宿	2022年11月
20	山东省	阅木山居民宿	2022年6月
21	山东省	海角七号民宿	2022年6月
22	山东省	原木舍民宿	2022年6月
23	河南省	小有洞天·山居	2022年8月
24	河南省	云合山间	2022年8月
25	湖北省	东湖家·磨山驿旅游民宿	2022年6月
26	湖南省	张家界远方的家	2022年7月
27	湖南省	凤凰雪晴集人文半山民宿	2022年8月
28	湖南省	怀化市徽州会馆·曾府酒店	2022年7月
29	广东省	涟岸湖居客栈	2022年9月
30	广东省	五合院	2022年9月
31	广西壮族自治区	融安云止民宿	2022年9月
32	重庆市	既白民宿	2022年7月
33	重庆市	花镜院子	2022年11月
34	四川省	后山朴院·梨花溪	2022年9月
35	贵州省	榕宿客栈	2022年8月
36	贵州省	尧珈·望瀑民宿	2022年8月
37	云南省	腾冲和顺庄园	2022年6月
38	云南省	文晋院客栈	2022年6月
39	甘肃省	唐蕃云舍民宿	2022年11月
40	甘肃省	栖迟民宿	2022年8月
41	青海省	蕃域火山温泉酒店	2022年8月

表1-10 2024年全国59家甲级旅游民宿一览表

序号	地区	民宿名称	评定时间
1	北京市	老友季	2023年7月
2	北京市	百花山社精品民宿	2023年7月
3	北京市	北京净隐南山民宿	2023年9月
4	天津市	晨曦五号	2023年7月
5	天津市	桐画精品民宿	2023年7月
6	天津市	织雀·星伴小栈	2023年7月
7	河北省	昔古回院	2023年7月
8	河北省	叁时壹宿	2023年7月
9	山西省	阳阿清居·姥姥院	2023年6月
10	内蒙古自治区	乌兰哈达望山民宿	2023年8月
11	辽宁省	观鸟客栈	2023年6月
12	辽宁省	安步海景复古民宿	2023年6月
13	黑龙江省	拾叶知悠	2023年6月
14	黑龙江省	望舒民宿	2023年6月
15	江苏省	光荫里度假民宿	2023年8月
16	江苏省	合谷村上	2023年8月
17	江苏省	上川一舍	2023年9月
18	浙江省	妙溪民宿	2023年7月
19	浙江省	雪花谷·隐山民宿	2023年7月
20	浙江省	伍码民宿	2023年11月
21	安徽省	拾庭画驿	2023年6月
22	安徽省	清溪行馆	2023年6月
23	安徽省	泊乐艺术民宿酒店	2023年7月
24	福建省	岭里沐里山庄	2023年6月
25	江西省	南源民宿	2023年9月

续表

序号	地区	民宿名称	评定时间
26	江西省	望婺源·流苏小筑民宿	2023年8月
27	江西省	吉内得稻田民宿	2023年9月
28	江西省	云里雾里塔里民宿	2023年8月
29	山东省	大街雅舍民宿	2023年8月
30	山东省	云门引民宿	2023年8月
31	河南省	五朵山蓼花汀民宿	2023年8月
32	河南省	云堡妙境民宿	2023年8月
33	湖北省	自寨民宿	2023年7月
34	湖北省	斜阳耒筑·木兰民宿	2023年8月
35	湖北省	渡心·南岔湾石屋民宿	2023年8月
36	湖南省	花溪湾轻奢民宿	2023年9月
37	湖南省	芸庐民宿	2023年9月
38	广东省	梅州醉美书院精品民宿	2023年9月
39	广东省	禾肚里(梅州)稻田民宿	2023年9月
40	广东省	三舍综艺民宿	2023年9月
41	广西壮族自治区	日冉东方	2023年5月
42	海南省	海口寰海阁骑楼建筑博物馆民宿	2023年9月
43	重庆市	大观·原点乡宿	2023年9月
44	四川省	嘎尔庄园·星空之城民宿	2023年7月
45	四川省	守拙民宿	2023年7月
46	贵州省	十二背后双河客栈	2023年11月
47	云南省	揪野田园民宿	2023年7月
48	云南省	帕哎冷古茶庄园民宿	2023年7月
49	西藏自治区	五色茎别院	2023年10月
50	西藏自治区	龙布仓藏精酒店	2023年10月
51	陕西省	阳坡院子·松云山舍	2023年7月

续表

序号	地区	民宿名称	评定时间
52	陕西省	隐居乡里楼房沟	2023年7月
53	甘肃省	黄河驿·窑洞康养民宿	2023年8月
54	甘肃省	凤凰塬舍民宿	2023年8月
55	青海省	文迦星空民宿	2023年7月
56	宁夏回族自治区	沙枣小院民宿	2023年7月
57	宁夏回族自治区	沙湖美鱼别墅民宿	2023年7月
58	新疆维吾尔自治区	特克斯县梦里长歌民宿	2023年8月
59	新疆维吾尔自治区	三生百间里民宿	2023年8月

全国乙级旅游民宿共83家，北京市房山区的圣水莲庭民宿、大兴区的茶香丽舍·清幽阁民宿、昌平区的后院Rareyard和延庆区的伴月山舍民宿上榜（见表1-11）。

表1-11　2023年全国53家乙级旅游民宿一览表

序号	地区	民宿名称	评定时间
1	北京市	圣水莲庭民宿	2022年7月
2	北京市	茶香丽舍·清幽阁民宿	2022年7月
3	河北省	象外高卧民宿	2022年9月
4	河北省	星野山宿	2022年8月
5	山西省	黎城壶山旅游度假区太行人家	2022年7月
6	黑龙江省	林子草堂	2022年8月
7	黑龙江省	丰林自在香里	2022年7月
8	浙江省	南与舍民宿	2022年7月
9	浙江省	山里佬黄精小院民宿	2022年7月
10	安徽省	永泉松云山居	2022年6月
11	安徽省	三棵树花园民宿	2022年6月

续表

序号	地区	民宿名称	评定时间
12	福建省	花筑澜溪美宿	2022年6月
13	江西省	云上山纪民宿	2022年8月
14	河南省	南湖山居	2022年8月
15	湖北省	古寨客栈	2022年6月
16	湖北省	九宫山竹林下民宿	2022年6月
17	湖南省	资兴市那一年精品主题客栈	2022年8月
18	广东省	禅意客栈	2022年10月
19	广西壮族自治区	大容山民宿	2022年8月
20	广西壮族自治区	北海茗宿	2022年9月
21	海南省	三亚栖岛海岛民宿	2022年7月
22	重庆市	遇见·云上	2022年11月
23	四川省	荷堂尚院·禅意酒店	2022年11月
24	四川省	龙挂山·半山云舍	2022年9月
25	贵州省	十方云舍	2022年8月
26	贵州省	近仁阁	2022年8月
27	云南省	仙人居客栈	2022年6月
28	甘肃省	深归园田居馆民宿	2022年8月
29	甘肃省	漠落民宿客栈	2022年6月
30	青海省	净合院汤泉客栈	2022年8月

表1-12　2024年全国30家乙级旅游民宿一览表

序号	地区	民宿名称	评定时间
1	北京市	后院Rareyard	2023年8月
2	北京市	北京伴月山舍民宿	2023年8月
3	天津市	半山小隐	2023年7月
4	河北省	井陉右见果然民宿	2023年6月

续表

序号	地区	民宿名称	评定时间
5	河北省	林家静享庭院	2023年6月
6	山西省	蒲舍南谷里	2023年7月
7	山西省	悬崖居	2023年6月
8	内蒙古自治区	陕北人家窑洞民宿	2023年8月
9	内蒙古自治区	润山喜山民宿	2023年6月
10	内蒙古自治区	百格利生态旅游民宿	2023年6月
11	辽宁省	十里芳华原乡民宿	2023年8月
12	辽宁省	三十三夏校园民宿	2023年6月
13	江苏省	重构空间民宿	2023年9月
14	江苏省	璞宿·隐心芥民宿	2023年8月
15	浙江省	寒舍迥塘民宿	2023年11月
16	浙江省	东极青浜记忆民宿	2023年11月
17	安徽省	四顶山居	2023年7月
18	安徽省	井楠茗宿	2023年7月
19	福建省	六尚水岸山色客栈	2023年6月
20	福建省	泰宁阅山水舍	2023年5月
21	福建省	客莲慧雅墅生活馆	2023年5月
22	江西省	月亮湾俞家民宿	2023年8月
23	山东省	秀文斋·花印小院	2023年7月
24	山东省	泰山官岭民宿	2023年6月
25	河南省	新月文舍	2023年7月
26	湖北省	猫窝民宿	2023年7月
27	湖北省	枝子的花园民宿	2023年7月
28	湖南省	倾城轻奢民宿	2023年9月
29	广西壮族自治区	芙罗拉农家乐	2023年5月
30	广西壮族自治区	天鹅湖家园	2023年5月

续表

序号	地区	民宿名称	评定时间
31	海南省	五指山茗蘭舍茶庄	2023年6月
32	重庆市	渡云栖民宿	2023年9月
33	四川省	卡莎莎乡村民宿	2023年7月
34	四川省	六七山居民宿	2023年7月
35	贵州省	花都里化屋精品民宿	2023年11月
36	贵州省	老榜河友箓房民宿	2023年7月
37	云南省	贡山空谷幽兰生活美宿	2023年7月
38	云南省	维西慢来悦精品民宿	2023年7月
39	陕西省	不夜炉山居	2023年7月
40	陕西省	渭南桃花源壹山窑民俗客栈	2023年7月
41	甘肃省	榆木庄民宿	2023年9月
42	甘肃省	天梯山精品民宿	2023年9月
43	甘肃省	秋鸣山居	2023年8月
44	青海省	孤独星际野奢酒店	2023年7月
45	青海省	天境圣湖托茂部落	2023年7月
46	宁夏回族自治区	宁夏锦瑟客栈民宿	2023年7月
47	宁夏回族自治区	贺兰山岩画古村古树林民宿	2023年7月
48	新疆维吾尔自治区	玛格丽特民宿	2023年8月
49	新疆维吾尔自治区	杜氏旅游养生小院	2023年11月
50	新疆维吾尔自治区	徐文和生态家庭农场	2023年10月
51	新疆维吾尔自治区	丝路牧歌民宿店	2023年8月
52	新疆维吾尔自治区	桃花渡旅游度假农家院	2023年10月
53	新疆维吾尔自治区	卓老舍农家院	2023年8月

（二）京郊民宿市场需求现状[1]

乡村民宿作为乡村振兴聚合资源的窗口，在促进城乡要素流动、弘扬传统文化、践行"两山"理念等方面发挥着桥梁纽带作用。京郊民宿在新冠疫情流行的3年中，规模发展迅速，市场需求旺盛，2023年5月，北京市统计局围绕乡村民宿市场需求，通过多种方式对1322位市民进行了问卷调研，从民宿客源的性别、从业状态、年龄分布、京郊游频次、出游时间、住宿价格、民宿类型选择等方面做了数据调研。

1. 民宿客源市场中女性占比高于男性

调研发现，京郊民宿市场客源构成中，女性占比58.70%，男性占比41.30%，女性游客更偏爱选择京郊民宿（见图1-16）。

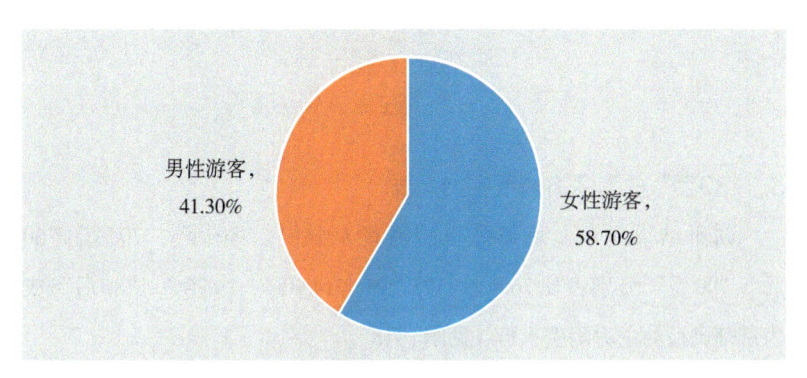

图1-16　京郊民宿市场中男性、女性占比

2. 民宿客源从业状态以在职和退休人员为主

由于乡村民宿提供了远离城市喧嚣、亲近自然的独特体验，吸引了许多城市居民和游客前往体验乡村生活，呼吸新鲜空气，享受宁静环

---

[1] 《北京乡村民宿需求调研报告》，北京市统计局，参见：http://tjj.beijing.gov.cn/tjsj_31433/sjjd_31444/202305/t20230515_3103429.html。

境。随着乡村旅游的推广和发展，乡村民宿的客源人群也在不断变化和扩大。通过调研发现，京郊民宿的客源中，以在职人员（包括自由职业者）和退休人员为主，占比分别为79.50%和13.70%（见图1-17）。

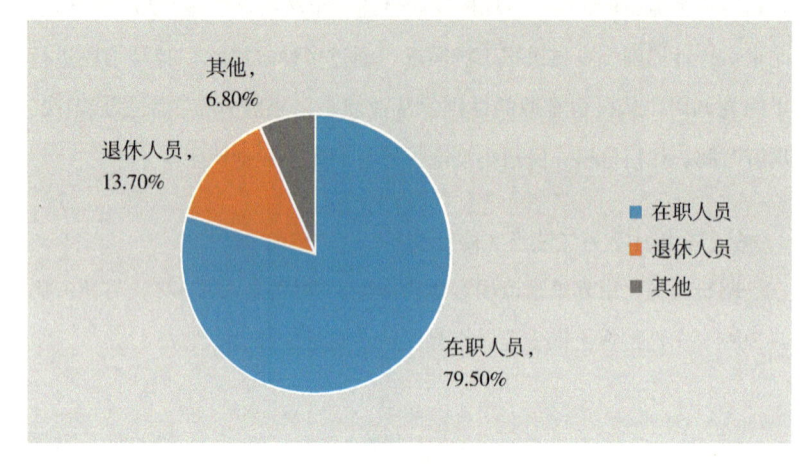

图1-17　京郊民宿客源从业状态

3. "80后"成为民宿消费主力人群

调研结果显示，京郊民宿的消费人群中，"80后""70后""60后""90后"分别占比36.80%、25.70%、14.90%、14.70%。"80后"成为京郊民宿的主力消费人群（见图1-18）。

"80后"是一个多元化的群体，对过去的传统型旅游方式逐渐产生倦怠感，更倾向于寻求独特、新颖和个性化的旅行体验，京郊民宿提供了一种与传统酒店不同的住宿选择，能够满足他们多样化的兴趣需求。同时，民宿提供了更贴近自然的住宿选项，使他们能够充分放松身心，这让生活在城市高压工作环境中的"80后"有了追求亲近自然与放松身心的机会。另外，"80后"对当地文化和人情味有较高的追寻，更倾向于选择具有地方特色和文化底蕴的民宿，以体验当地的传统风俗、美食和手

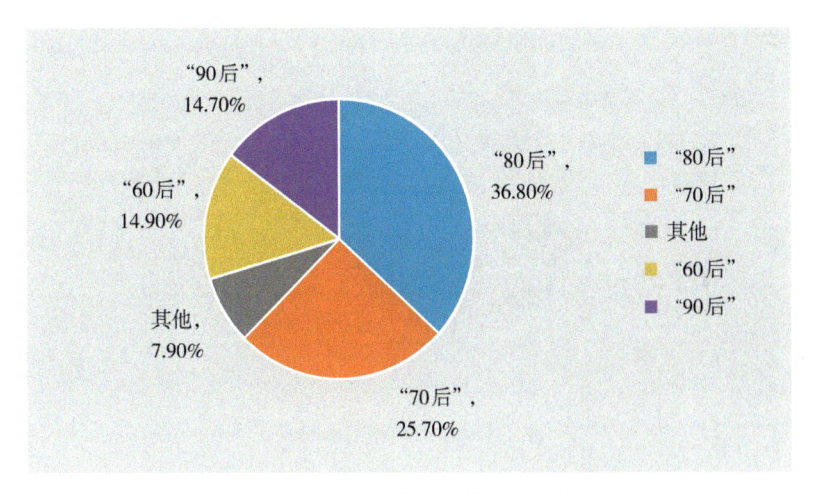

图1-18 京郊民宿消费人群不同年龄段占比

工艺，与当地居民互动交流，感受真实的当地生活，增加旅行的趣味性，这也为京郊民宿未来品质提升和产品升级提供了思路和努力的方向。

4. 半数以上的客源京郊游频次较低

调研结果显示，平均每年和每季去京郊观光旅游一次的市民占比较多，分别为36.40%和20.90%，占了半数以上。选择平均每1~2月和每1~2周去京郊观光旅游一次的市民占比分别为18.80%和11.30%。虽然京郊游频次少的人数居多，但结合近几年京郊旅游的火爆情况可以看出，京郊游频次较多的群体规模也在不断扩大，并且随着旅游对人们生活方式的改变，相信会有越来越多的人选择频繁出游（见图1-19）。

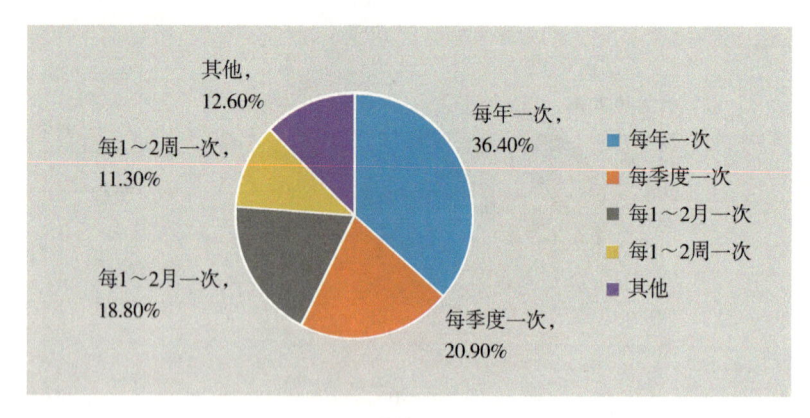

图1-19　京郊游频次分布

5. 周末、节假日仍是出游高峰

调研结果显示，51.90%的市民选择周六、周日出游，20.10%的市民选择小长假（3天及以上）、黄金周出游，9.00%的市民选择周一至周五出游，选择年休假和寒暑假出游占比分别为5.60%和5.00%。由此可以看出，周末、节假日是京郊游的出游高峰，这与京郊游以"80后""在职人员"为主力消费群体相呼应，如何化解淡旺季客流差异仍是京郊民宿面临的一大问题（见图1-20）。

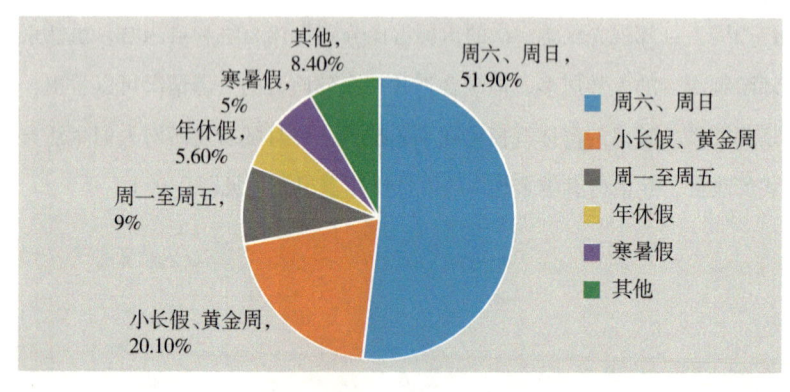

图1-20　京郊游出游时间选择

6. 市场对民宿预期价格不超过600元的居多

调研结果显示，83.6%的市民能接受的京郊乡村民宿平均每间房的价格是600元以下，其中46.6%的市民能接受的价格是300元以下。

7. 选择景点附近的民宿居多，民宿类型日趋多元

调研结果显示，在京郊民宿类型选择方面，选择景点附近民宿的占58%，选择自然景观体验型民宿的占37.9%，选择农家乐式传统民宿的占33.8%。由此可见，首先是景区依托型民宿在市场中仍占半壁江山，受欢迎程度最高；其次是拥有良好生态环境的自然景观体验型民宿；再次是农家乐式的传统民宿和设计感强的主题民宿不相上下；最后是休闲娱乐活动体验型民宿、有品牌故事或文化的民宿也越来越受人们追捧。综上所述，随着市场需求的不断变化，民宿类型也越来越多元（见图1-21）。

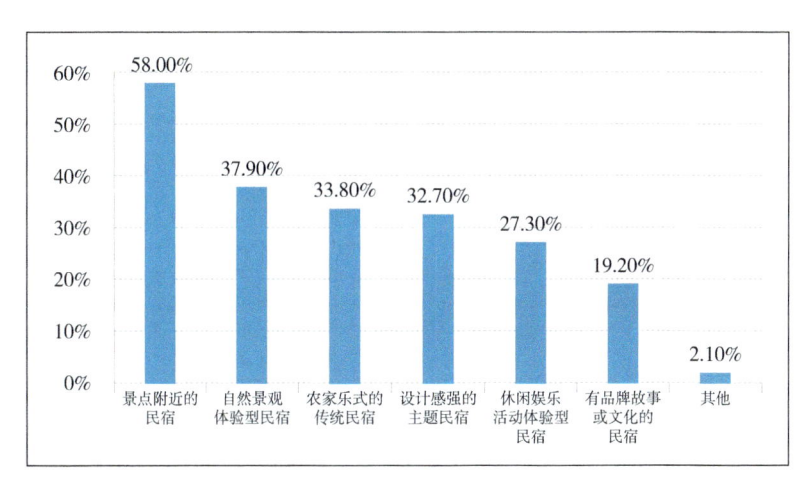

图1-21 京郊民宿类型选择情况（最多选3项）

（三）京郊民宿市场供给状况

2021年8月至10月，北京师范大学文化创新与传播研究院组织电子

问卷调查，通过北京市各区民宿社团组织、政府部门直接针对民宿品牌负责人进行定向调查，回收样本量375个，涵盖民宿品牌数量的三分之一，相关数据能够反映北京京郊民宿市场供给的总体情况。[1]

1. 城市知识精英主导京郊精品民宿

调研显示，民宿主在经营民宿前的身份，18%为"北京市内工作的返乡人员"，23%为"出生在北京城区的市民"，13%为"北京市内工作的外来从业人员"，三者加在一起占受调查人群的54%，即超过一半的民宿主是从北京市区来到"后花园"从事民宿经营的，构成主导北京乡村精品民宿的主体。这些民宿主在城市积累了一定的资本、资源，具有开放胸怀和广阔视野，对于来自市区客人的消费心理和消费期待有一定的认知，因而在提供相关服务产品上能够尽可能匹配消费者的需求。对于一部分民宿主而言，他们开办民宿一定程度上是因为对乡村生活心生向往，经营民宿恰好能够兼顾个人喜好和他人需求（见图1-22）。

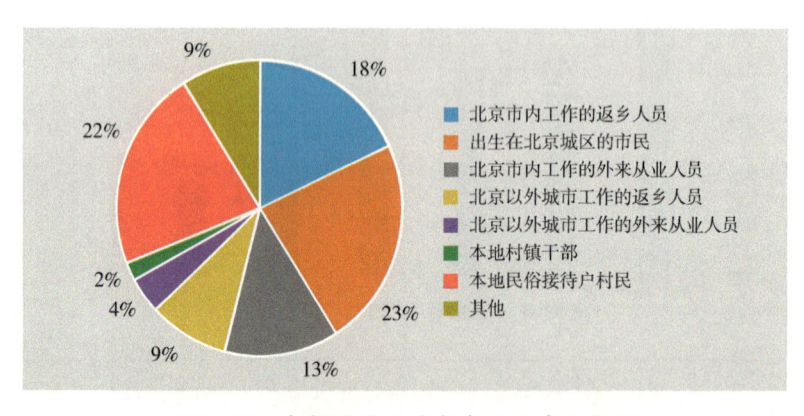

图1-22 京郊民宿经营负责人的身份类型

---

[1] 张佰明：《民宿社区共生情商力》，北京：世界图书出版公司，2022年。

另外，调研显示，从事民宿经营的负责人46%拥有大学本科学历，6%拥有硕士及以上学历，具有大学本科及以上学历的民宿经营主体占到了一半以上，这也是服务于首都旅游民宿从业者的一大特点，这些学历背景为京郊民宿的个性化、主题化、多元化发展奠定了良好基础（见图1-23）。

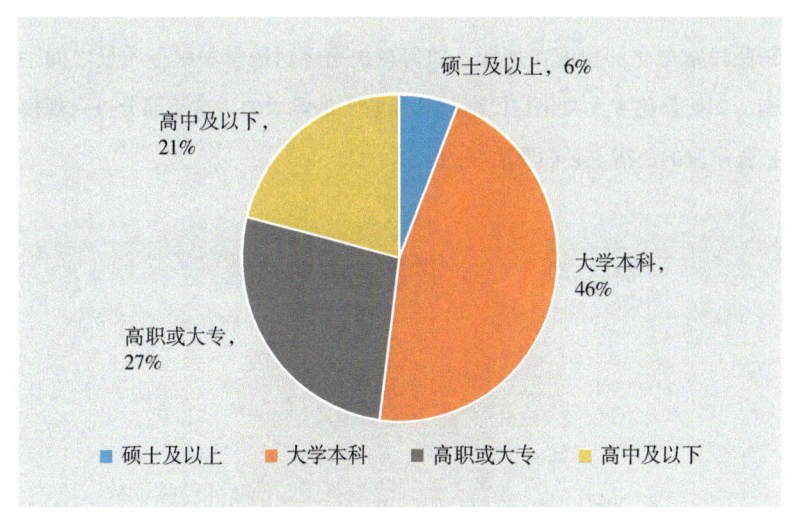

图1-23 京郊民宿经营负责人的学历情况

2. 小而美成为京郊民宿主流

调研显示，京郊民宿中，拥有3间及以下客房的民宿品牌占14%，拥有4～7间客房的民宿品牌占48%，拥有8～10间客房的民宿品牌占13%，拥有11～15间客房的民宿品牌占8%，拥有16间及以上客房的民宿品牌占17%。显然，拥有4～7间客房的民宿品牌接近总数的一半，拥有3间及以下客房的民宿品牌占比与拥有8～10间、16间及以上客房的民宿品牌占比较为接近。总体上看，7间（含）以下客房量的民宿品牌接近总数的2/3，小体量占主体。这也能够反映出京郊民宿小体量、精致化的发展模式，小而美成为京郊民宿主流（见图1-24）。

民宿是一个具体的小型经营体，民宿主要处理的相关经营环节头绪繁杂。要想确保主人能与客人保持一定频度和质量的互动，民宿主能够照顾到的房间数一定有上限。民宿拥有10间（含）以上客房的品牌数量占总数的1/3，16间及以上的品牌（严格上说已无法纳入民宿的范畴）数量比例为17%，这样的民宿必然以稀释主人文化为代价，表明北京乡村精品民宿分化的程度在加深。如何在民宿客房数量和服务质量之间平衡，如何强化主人文化在民宿品牌经营上的竞争力，这是部分进入规模扩张阶段的民宿主必须要决好的问题。

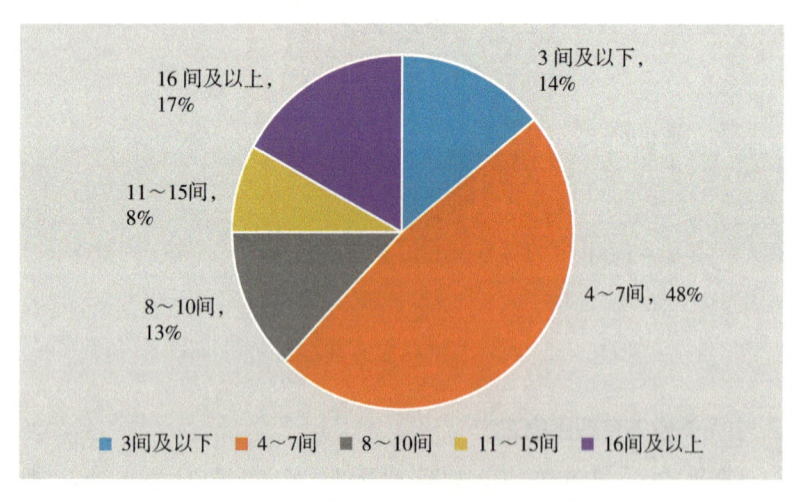

图1-24　京郊民宿客房数量分布情况

3. 800元成为中、高端民宿分水岭

调研结果显示，客房单价在300元及以下的占5%，301～500元占30%，501～800元占33%，801～1200元占21%，1201～1800元占6%，1800元以上占5%。综合来看，客房单价低于800元的比例为68%，即超过2/3的客房处于这一区间。值得注意的是，极少数客房单价在300元以下，这一价格几乎接近于农家乐的水平，这样的民宿能够提供的服务质量可想而知。客房单价为500元以下的比例为35%。客房单价超过1800元的比例为5%，相比2019年，单价超过2000元的比例就占11%。将单价高点和低点两个数据结合起来看，可以解释为随着民宿市场的逐渐规范，民宿产品的定价趋于理性，这也是北京民宿数量达到一定规模后品牌之间竞争加剧的必然结果（见图1-25）。

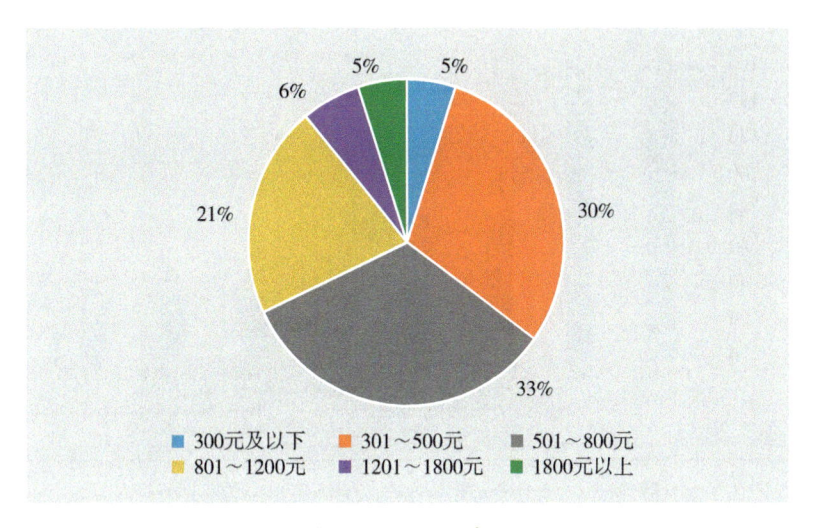

图1-25 京郊民宿客房单价平均价格

4. 餐饮之外的其他营收渠道有限

调研结果显示，375位民宿负责人，其中147人的民宿品牌没有除客房售卖以外的收入，占比39%，其他民宿品牌有"餐饮收入"的有145人，占比39%，这反映出京郊民宿的收入结构较为单一，接近四成的民宿除了客房售卖之外没有其他收入，与有餐饮收入的比例相近。

"农副产品精加工或深加工后售卖给客人""民宿直接或间接参与

经营的有机农产品售卖收入"所占的比例分别为21%、17%，娱乐和体验活动所占的比例都只为9%。这样的收入结构不仅让民宿品牌很容易看到营收的天花板，而且为游客带来的附加值较为有限，对游客的吸引力很小，也不容易延长游客的停留时间，更谈不上为游客提供高质量的时间管理服务。如何通过精细化的服务项目设置增加收入、提高游客黏性，这是摆在绝大多数民宿负责人面前的一道必答题，也是民宿负责人需要持续修炼的内功（见图1-26）。

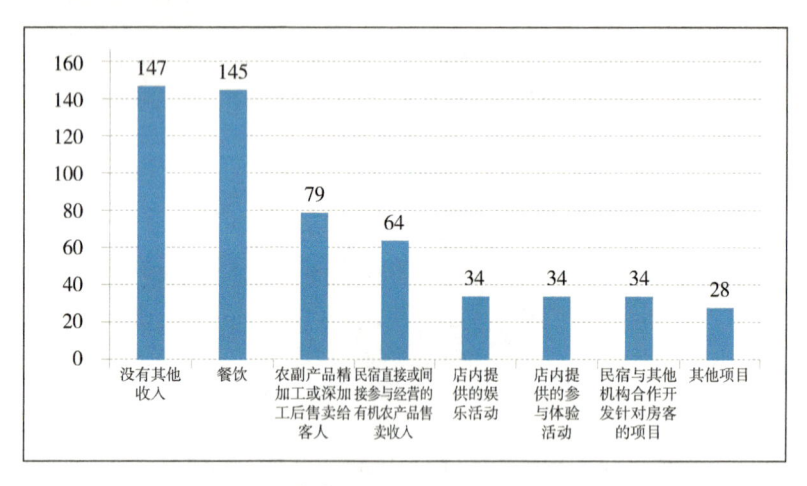

图1-26　京郊民宿经营收入的项目构成

（四）京郊民宿发展面临的问题

结合前文对京郊民宿市场需求和供给状况的调研分析，梳理出京郊民宿发展面临的困境和问题。

1. 法律法规不完善，缺乏统一的管理标准和强有力的监管措施

目前在京郊地区，尤其是乡村地区，对民宿的设立、管理和运营缺乏明确的法律法规进行规范。一些京郊地区存在土地使用权和房屋产权

归属的不确定性，这给民宿的产权保护和合法经营带来了困扰，部分京郊民宿在装修、设施以及消防安全等方面存在不完善和缺乏标准化的问题，容易导致安全隐患。京郊民宿由于缺乏统一的管理标准和行业评估体系，导致在服务质量、环境卫生、规范管理等方面存在差异，这也给客人选择民宿和行业评估带来一定的困扰。另外，在一些地区，民宿监管部门的执法力度不足，监管措施不完善，导致一些违规民宿能够长期运营，这不仅损害合规民宿的利益，也降低了整个京郊民宿产业的整体形象和竞争力。

2. 产品和服务无法满足客源市场的多样性需求

根据2023年北京市统计局围绕乡村民宿市场需求展开的调研，虽然"女性""80后""在职和退休人员"是京郊民宿的主要客源群体，但他们的需求偏好各不相同，而当前京郊民宿普遍存在产品同质化的问题，如何提供多样化的产品和服务，满足不同客户群体的需求，是京郊民宿发展所面临的一个重要的挑战。

3. 竞争压力大，亟须找准市场定位

京郊民宿过去几年经历了爆发式增长，2020—2022年，京郊民宿凭借其独立性和私密性迅速蹿红，不仅"五一"、"十一"、春节等假期价格暴涨、一房难求，甚至连普通的周末也都挤满了客人。庞大的市场吸引了大批投资者入局。2023年以来，随着国内游、出境游市场陆续重启，京郊民宿市场的主要客群——北京中高端消费者大量流失，一些奔着"赚快钱"而来的民宿主此时萌生了退意，大潮退去，面对客流"断崖式"下降，京郊民宿迅速进入调整期。如何找准定位，时刻保持与竞争对手的差异化竞争，吸引和留住目标客户，对于京郊民宿来说，是一个关键的挑战。

4. 价格敏感度高，需要平衡合理定价和盈利能力之间的关系

调研显示，客户对民宿预期价格不超过600元的居多，同时800元成为中、高端民宿的分水岭。民宿的定价需要考虑市场对于价格的敏感度以及和竞争对手的关系，如何在价格合理的同时保持盈利能力，提供高品质的服务，是京郊民宿未来发展过程中需要平衡的问题。

5. 收入渠道有限，需拓展餐饮服务和其他营收渠道

相比于传统酒店，京郊民宿在餐饮服务外的其他营收渠道上通常较有限，可能主要依赖住宿来获取收入。拓展民宿的营收渠道，探索多样化的盈利模式，如增设特色餐饮、休闲娱乐、文化体验等，以提高民宿的综合收入水平和盈利能力，创造更多的收入来源，这是京郊民宿负责人都需要关注和思考的问题。

6. 运营效率和管理水平尚存在一定差距

京郊民宿普遍倾向于保持小规模和精致的特点，为房客提供宁静与舒适的生活环境。但麻雀虽小五脏俱全，前台、客房、餐饮等部门或功能都不可或缺，只有高效运营和良好的管理水平才能提供优质的服务。如何优化运营流程、提高效率、培养专业的服务团队，也是京郊民宿发展面临的重要问题。

7. 持续创新和适应市场变化的能力有待进一步提升

京郊民宿市场竞争激烈，客户需求也在不断变化，因此，持续创新和适应市场变化是保持竞争优势的关键。只有在产品设计、服务方式、

营销手段等方面不断进行创新，不断提升客户体验，才能保持市场竞争力。民宿经营者需要密切关注市场变化，灵活应对，并根据市场需求和自身条件进行策略调整，以保持竞争优势和持续发展。

第二章

京郊民宿产业发展案例研究

一、延庆区：石光长城、原乡里·三司、荷府民宿

延庆区文化和旅游局于2020年提出"社区共生"理念，通过民宿企业与所在村庄共建、共创、共享，实现乡村社区的可持续发展。将精品民宿作为盘活乡村经济的新型业态，通过市民和村民的良性互动，打造新型"关系乡村"场景，让游客在深度参与中感受乡村社区生活。以民宿空间运营为核心，延庆区下辖各村委会、合作社与运营商、民宿主、村民、游客等良性互动，形成利益共同体，在"社区共生"建设中推进乡村文化治理。以住宿空间为圆心，延庆区充分整合文旅体商农各产业优势资源，努力构建"民宿+"社区同心圆，满足市民、游客的多种需求。这种以"社区共生"理念调动各方资源，探索多业态共融共享的"民宿+"模式，从打造利益共同体到构建价值共同体，推动生态文明价值共同体建设，推动融合社区的蜕变与新生，为社会主义新农村建设提供了生动样本。[1] "十四五"期间，延庆将立足实际，以精品民宿发展为切入点，在突出人的共生、产业共生的基础上，以农业农村为核心，以乡村振兴战略实施带来的美丽乡村新面貌为抓手，不断规范服务、提升品质，围绕民宿发展全域布局产业，着力打造乡村文明、生态宜居、主客共享的"社区共生"典范。

（一）石光长城精品民宿：长城文化为民宿赋能，文旅融合助力乡村振兴

石光长城精品民宿（简称石光长城）位于四面环山的延庆八达岭镇石峡村，是由妫水人家餐饮创始人贺玉玲于2015年创建的延庆首家精品

---

[1] 张佰明：《精品民宿发展的"延庆模式"》，《中国旅游报》，2021-06-10。

民宿。2020年石光长城成为首家挂牌"长城人家"的民宿，2021年石光长城入选首批国家乙级旅游民宿，2022年石光长城被评为北京市五星级民宿。

石光长城已改建16处院落，含10处住宿院落和6处公共空间，依托延庆地区丰富的自然资源和长城资源，打造集住宿、餐饮、休闲、娱乐、购物及文化体验于一体的综合性民宿。在设计装修风格上，有简欧式风格，有中式仿古风格，还有躺在床上就可以看到星星的星空玻璃房。石光长城所在的石峡村不仅景色优美，也是明末闯王李自成攻破长城之地，一段段历尽沧桑的残长城，印证着其深厚的历史底蕴和文化内涵。

长城文化是石光长城的根和魂，石光长城是长城文化的传播点、宣传站。它的文化活动、体验项目都围绕着长城文化展开，在民宿运营中融入长城文化、非遗文化、民俗文化，同时在公共区域内设有非遗手工艺、汉服体验、古堡祈福、露天电影、精品下午茶等多种项目活动。

1. 以长城文化为灵魂

（1）长城资源赋能文化内涵

在石峡村旁耸立着一段雄伟壮丽的残长城遗址——石峡关长城，该段长城东起帮水峪村，西入河北界，向南迂回至昌平界，长约10千米。石峡关长城位于八达岭长城景区西南5千米处，在明代是与八达岭长城具有同等地位的军事要塞，上有敌台22座，最具特色的是一座著名的菱形敌楼，也是万里长城上唯一的菱形楼。这里保留了明长城最原始的形态：残破、古旧、朴拙、苍劲、雄伟，绵延于崇山峻岭之中，荒凉不事雕琢的自然美，令人感受到长城金戈铁马的千年不屈风骨与独特的风韵。

石峡峪堡紧邻长城脚下，始建于明初，明隆庆三年至四年（1569—1570年）修建砖石长城和空心敌楼，万历十七年（1589年）和崇祯十三年（1640年）进行过修缮，隶属居庸关北隘，村中至今保存着石峡峪堡的南门"迎旭"门额。

（2）长城建设理念融入民宿建筑

石光长城位于石峡关长城脚下，在原有古村落、古堡遗址、山体风貌的基础上，建设独立的住宿院落。民宿采用当地毛石资源与石匠砌筑手艺，因地制宜、就地取材，利用自然、适应自然，充分体现了长城建设的施工理念，创造了一处处亲近自然却又不失现代感的舒适居住空间。

图2-1 石光长城民宿的环境

石光长城采用中国传统建筑的建造方式，充分利用了当地的毛石资源，一石一瓦，砌筑手艺尽显中国风韵。拥有春居、逸树、揽星、听雨、树影等10个不同风格的院落，其中揽星小院在保留了一部分原有老房子结构的基础上，以玻璃钢材建成了可以270度观景的星空房，这也是石光长城民宿最受欢迎的院子。以春居小院为代表的新中式风格小院，以木石结构展现乡村特色的同时，又以新中式的设计风格令室内显得典雅、时尚，搭配80支纱床品和品牌洗浴用品，带给游客星级酒店的住宿体验。

（3）长城文化体验融入民宿运营

　　通过深耕本地民俗和长城文化，将文化融入民宿运营之中，建设了石光长城民宿村史博物馆、石光长城文化书店等特色建筑，把石光长城发展成集住宿、餐饮、娱乐、休闲及文化体验于一体的京郊文旅新空间。如"长城小站"研学项目，通过户外调查和游戏体验活动等形式，讲解长城的构造、建筑特点，现场测量城砖、研究城墙垛口的砌筑方式，学习烧制城砖、砌筑城墙垛口。活动中特别激动人心的是根据李自成攻打石峡关军事行动设计的"攻防战"游戏，"攻防战"胜方可以享受"庆功宴"——"长城闯王宴"。

2. 以"社区共生"为理念

（1）非遗传承人带动村民参与

　　石光长城大力发展"社区共生"，持续延伸产业链、增加服务项目，融合村内优势资源逐步构建"民宿+"体系，增强游客与村民的文化交流和互动。如引进了非遗体验项目，游客可以跟着当地非遗传承人学习剪纸、面塑、糖画等；开设了公益书屋，以长城主题的图书为主，游客和附近村民都可以在这里阅读。此外，中秋佳节拜月、长城脚下过大年、公益电影等主客共享的大型活动,让游客更深入地体验当地民俗的同时,也丰富了村民的文化生活。石峡村的海棠产业也被盘活,自主研发生产的海棠干、海棠汁等产品深受游客喜爱。村民建设了酒坊、山茶坊、海棠坊等多个手工工坊,以"社区共生"模式实现了村企共融发展。在岁月中沉寂了许久的石峡村,因为民宿的出现而热闹起来,名气甚至传出了北京,谱写出了"振兴"新乐章。

石峡村的村民对长城有着深厚的感情,从明代屯兵的关隘堡垒,到如今古色古香的文化村落,村民们对村庄历史和长城故事娓娓道来,长城保护员梅景田老人讲述长城文化和保护长城的故事,组织村民成立了"长城讲解队",在给游客做讲解的同时也增强了村民们的自豪感和自信心。

(2)石光咖啡

石光咖啡坐落于石峡村石光长城民宿院落群内,在这里能够品尝一杯醇香的手工自磨咖啡,与三五好友休闲聊天,透过落地窗既能一览乡

图2-2 石光咖啡

村美景，也可以欣赏气势磅礴的长城。这里可以举办沙龙、生日宴、小型聚会等活动，还可以为小型团队提供会议服务。

（3）石光长城文化书店

石光长城文化书店位于北京市延庆区石峡关长城脚下，书店现馆藏图书5000余册，范围涉及长城文化、长城历史文献、文学读物、儿童读物、社科类书籍等，面向游客、村民免费开放。石光长城文化书店是一栋现代风格的二层建筑，书店的院子环境优美，内部设施齐全，凭窗远眺可见气势恢宏的长城巍峨，信步院内但闻鸟语花香。超大落地窗可一览山间美景。在保留原有书店功能的同时，还配备有咖啡、精品茶饮等服务，书籍全部可以免费借阅。这是一座乡间的书店，也是一座展示长城文化的博物馆，在传播文化知识的同时，也能让更多人放松身心，感受生活的至真至美。

图2-3　石光长城文化书店

(4) 石光长城民宿村史博物馆

石光长城还协助传承手工艺非物质文化遗产。石峡村建有一座村史博物馆，同时它也是一座非遗手工艺体验馆，在馆内可以了解长城文化、村史文化、民俗文化，同时石光长城组织上百位手工艺匠人，能够提供数百种传统手工艺制作指导，让更多人能够体验中国手工艺的魅力。非遗手工艺制作体验包括布老虎、面人、中国结、手工香皂、剪纸、葫芦画、衍纸画、毛猴、灯笼、糖画等多种项目。非遗手工艺老师现场指导，项目工艺易学易会，制作成品可作为纪念品带走。还能够为团建、亲子、会议等团队提供团体手工艺活动。

图2-4　石光长城民宿村史博物馆

(5) 石光茶坊

石光茶坊不仅能品茶听书，每周末还会播放露天电影，游客可以在此自由观影，还不定期举办长城民俗演出、故事评书等活动。320平方米的超大场地，可以进行团队活动、多人会议、文艺表演等多种活动，在每年的端午节、中秋节、春节期间，这里还举办"中秋拜月""长城脚下过大年"等大型的民俗传统活动。

3. 以"非遗+"拓展产业链条

　　石光长城餐饮项目中的"长城闯王宴",占据C位的是贺氏酱猪脸和火勺。贺氏酱猪脸是贺玉玲家的祖传绝活儿、延庆区级非遗项目;火勺是延庆名吃,北京市级非遗项目。妫水人家品牌创建于2009年,创始人贺玉玲以延庆地方菜为基础研发"长城石烹宴",2015年在延庆创建妫水人家(石峡店)及石光长城精品民宿,在民宿旅游的带动下,以贺氏酱猪脸为代表的石烹宴受到众多游客好评。餐厅是一座古色古香的四合院建筑,在院内能看到山和长城,以长城文化为基础,融合非遗、民俗文化缔造地方经典美食。

　　其招牌菜贺氏酱猪脸创始于1894年,以传统技艺造就经典美食,2020年被列入延庆区非物质文化遗产名录(简称非遗名录)。其选用20

图2-5　石光长城餐饮项目

余种中草药作为调味剂,炖煮超过8小时,猪脸肥而不腻,瘦而不柴,入口醇香。贺氏酱猪脸做法源自非遗美食"扒猪脸",也是延庆区的著名美食。最有特色的是上菜方式——两位服务员身着传统服饰,抬着花轿敲着锣鼓来到客人面前,随着一声清脆的锣鼓声,服务员一边朗声说着"吃猪头,一年都有好兆头"之类的吉利话,一边上菜。"坐着轿子的猪脸"已成为延庆地方特色美食中一道独特的风景。

4. 产业融合助力乡村振兴

石光长城不仅把酱猪脸和火勺等延庆美食做火了,还带动了村里海棠、山茶等特产的销售。石光长城建造了绿色生态园,种植了大量海棠,不仅让游客品尝到新鲜健康的绿色食品,还增加了村民的就业机会。创始人贺玉玲联合村民共同致富,一起开办了酒坊、油坊、山茶坊等手工工坊,让游客了解当地传统技艺的同时,也吸引外出务工的村民回归乡土,使农村空巢现象得到改善。[1]

石光长城在建设的同时也规划了村内设施,参与建设了村内府西街与学院街,并于2020年建成儿童游乐区、2021年建成海棠诗园等公共休闲区域,为村民及游客提供休闲娱乐的场所,此外石光长城书店及石光咖啡也对村民开放。

石光长城在盘活闲置房屋增加村民收入的同时,还通过民宿、餐饮为村民提供更多的就业机会,目前已带动村内20余人就业,主要从事餐厅服务、房间清洁、树木修剪、设备维修等工作,让很多准备外出打工的村民留在了村里,共同发展家乡经济。此外,通过民宿与线上平台,

---

[1] 《北京延庆石峡村:长城文化为民宿赋能 文旅融合助力乡村振兴》,中国旅游新闻网,参见:http://www.ctnews.com.cn/jdzs/content/2022-05/31/content_124726.html。

石光长城还帮助石峡地区村民销售海棠干、黄芩茶、土鸡蛋、野菜等农产品。

石光长城通过不断促进乡村经济多元化发展，逐步实现了村企共融，让企业真正融入乡村，给乡村发展带来积极动力。石光长城通过村集体与村民合作建设酒坊、油坊、山茶坊、石磨坊等手工工坊，丰富游客体验活动的同时也极大地发展了乡村产业。目前石光长城已经辐射带动18户村民注册民宿户，有效推动了长城文化带沿线民宿集群品牌的建设。石峡地区盛产海棠，石光长城正在积极推进村内海棠产业的建设，与村集体联合，共同致力乡村发展与振兴。[1]

图2-6　石光长城海棠汁饮品

---

[1] 《文旅新场景·石光长城|民宿唤醒长城脚下"沉睡资源"》，北京旅游，参见：https://www.visitbeijing.com.cn/article/4EMNX6G4YPL。

（二）原乡里·三司：品牌化运营，创新"民宿+"新模式

原乡里·三司位于延庆区井庄镇，始建于明朝，坐落在燕羽山脚下，南有燕羽，北临妫河，东近九龙，西连柳沟。周边有永宁古城、八达岭长城、九眼楼长城、龙庆峡、玉渡山、世园公园等多个景区环绕。民宿藏匿在古长城脚下有600年历史的石头村里，灰砖青瓦、木门木窗，以石头和木头为主要建筑材料，尽量还原最本真的乡间小院模样。不同的主题小院呈现不一样的原乡民宿，由一栋乡哩吧+多个独立小院构成的客房共18间，可同时接待30～40人。

为提升乡村内外部资源整合力，与村庄整体的发展力求一致，三司的村落功能分为4部分：一是幸福生活板块——村民生活空间；二是民宿乡居板块——共享空间"乡哩吧"一栋及多个生活院子；三是户外运动板块——徒步、越野跑、风景摄影、三司鱼塘亲子体验；四是文化体验板块——由三司渡槽、三司水渠规划、三司民俗文化体验中心、长城古道、古长城遗址、辘轳亭组成的三司文化走廊。

图2-7 原乡里·三司民宿

1. 品牌化运营

（1）运营品牌

原乡里作为民宿品牌，目前有三司、小盛哥、水泉、水禾、柿子沟、自在洞天等民宿。以原乡里易水项目为例，通过品牌打通营销及市场渠道为核心的整套服务模式，包括核心技术与管理，以及涉及产品研发、生产及运营品牌的一系列解决方案，迭代，通过系统完整的复制，来提升整个集群的品牌价值，并通过民宿集群进行品牌输出（见表2-1）。

表2-1　原乡里品牌民宿（部分）

序号	品牌	特色	地址
1	原乡里·三司	长城脚下会唱歌石头村	北京延庆井庄镇三司村
2	原乡里·小盛哥	古镇市集旁泳池小清新	北京延庆永宁镇盛世营村
3	原乡里·水泉	星空下的院子	北京延庆珍珠泉乡水泉子村
4	原乡里·木禾	桃花源的姊妹院	

（2）运营模式

原乡里的管理团队于2017年组建，总经理由国内知名酒店集团高管担任，下设运营总监、营销总监、宣传总监、活动总监等，管理体系总部在北京市，再往下每个村的门店都是由总部来做整体营销，门店由经过总部考核的店长总体负责管理，每个店都会配备一个店长助理来辅助店长管理门店。店长助理主要是来培训的，因为原乡里品牌民宿会不断地开新店，新店开了之后店长助理就会被提升为新店的店长。

原乡里较早成立运营管理团队，较早纳入SOP管理体系，形成了规范标准的流程，又把它转换为民宿的非标去灵活执行，并在实践中不断完善。通过长时间的积累，沉淀出适合民宿品牌与企业内核的管理模式。

图2-8 原乡里民宿品牌创立团队

2. 建筑理念

"乡哩吧"是三司民宿的接待中心，设立有古色古香的书吧、文艺咖啡馆、石头彩绘区、草木染体验区、活动棋牌室、情怀老片场等。另外还有4个独立间，位于"乡哩吧"二层，房间内设施齐全、视野宽广，能直接看到远处的山林美景。

图2-9 乡哩吧接待中心

民俗小院（1号院）距离"乡哩吧"约100米，是离接待中心最近的小院。院内共4间客房，每间客房内为一张2×2米大床（可拆成2×1米双床）。整个院子可以同时接待8人。小院子坐北朝南，设计改造过程中保留了最初的木窗棂，古朴的院子，富有故事的窗棂，茶盏香茗，秋千树下，共享美食。新中式的风格不失雅韵，素雅的色彩配着古朴的庭院，很快就能让人安静下来。

图2-10 民俗小院（1号院）

2号院藏在村南的巷子里，院子里有花圃、烧烤区、儿童沙坑，共4间客房和1间棋牌室（配备自动麻将机），每间客房内为一张2×2米大床（可拆成2×1米双床），整个院子可以同时接待8~10人。

场院位于三司村头西南。四室四卫一厅一院，可住10人。配有独立阳光客厅、回廊、秋千、烧烤区，大大的院子，极富艺术气息。

3. "民宿+"模式

从注重生活空间艺术性的1.0时代，到注重文化内涵传承的2.0时代，再到乡村振兴融合努力实现产业共生的3.0时代，原乡里不断地自我革新与成长，开启了自己的"民宿+"模式。

(1) 民宿+非遗

乡土文脉，走入非遗。每个地方都有独特的地域文化，古老的乡村更为非遗的传承提供了肥沃的土壤。原乡里扎根乡村、深耕乡村，陆续挖掘、保护、传承了一批非遗项目。住民宿，体验非遗，领略中华传统的文化与记忆，好吃、好玩、好看的体验源源不断。

随着延庆区第九届北京非遗大观园暨2023年民宿过大年活动正式启动，原乡里民宿的非遗过大年之旅也拉开帷幕。走进民宿，走近非遗，步入延庆旱船博物馆（国家级非遗），逛一逛永宁大集（延庆非遗），吃一吃三司柏木熏肉（延庆非遗），一次民宿文化之旅给新年带来特色"俗"味。

(2) 民宿+美食

民宿全新研发推出非遗熏肉特色"花开富贵熏肉宴"风味主题套餐，体验乡村的烟火气息，传承百年非遗味道。2022年"三司村柏木熏

图2-11 原乡里民宿"非遗+文创"活动

肉"成功入选延庆区级非物质文化遗产代表性名录。住民宿，观摩非遗传承人现场制作美食，感受历经岁月的味蕾经典。

（3）民宿+文创

从2018年传统手工艺乡创基地落户原乡里民宿，到现在"村哈哈"乡村体验官的系列活动，原乡里始终是乡村文创生活的践行者，一站式的体验让民宿生活更加丰富。民宿玩"臧（shuɑ）儿"依托自主研发的传承传统建筑技艺的瓦当拓印、慢系生活的松塔彩绘、乡土系列的大地窑烤万物……一直到独具地域文化特色的北京礼物国风"臧"字纹样伴手礼，乡村给予的魅力越发显现。

（4）民宿+公益

文化保护，公益助力。为了传承长城文化，讲好长城故事，长城人家——原乡里三司民宿在2022年初推动成立了"原乡长城志愿服务队"。原乡长城公益服务致力长城遗址、长城文化、长城带乡村传统遗产保护与

图2-12 原乡里民宿"文创+公益"活动

可持续发展,坚持乡村全面振兴,坚持城乡融合发展,坚持人与自然和谐共生!作为长城人家的文化表达,原乡长城公益活动通过开展讲长城故事、巡查长城文物、拍摄长城影像、做长城守护者等多种多样的活动,让住在民宿的客人将公益与旅游恰当融合,激活志愿服务"乡村密码"。

4. 长城+文创体验

三司村的黄土土质优良,曾被用来制作长城砖,也可以用来砌制大地窑,在这里游客可以亲身体验制窑,再用其烤制叫花鸡、面包等食物。除此之外,拓瓦当、松塔彩绘、手磨豆浆等体验也颇受欢迎。

(1)长城有色彩

三司村不仅有燕羽山土边长城,村内的环境也很好,民宿活动设计了绘制彩虹草帽、捕昆虫、识植物、寻多肉等趣味活动,带领大家探索丰富多彩的乡村生活。

图2-13 原乡里民宿长城体验活动

（2）长城有故事

三司村始建于明朝，三司名字的由来，与其所在的土边长城息息相关。实际上北京有很多老村落以庄、屯、营、甸、户、务等称呼，"司"用于村落较为罕见，在延庆南山路边垣却有村落以"司"为名，且接连有4个村落，三司村就是其中之一。到三司村打卡与红旗渠齐名的三司渡槽，摇一摇辘轳井，寻找泰山石敢当，了解三司地名的由来，感受明代戍卒后裔的生活。

（3）长城有"战士"

三司有"烽火"，长城有"战士"，在这里你可以变身长城体验官，"文能提笔安天下，武能上马定乾坤"。从长城归来，来一场酣畅淋漓的"水枪大战"，感受团队协作、研究战略部署，斗智斗勇中享受燕羽山下的清凉夏日。

（4）长城有美食

大地窑万物皆可烤。不起眼的黄泥巴摇身变成大地窑，孩子们发挥自己的想象力，利用各种食材做出面饼。面饼在窑炉中一点点膨胀，散发出阵阵麦香，等待时间带来的幸福感……

图2-14　"战士+美食"体验活动

（5）长城有书屋

公益助力，书香伴成长。一次旅行、一本书、一次成长，志愿捐书活动能够让孩子们学会分享、送出温暖。留下一本书，为长城书屋添砖加瓦。走进长城脚下的乡村民宿，你可以参加"小小乡村体验官"活动，变身乡村志愿人完成活动积累享公益时长，得到一份高含金量的公益属性社会实践证明。[1,2,3]

（三）荷府民宿："共享农庄+民宿"打造世园人家

北京荷府民宿创办于2019年，是在北京世园会开幕日开业的民宿。地处北京延庆康庄，距世园公园5千米，野鸭湖5千米，近拥天然密林，远观八达岭延绵起伏，北眺冬奥场地小海陀，借助世园的春风及冬奥的冰雪，以民宿为起点，以文化艺术为先导，以长远发展为原则，已完成建设5000余平方米，大小10个院落，50余套客房，有书院、餐厅、棋牌室、禅室、咖啡吧等综合配套设施，荷府现可同时容纳150人左右住宿、餐饮、会议。

荷府民宿把"共生"理念引入运营之中，与火烧营村乡风民俗加速融合，几个院子散落在村子的不同角落，游客在村子里逛弯，会有村民热情的笑脸和熟络的招呼，真正营造出沉浸式乡村氛围。这融于一体的风景得益于荷府民宿与火烧营村常态化的共建、共担、共享。

---

[1] 张迪：《原乡里创始人曹一勇：民宿与乡村振兴是深度关联的关系》，美宿志公众号，参见：https://mp.weixin.qq.com/s/B4iZeJ6KvZ-rHwnBFst2tA，2022-01-10。

[2] 《长城脚下原乡里·三司民宿》，原乡里民宿公众号，参见：https://mp.weixin.qq.com/s/6BQNInZnq6ka5Vbx8U3G5Q，2023-08-07。

[3] 《回乡八年"宿"乡情 原乡里·北京礼物！新年免费送》，原乡里民宿公众号，参见：https://mp.weixin.qq.com/s/7PyB0MCr0cZJOG8KbREKmg，2023-01-13。

图2-15　北京荷府民宿

1. 共享农庄

乡村是一个多元融合的聚集地、聚变发展的共同体。"社区共生"是乡村振兴的一条探索路径，是一个多元融合的有机体，有可持续生长、可复制、无限链接的可能性。将原本封闭的功能分区在更高维度重新定义，同时观照过去与未来、经济与文化、环境与发展，达到内涵发展、均衡至善、永续发展。

基于以上理念，荷府民宿配套建设了150亩的荷府共享农庄，利用农庄资源，保证有机绿色饮食标准，农庄草莓、荷府私房菜也因有机绿色的高标准远近闻名。游客可以通过荷府成为共享农庄的会员，农庄的20余个大棚可以为300个会员每周供应一次有机蔬菜。

荷府民宿每一个院子和房间都注重与自然共融，开窗见景，推门见绿。同时配套建设了荷府共享农庄，一个个大棚内生机盎然、新鲜的有机蔬菜和瓜果四季不断，羊群在草场里奔跑，鸡鸭在树林里撒欢，一派田园牧歌的风景。农庄通过了4项有机认证，让游客在住民宿的同时，还能体验农事之乐。农庄内的新鲜食材也是民宿餐厅的直供食源，从源头上确保了吃得健康。

2. "文旅+教育+艺术+农业"田园综合体

荷府民宿采用的是"公司+合作社"模式,建设了以"荷府世园人家壹号院"为代表的精品民宿,并通过与本地区优质伙伴合作,利用自有生态农庄资源,为游客提供有机绿色饮食,打造了文化艺术产业平台。

荷府引入文化艺术资源,设立农耕体验基地、青少年研学基地赋予民宿丰富内容,提升民宿品质。现已提供采摘草莓蔬菜、田间耕作、菜园认养、亲子识物、植物迷宫、动物喂养、林下秋千、草坪足球、阔野观星、野外露营、露天电影、园艺插花、湖边垂钓、风景写生、烘焙课堂、书吧下午茶、民俗博物馆参观等一系列丰富活动,是一个极具魅力的"文旅+教育+艺术+农业"的田园综合体。

荷府已经形成高端健康、文化消费,兼具"吃、住、学、娱、教、医、养"七位一体的民宿集群,实现了所在村集体经济的壮大,带动了当地劳动力就业,增加了税收,村民也享受到了民宿产业带来的变化,形成了民宿产业可持续发展、良性循环的乡村振兴新模式。

3. 荷府民宿的活动

住荷府,也能体验延庆冰雪的风情。滑冰、冰球运动一应俱全,如果不想滑冰也没有关系,还有冰车、冰陀螺等冰上活动。

2023年世园花灯艺术节以"盛世·花梦"为主题,由北京世园公司与自贡市彩灯艺术协会合作,共同打造中国北方地区史上规模最大的花灯群。来自四川自贡的200余名传统花灯制作工匠,融合新年生肖元素、传统文化、世园园艺元素以及北方地区习俗制作安装了170组大型花灯,占地面积30万平方米,开辟3千米游览路线,让游客在逛花灯的同时感受中国非物质文化遗产的魅力,欣赏"天下第一灯"。

延庆火勺被誉为延庆区"十大特色文化遗产"之一,是风味特色小

图2-16　荷府民宿活动

吃。和烧饼、驴肉火烧不同，延庆的火勺是用天然的火炉烘烤而成的，里面有瓤，有一股椒盐的香味。延庆火勺的制作叫作"打火勺"，一个"打"字简洁、生动、内容丰富[1]。

二、门头沟区：百花山社、隐北野奢、瓦窑民宿

门头沟区是北京市山地占比最多的区，山地面积占全区总面积的98.5%，2022年森林覆盖率和林木绿化率分别为40.08%、72.75%，北京母亲河——永定河贯穿其中且已实现全年不断流。巍巍太行山，清清永定河，在京西门头沟交织成一幅壮美的山水画卷，为发展首都精品民宿产业奠定了得天独厚的生态基础。

2019年以来，门头沟区立足资源优势，积极打造"门头沟小院"精品民宿品牌。2020年7月，由北京市文化和旅游局、门头沟区人民政府共同主办的"2020北京精品民宿发展论坛暨门头沟小院推介活动"成功举办，会上发布了《"门头沟小院+"田园综合体实施方案》《"门头沟小院"精

---

[1] 《文旅新场景|民宿是个"文化艺术品"》，《北京日报》，参见：https://mp.weixin.qq.com/s/Y-hQJvND4MvB6UCvVToh4Q，2023-07-28。

品民宿扶持办法》等政策，启动了"门头沟小院"品牌系列推广活动。

目前，门头沟民宿行业已形成规模化发展趋势，并形成了具有地方特色的民宿发展路径，利用独具特色的生态山水、红色历史、民风民俗、古村古道、宗教寺庙、京西煤业六大文化，构建"六四一"发展模式，即将门头沟区的"六大文化"体系和"门头沟小院+"田园综合体中每个文化点位（包括坐标、规制、历史文脉、传承方案在内的"四要素"）统一绘制在村域的发展规划和图纸上，明确每个村的文化主题，详细标注文化要素和资源点位，实现文化保护传承和区域发展的"多规合一"，为企业开发、建设"门头沟小院+"田园综合体提供清晰的文化脉络，搭建可直接采用的村域文化数据库，实现"一村一品、百花齐放"的田园综合体发展格局。通过推出"绿水青山门头沟"城市品牌、"门头沟小院"民宿品牌、"灵山绿产"等地方特产品牌，发展精品旅游推动山区经济整体取得快速发展，使田园综合体的品牌效应逐渐显现。

通过顶层设计、政策支持、严格管控等手段逐步释放生态资源的价值，"门头沟小院"呈现蓬勃的发展态势和喜人成果。目前"门头沟小院"已覆盖57个村，营业的"门头沟小院"精品民宿有96家，盘活闲置院落347处，营业院落295处，房间993间，床位1864个，其中星级"门头沟小院"共36家，其中五星级9家，四星级13家，三星级14家，还有14家精品民宿已纳入全市党政机关定点会议（培训）服务场所[1]。形成了以星级"小院"为骨干，以国家级"甲、乙、丙"级民宿为龙头的"门头沟小院"精品民宿体系。"一瓢客栈"受到奥运冠军打卡入住推介，入选全国甲级民宿；"门头沟小院的悠闲时光"入选北京市6个微度假目的地品牌，"爨舍""隐北野奢""紫旸山庄"入选全市100处网红

---

1 数据来源：北京市门头沟区文化和旅游局。

打卡地,"百花山社""白瀑云景""谷山村"入选全市20处最具人气网红打卡地。

(一)百花山社:"农旅融合、景村合一、共建共享"——以"门头沟小院+"推动乡村振兴

百花山社坐落于北京市门头沟区清水镇黄安坨村,背靠百花山主峰,建设于2018年,2019年开始营业。目前,百花山社建成8套精品民宿,占地1600平方米,客房共计27间,含65个床位。

百花山社民宿地处百花山的生态涵养区,空气清新怡人,生态环境优美,该民宿以其独特的建筑风格、舒适的住宿环境和丰富的文化体验而闻名。结合村庄资源条件,百花山社民宿提出利用盘活闲置农宅,以"农旅融合、景村合一、共建共享"的"门头沟小院+红色历史+绿色资源+特色农业"发展新模式,将"门头沟小院"与村庄红色历史资源、百花山绿色生态环境、高山特色农业有机融合,打造集红色教育、生态科普、农事体验、休闲运动和特色农产品售卖于一体的整体发展思路,探索以民宿发展推动生态涵养区乡村高效高质发展,实现乡村振兴的新途径。

图2-17 门头沟区百花山社精品民宿

1. 农旅融合，不断拓宽"门头沟小院+"的产业链条

百花山社以住宿和餐饮两大核心业态为基础，与村庄红色历史资源、百花山绿色生态环境、高山特色农业充分联动，不断拓展"门头沟小院+"经营产业链条。

"门头沟小院+红色历史"，打造新型乡村红色教育基地。黄安坨村在抗日战争和解放战争时期发挥了重要的作用，有许多与革命斗争相关的历史事件和人物，其中黄安坨村毛主席批示纪念馆尤为著名，借助这些革命遗址、纪念馆等红色文化资源，百花山社开发了民宿图书馆、民宿会客厅、民宿学院等项目产品，结合现存的20世纪50～60年代老梯田、旧时务农设施展示馆、村史馆等内容，开展乡村振兴相关培训课程，采用情境式互动培训模式，培训课程包括老基地老梯田参观、课堂讲授、场景体验等类型，以"门头沟小院+红色文化""门头沟小院+培训"，打造形式新颖、体验独特、参与性强的新型乡村红色教育基地。

图2-18 黄安坨毛主席批示纪念馆

"门头沟小院+绿色资源"，开发自然科普研学和户外拓展项目。结合百花山优质的自然生态资源，百花山社与北京的部分高校、研究机构、百花山自然保护区管理处、专业培训机构等单位合作，共同打造自然科

普研学营地,并利用百花山高海拔山地优势,通过与专业户外俱乐部合作,探索建立不同景观体验的多条户外徒步线路,吸引登山、徒步、定向等户外运动爱好者来此开展拓展训练,并同步对有条件的村民进行山地向导、紧急救援等专业培训,让当地村民参与并在民宿产业链拓展中受益。

"门头沟小院+特色农业",利用电商平台提升农产品知名度和附加值。利用北京唯一的高山梯田优势,将黄安坨村出产的高山农产品,如高山芦笋、软枣猕猴桃等,进行品牌化、文创化包装,在各大电商平台展示、直播推广特色农产品,利用电商平台的流量资源,获得品牌影响力。精准对接民宿消费人群的消费偏好,同时以民宿为线下展示平台,结合线上电商销售,为当地特色农产品与城市消费人群建立直接的销售渠道,让高山农产品以较高附加值顺利走出大山,走向消费者。

2. 景村合一,持续打造"历史红+生态绿"的情境式休闲体验环境

百花山社在规划建设之初,通过制订民宿与村庄协同发展规划,将民宿个体纳入村庄整体统筹谋划。村庄整体规划形成以"红色旅游经典线路"为轴线,四大功能分区构成的空间布局。其中"红色旅游经典线路"串联毛主席批示纪念馆、山下纪念馆与山上梯田,结合现存的20世纪50~60年代老梯田、旧时务农设施展示馆、村史馆等,打造乡村振兴历史观摩路线。四大分区充分结合黄安坨村特色资源,建设国家级红色旅游基地、高山农业观光体验基地、山地户外运动基地,以及民宿所在的山地休闲度假区。

基于整体规划的定位和布局,由民宿企业和村集体共同梳理出乡村环境整治、村庄绿化、村庄美化、村庄基础设施、道路及公共服务设施建设六大工程,在村庄景观上明确了以"精耕生活·悠享百花"为

主题，打造农耕情境休闲景观体系。通过整体规划统筹有效解决了以往村庄建设条块分割、无法形成合力、缺乏主题特色、缺乏精品线路等问题。

百花山社民宿建筑充分结合当地传统风貌，布局方式遵从传统民居的合院式，为适应基地变化的山地地形，对原本规整的合院进行局部变形，院落的形态灵活多变，风格独特，融合了传统的农村建筑元素和现代舒适的设计，并赋予不同的文化主题、景观。民宿建筑外立面分别采用灰瓦、夯土、条石3种主材质，展现出传统民居"灰"和"土黄"两种主色调，自然环境与之充分融合，充分尊重历史文脉，将"在地美学"充分展现给住宿客人。每个房间都有独特的装饰风格，让客人感受到独特的居住体验，同时也是民宿设计师展现自身独特设计风格和审美的舞台。

图2-19　百花山社民宿内景

3. 共建共享，带动"乡村、品牌经营、生态环境"三者统一发展

百花山社民宿采用投资入股模式，由社会资本与黄安坨村股份经济合作社共建运营公司（以下简称公司），负责其红色旅游基地、高山

农业观光体验基地、山地户外运动基地，以及民宿所在的山地休闲度假区项目的投融资、规划设计、流转建设、运营管理和招商营销。对公司合作范围内的民宅，从项目开发流程上来看，首先，公司负责村民宅基地、房屋、承包地的信息完善及租赁、流转工作；其次，公司会对场地进行规划设计、改造装修，并对院落内外景观进行优化提升；最后，公司对民宿进行品牌营销和运营管理。对公司合作范围以外的民宅，采用出租合作、运营合作等模式。公司与村民共同组建合作发展联盟，通过租赁、托管、培训等多种形式带动全村旅游业发展。

百花山社民宿充分利用百花山山地优势、红色旅游资源优势，开发出经典地质线路和红色旅游线路。百花山社的民宿开发理念做到了"乡村、品牌经营、生态环境"三者统一发展。在促进乡村道路美化、村民创收、品牌推广、生态环境保护方面协同发展。从组织形式、商业模式运营、民宿主题设计三方面充分开发其商业价值与品牌特色。百花山社民宿通过独特的商业模式和丰富的文化特色，为游客营造了一个与众不同的乡村体验空间。在政府、企业、村集体等多方努力下，百花山社民宿逐渐将"门头沟小院"品牌打得更响、擦得更亮，进一步推动了"两山"理念在门头沟落地生根，成为振奋人心的生动实践成功案例。[1]

（二）隐北野奢：高品质"京西山居"乡间酒店，"门头沟小院"精品民宿标杆

19世纪中叶，西方提出了与自然共处的野居生活方式。美国作家亨利·大卫·梭罗的一部《瓦尔登湖》令人们对于野外生活产生了无限憧

---

[1] 吴宜夏、田禹：《"民宿+"模式推动乡村振兴发展路径研究——以北京门头沟区百花山社民宿为例》，《中国园林》，2022年第6期，第13-17页。

憬和向往。如今，观光旅游向深度旅游的转变，使得稀缺型景区的精品度假酒店的重要性日益突出，酒店能否满足人们对于度假生活的高标准期待，也是人们对其满意度最重要的指标之一。作为度假酒店的豪华升级版——野奢酒店，正是在此背景下应运而生的。

1. "野"与"奢"的完美融合，让都市人身心回归自然

隐北野奢酒店位于北京市门头沟区清水镇西达摩村，依山而建，错落有致，视野辽阔，周边群山绿树环绕，相传菩提达摩云游四方，曾经过此处弘扬佛法，所以这里的山被称为达摩山，项目所在的这个村子也化名为"西达摩村"。[1]

隐北野奢酒店总建筑面积1700平方米，原建筑为民宅，在原来宅基地上，重新进行规划设计，一条从山上缓缓流下的小河从项目地中间穿过，很多巨大的石头枕在河水中，经过多年的冲刷已经十分圆润。河中还有多株树木生长，整个场地环境被自然山水环绕，十分静谧，充满禅意，给人一种世外桃源的感觉。

酒店大堂和客房隔河相望，中间由步行桥相连，从大堂和餐厅到客房都要跨过河水，让客人进入酒店后能够充分体验优美的自然环境。客房总计24间，分为濒水客房和露台客房，最大限度地发挥周边自然景观优势。露台的设计，为居住者提供了闲聊、喝茶、赏景的平台，共同感知自然的意境。酒店院内的无边泳池，可在暑天尽享清凉。

进入客房，一眼就能看到宽大的落地窗框取室外美景，将绿水青山框入画中，营造出温馨舒适的居住环境。酒店内的部分墙壁是裸露的石

---

[1] Penda China:《再·会，隐北野奢酒店(thepaper.cn)》，参见：https://m.thepaper.cn/baijiahao_18931345。

材，凸显了质朴空间的独特气质，创造出了一个充满禅意的空间氛围。建筑内部空间有序而丰富，让人在其间变得安静。入夜，整体建筑与景观步廊的灯光结合相得益彰，营造出惬意的度假环境，让人流连忘返，室内灯光泛出，在河面上留下婆娑的倒影，给人留下无限的想象空间。溪水潺潺、山中美景，使整个酒店从内而外释放着宁静祥和、亲切闲适的氛围，人处其间可以尽享"野奢"的极致浪漫。酒店定位豪华型五星级度假酒店，是"野"与"奢"的完美融合，酒店风格追求人与自然、民宿设计与周边风光的融合统一，主张"让身心回归自然"。

图2-20　隐北野奢酒店

2. 建筑与场地文脉紧密联系，兼顾美观与实用功能

隐北野奢酒店为二层建筑，建筑依水而建，让每间客房尽享山水自然的风景，追求人与自然环境的对话交流。整体的规划设计呼应周围的

村庄形态，让建筑与场地文脉紧密联系，建筑、村落和周围的自然环境融为一体。

整体建筑形态高低起伏，依山就势，其建构逻辑结合了南北方民居的不同特点，设计为二层复合小楼。一层参考临近的爨底下民居聚落风格，为北方石砌民居，采用砖石砌筑构造。二层参考云南纳西族民居的建筑，采用木结构建造，寓意现代民居亦可以跨越时空的界限进行灵活的组合，形成新的复合型民居形态。

不同建构方式的组合成为酒店的一大特色，同时兼顾了美观与实用功能。底层的实体石材砌筑结构，在阻隔潮气和稳固基础外，也使建筑与场地环境有机融合，让建筑具有一种生长感，充分体现了有机建筑的理念。建筑的石材选自场地周边的本地石材，施工选用本地的石匠手工砌筑，充分体现地域特征和在场特点，与场地形成一种连续性。二层建筑采用木结构，既显得轻便灵活，也创造了自然宜居的室内空间，坡屋顶呼应传统的民居形态，整个酒店显得低调沉稳，木材与石材的结合使建筑整体层次更加丰富有韵味，民宿设计风格雅致别样，与周边山景融为一体。

3. 主打高品质，塑造"门头沟小院"精品民宿标杆

不同于传统以民俗为主题的乡村民宿，隐北野奢针对都市消费人群，以"放松减压""身心自然"为主题，提供品质服务及完备的休闲配套设施，包括健身房、儿童乐园、电影院、餐厅、室外露台餐区、酒吧、泳池、会议室、阅读书吧等，满足都市人群的诸多休闲娱乐需求，还能提供各种山野露营设备。在设施方面，酒店提供高品质配套服务，给客户"家"一样的体验，如智能马桶、中央空调、戴森吹风机、科勒卫浴和小冰箱等。餐食方面，除了提供山野乡村菜肴，还提供牛排等西

餐，能满足游客的多样化度假需求。

隐北野奢酒店由北京隐北叶崖民俗旅游专业合作社（以下简称隐北叶崖合作社）与村集体股份经济合作社签订合作协议，由隐北叶崖合作社负责项目的投融资、规划设计、流转建设、运营管理和招商营销等，现已成为门头沟区重点推荐的民宿项目，门头沟区2023年政府工作报告中提出，"以隐北野奢为标杆，打造一批具有区域性综合服务功能的高品质'京西山居'乡间酒店，持续擦亮'门头沟小院'精品民宿品牌"。[1]

（三）爨舍："爨文化"+"四合院文化"——擦亮"门头沟老宅院"金字招牌

1. 借助区位优势，保护利用老宅院

北京最美乡村——爨底下村，位于门头沟区斋堂镇，距今已有400多年的历史，全村院落74个，房屋689间，是我国首次发现保留比较完整的山村古建筑群。2003年被国家建设部、国家文物局评为首批中国历史文化名村，区级革命传统教育基地。2009年度被评为"北京最美的乡村"之一，"北京美丽乡村联合会会员村"。2018年3月，被列入北京市首批市级传统村落名录。著名的中国古建筑学家罗哲文先生讲："爨底下古山村是一颗中国古典建筑瑰宝的明珠，它蕴含着深厚的北方建筑文化内涵，就其历史、文化艺术价值来说，不仅在北京，就是在全国也属于珍贵之列，公之于世，功莫大焉。"

村中建筑大部分为清后期所建（少量建于民国时期）的四合院、三

---

[1] Penda China:《再·会，隐北野奢酒店(thepaper.cn)》，参见：https://m.thepaper.cn/baijiahao_18931345。

合院。爨底下村依山而建，依势而就，高低错落，以村后龙头为圆心，南北为轴线呈扇面形展于两侧。村上、村下被一条长200米，最高处达20米的弧形大墙分开，村前又被一条长170米的弓形墙围绕，使全村形不散而神更聚，三条通道贯穿上下，更具防洪、防匪之功能。

爨底下村由于建筑特色，自20世纪90年代初就逐步被广大摄影、绘画、民居爱好者作为采风的首选之地，也受到了众多影视剧组的青睐。《手机》《投名状》《太极宗师》等近百部影视剧曾在这里取景。随着改革开放也逐步兴起民俗农家乐接待，几乎家家皆有农家乐庭院。政府引导形成了景区售票模式，爨底下村即形成了中国旅游区常见的"景区+民俗游"的运营模式。游客逛完明清四合院，体验了当地建筑文化后，再吃吃农家饭、享受一下寂静如许的山乡老院子和周边的自然风光，可谓人文与自然风光满眼。[1]

爨底下村被称为古村落活化石，走进村口，就可以看到一个巨大的"爨"字，精品民宿"爨舍"的创意灵感，正取自"爨"字。该民宿为村中保存较为完整的特殊山地四合院院落，共计5座，是典型的明代风格房屋，爨舍体现了古村落爨底下村丰富的历史文化和传统乡土特色，是了解古代农村建筑和文化的窗口，也是游客探索和体验当地历史的重要景点之一。

爨舍由传统的四合院改造而成，院主人把自家的老院子进行重新装修，在保留原始风貌的同时，赋予了它新的意义和生机，2021年，爨舍成为门头沟区首批挂牌的5处"门头沟老宅院"之一。

---

[1] 戴荣里：《古村落文化在乡村振兴中的继承与发展——以爨底下村为例》，《住宅产业》，2021年第4期，第106-111页。

图2-21　门头沟爨底下村

图2-22　爨舍一角

2. 传承文化特色，促进带动村民增收

"爨（cuàn）"是一个非常冷僻的汉字，当地人为这个字编了一个顺口溜："兴字头，林字腰，大字下面架火烧。"30画，它是一个没有简化过的字，是集"金、木、水、火、土"五行六合于一身的吉祥字。"爨"有"爨、串、川"、"炊也、灶也"、高兴、团结不分家、一起烧火做饭

95

的意思。古人已认识到吃饭对于人类生存的重要性。民以食为天，食以爨为先，所以造就"爨"字。

爨舍属于村中一座保存较为完整的特殊山地四合院院落。首先，二进门楼在村中为数不多，进院后，除有一完整四合院外，还有东跨院及一个独立后院，很好地诠释了爨底下村山地四合院"合理利用空间、构思巧妙"的特点。爨舍主人于2017年4月开始，将院落在保持原貌的前提下，重新装修。爨舍的5间客房，分别叫作朵邑、闲庭、玉阁、静轩、云栖。无论是命名，还是内部的装饰都融入了民宿理念。以"爨文化"和"四合院文化"为核心，在提高客户住宿硬件体验的同时，通过院落的装饰理念及当地民俗元素，让游客能够深度理解"爨文化""四合院文化"。

目前，店内的5间客房，依托传统村落风貌，屋内为中西结合风格，既有高端酒店的品质，也有中国传统字画、摆件搭配，爨舍旗下还设有文创店"爨来爨往"和"爨灶社"文化主题餐厅，达到"文化"与"民宿"的充分结合。

3. 农户投资、企业运营，擦亮"门头沟老宅院"金字招牌

爨舍的主要组织模式为运营合作，由农户作为投资主体，按照统一标准对自家院落进行改造，然后交由企业运营。销售收入分配采取按比例分成。这种模式，需要农户负担小院的人工、餐食、水电等运营成本支出。

爨舍的院主人把自家的老院子进行重新装修，以住宿和餐饮为两大核心业态，同时承接团队餐、商务会议、公司拓展、家庭聚会等项目。院内共5个房间，均为大床房型，按星级酒店布置，独立卫生间，并配有网络电视及Wi-Fi等设施。

图2-23　爨舍不同装饰风格的客房

椿舍作为爨舍旗下的第一家分店，于2018年开业，位于爨底下村中间位置，因院门前恰好有一棵古香椿树，故名椿舍。它秉承老店的传统风格，加入了新的元素和理念，使天与地、人与自然更加和谐。椿舍分为里院儿和外院儿，里院儿拥有独立观景平台，5间榻榻米风格的客房，按照星级酒店布置，给入住的客人最大的休息区域，适合一家3~4人同住，让孩子在床上有更大的活动空间。外院儿有独立的茶餐厅，视野开阔。

鋆（yún）舍是爨舍旗下的第二家分店，位于爨底下村主街临近村尾的位置。院内共有6间客房，均为大炕房型，院主人将以前的土炕进行升级改造，成为拥有超大床的炕房，舒适宽敞，部分房型较大，适合一家4口或三五好友同住，按照星级酒店布置。院内拥有独立的观景平台，餐厅与厨房一体，有小型室内餐厅及院内室外餐厅，可同时容纳50人左右用餐。

图2-24　爨舍入口和院内休息平台

4. "爨来爨往"创意无穷，引领爨文化新风尚

"爨来爨往"是位于主街中间位置上的一家文创店，标准而精致的农家小院，古旧的院落中保留了以前的砖瓦和木门，甚至连石磨都保留了下来。这里的正房，出售很多与爨底下相关的主题文创产品，设计十分新颖，是爨底下村极具特色的文化创意商店。店主还从门头沟各处搜罗了很多令人充满回忆的"旧物"，如同一个小博物馆般将其陈列在正房的架子上，大件有电视机，小件甚至有做糕点的模子。

喝一杯咖啡，欣赏一下古老的纺织机，看看书，听听音乐，跟老板聊聊村子的历史和故事，这是爨来爨往文创店非常吸引人的原因之一。另外，文创店还推出"爨"字与瓦片结合的冰箱贴、山茶与蜂蜜合制的爨晓饮等，组织拓爨砖、制作瓦片画等体验活动和"院主巡山"等民俗讲解活动，将爨文化发挥到了极致。

图2-25 "爨来爨往"文创店

5. "爨灶社"文化主题餐厅，品尝地道"爨滋味"

爨灶社是爨舍旗下的一家主题餐厅，分为前院儿和后院儿两部分，可同时容纳约150人用餐。后院儿设有包间，包间内带独立卫生间。团队、散客都可在爨灶社品尝到特色美食，除了最具特色的烤羊腿、原浆啤酒，还提供多种山里特产，如小米、柴鸡蛋、山茶叶等，为客人提供文化味儿十足的农家饭菜和土特产。

从农家乐集群到以爨舍为代表的高端民宿，爨底下村走出了一条保持传统风貌、留住乡愁的绿色发展道路，让更多城里人到这里享受田园时光，而爨舍作为其中的佼佼者，通过农户投资、企业运营的合作模式，外加文化创意和主题餐饮，擦亮了"门头沟老宅院"的金字招牌。[1]

---

[1] 戴荣里：《古村落文化在乡村振兴中的继承与发展——以爨底下村为例》，《住宅产业》，2021年第4期，第106-111页。

图2-26 爨灶社外景

三、密云区：山里寒舍、老友季

（一）山里寒舍——一个空心村的化蛹成蝶

山里寒舍度假酒店于2013年9月开始营业，是北京最早的民宿之一，位于北京市密云区长城脚下的干峪沟村。历经多年的开发建设，山里寒舍现如今发展成约有30个院落和100个帐篷的乡村精品酒店，是北京稀有的连锁式乡村度假酒店。酒店外表保留着乡村的原始生态特征，内部则是五星级精装修，管家式服务。自然清幽的山谷，奢华与朴素混搭，将城市化的星级酒店享受与生态自然宁静的生活自然融合。干峪沟因山里寒舍的建设，荣获"2014年中国最美休闲乡村"荣誉称号，2016年在亚洲旅游年度风尚大典上，荣获亚洲"最佳度假酒店"奖。山里寒舍之所以能够成为北方的标志性民宿，正是因为它极具"野奢"的品牌魅力和专业的经营模式，吸引着越来越多的小众消费者前来体验。

干峪沟村基础条件好，一是村落生态优良。与传统旅游不同，度假乡居模式对于乡村区位交通的要求较低，往往选择较为偏僻的村落。这种村落生态优良，环境幽静，最重要的是原生态的乡村味道浓郁，这种天然的、保存良好的乡土气息恰恰是度假乡居模式开发的重要载体。二是房屋空置率高。部分房屋空置是度假乡居模式开发的重要条件。闲置的农宅减少了项目前期的工作程度，容易进行资产流转，并易于对房屋进行改造升级。因此，度假乡居模式一般选取"空心村"或新村搬迁之后的废弃旧村，既避免了闲置资源的浪费，又使得偏僻无人居住的古村落焕发出新的生机。三是建筑风貌良好。度假乡居模式要求村落民居建筑多为传统老院落，风貌特色突出，由砖石、木头等乡土材质砌筑而成的建筑更能彰显乡村的质朴乡土气息，而且建筑外貌、结构等保存完整，具有较高的改造价值，便于构建与城市现代化建筑风格有强烈反差的特色民宿。

2015年2月山里寒舍与首旅酒店签约，成立了首旅寒舍酒店管理公司。集团下属的各个酒店，外表均保持乡村的原始生态特征，内部则是五星级精装修，提供管家式服务，自然清幽的山谷，奢华与朴素混搭，舒适和自然结合，将城市化的星级酒店享受与乡村自然宁静的生活自然融合。

图2-27 山里寒舍外景

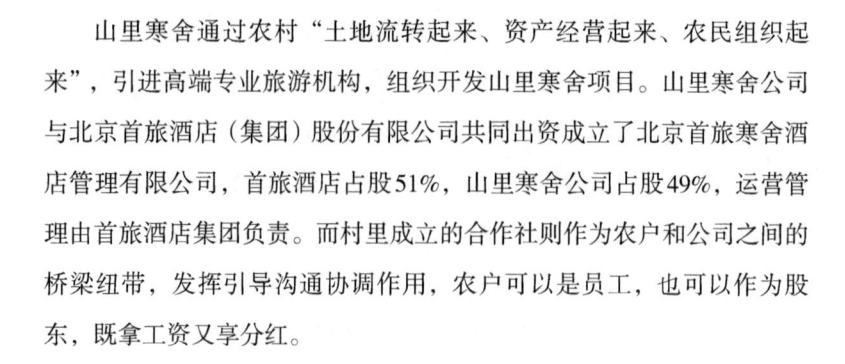

山里寒舍通过农村"土地流转起来、资产经营起来、农民组织起来",引进高端专业旅游机构,组织开发山里寒舍项目。山里寒舍公司与北京首旅酒店(集团)股份有限公司共同出资成立了北京首旅寒舍酒店管理有限公司,首旅酒店占股51%,山里寒舍公司占股49%,运营管理由首旅酒店集团负责。而村里成立的合作社则作为农户和公司之间的桥梁纽带,发挥引导沟通协调作用,农户可以是员工,也可以作为股东,既拿工资又享分红。

1. 释放资源优势,乐活有机理念先行

干峪沟位于大山深处,几十所民居,均为半世纪以上老屋,多数有百年历史,古朴自然,建材多为山石和当地树木,不加水泥而用石灰和黏土垒砌,一家一院,户户不同,高低相间,错落有致。干峪沟自然村共有43套农家院,除部分留守村民自住的宅院外,一些宅基地的房屋已年久失修,废弃荒芜。但是该村自然环境优美,历史悠久,人文景观丰富,有长城古迹、参天古树、小天门山、老爷庙、清水河、山楂林等,是放松心情、回归自然的好去处。

干峪沟上万亩的原始次生林使这里成为天然的野生动植物栖息地,有植物36852种,动物59356种。生长着野生杨树、野生丁香、山核桃、胡枝子、荆条、酸枣等自然植被,茂密丰富,红果、核桃种植加工及山鸡养殖产业是村民的主要经济来源。

得天独厚的自然人文环境及市县乡各级政府的全面支持,使得山里寒舍项目得以顺利实施。山里寒舍酒店非常特别,接待客人住宿的房间,就是村民原先的老宅,从外面看,几乎毫无变化。山里寒舍共分为4种院落类型:乐活、乐悠、乐享、乐逸,根据面积格局不同来划分,因地取材,装修精良,院落温馨可人。外部均保留着原有的古风古貌,木门、木窗、椽子、石磨呈现出时间的印记；内部则是传统古朴的装修风格，木门木窗加衬玻璃，青石铺地，安装了地暖设施以及麦秸秆取暖锅炉等。另外，宅子里的家具摆设也颇费了一番心思，衣柜、条案、桌子，很多都是从村民手里淘来的老物件，透着悠久的乡舍韵味。

山里寒舍的设计理念是"乐活、有机"，即共生永续，乐享生活，推广可持续的健康生活方式。这一理念主要体现在建设过程中，坚守旅游开发不能破坏当地的环境和原居民正常生活的基本原则，不砍伐一棵树，最大限度地使用当地的石材、木料和瓦片等进行改造，保护民居的原始结构。最大限度地保护古树名木以及原生的乡土植物群落。在改造设施和室内装饰时，尽量使用环保材料和设备，比如采用石、木、棉、麻等传统材料，采用麦秸秆取暖炉等。村里的妇女、老人也参与到运营服务过程中，通过培训及指导，身体力行地保护环境和家园，使"乐活"的理念得到推广。

每栋房子都有它自己的故事，凝结着主人的乡愁，散发着岁月的窖香，流淌着乡野的风情，处处透着匠心和野趣，让你居住其中就能充分体验返璞归真、古朴雅致的乡村韵味（见表2-2）。

表2-2　山里寒舍院子区套院明细表

房型	主题	套数	房间名称
乐活套院	乐天知命，活在当下	12	立春、春分、谷雨、立秋、芒种、秋分、白露、小雪、暮岁、端午、中秋、三间房
乐悠套院	乐山醉绿，悠然自得	6	惊蛰、小满、端月、仲春、孟东、七夕
乐享套院	乐业安居，享之泰然	9	花月、梨花院、初夏、仲夏、荷月、上秋、菊月、霜月、上元
乐逸套院	乐道好善，逸兴云飞	2	桂月、重阳

图2-28　山里寒舍院落环境

2. 细分市场，定位高端小众

山里寒舍的定位是高端小众市场。小众旅游是区别于大众旅游的一种精品化的旅游模式，其需求正在日益增长，促进了旅游发展方式、经营方式和服务方式的转型和创新。山里寒舍针对小众旅游需求的多样化，创新和优化旅游产品结构，让观光旅游向休闲度假转型，为高端小众提供更高品质的旅游生活。

满足小众旅游的需求，就要从大众营销走向分众营销，细分客户，细分需求，根据小众旅游者不同的需求开发和提供量身定制的旅游产品。小众旅游以旅游市场中对其产品的重度使用者为目标市场，其产品设计、市场营销、服务方式都有针对性地围绕小众游客的特点展开。

干峪沟具有开展小众旅游的优势资源。小村远居山中，走进来就与城市的喧嚣悄然隔离。这里有良好的自然生态环境，游客可以品尝到别具韵味的精致、有机无污染的乡间美食，也可以在清新的空气、灿烂的阳光中放空自己，还可以在漫天的星辰中暂时"迷失"，更可以在外观质朴、内在优雅的房间里享受一份自在的安逸。当然，周边的长城、天门山必定能够满足人们与自然对话的渴望。山里的一切,都让来到这里的人的心静下来,呼吸慢下来,体味生命的真味。

从北京市政府的层面看,市旅游委、市农委一直倡导京郊旅游要"突破高端、发展中端、提升低端",要从满足人民群众的一般观光游需求向满足休闲度假游需求提升,从旅游产业分散开发向整合资源、统筹开发提升,从简单追求旅游人次向大力提高人均消费水平提升,成为促进农村一、二、三产业融合发展的龙头产业,成为促进农民就业增收的引擎。山里寒舍服务高端小众,可谓正是突破高端、让京郊旅游提档升级的典范。

山里寒舍以金融、IT 等行业及外企、上市公司等高端商务人士为主要服务对象。通过网站、会议、信件、电话以及私人接触等方式与这一部分群体保持良好而持久的关系。旅游接待中员工与旅游者个人接触广泛,人性化的服务模式也十分契合这些目标消费者的心理。这部分游客人数虽然不多,但重游率高,消费水平高,从而构成山里寒舍的主要市场。成功的市场定位成为这里最大的竞争优势。

小众旅游蓬勃发展的时代必然呼唤和催生服务升级,引领产品竞争走向服务竞争。小众旅游更加讲究服务、在乎品质、追求享受。为满足小众的这些需求,山里寒舍与马来西亚雪邦黄金海岸酒店管理公司进行战略合作,借鉴其成熟的国际旅游运作经验,建立起了一整套完整的管理方案,改变了粗放型的服务模式,提供个性化、管家式的旅游过程服务。新年伊始,山里寒舍部分工作人员还亲赴马来西亚、中国香港等地接受海外高端业务培训,让这里的工作人员开阔了视野,提升了业务水准。同时,还利用多媒体、多渠道为群体旅游提供多样化、即时性的旅游信息服务,并将村里的优质农产品进行包装,创新服务模式,提高服务质量,引导群体旅游消费,提高旅游者的生活质量,促进旅游发展方式的转型升级和创新。

在旅游市场越来越细分的时代,有别于大众旅游的小众旅游由于定位独到,迎合了不少潜在的市场需求,独辟蹊径的探索让山里寒舍赢得了不少好评。

3. 创新模式,打造"新三起来"示范典型

在农业发展的新形势下,北京市提出了"新三起来"的发展战略,即"处理好农民与资源的关系,推动土地流转起来;处理好农民与积累的关系,推动资产经营起来;处理好农民与市场的关系,推动农民组织起来",这无疑"为北京农业未来发展指明了方向"。北京进一步深化农村改革的宣言和号角,所发挥的巨大作用正日益凸显。而山里寒舍项目的开发正是积极响应这一战略号召的典范之作。

干峪沟村户籍人口仅有41户71人,平均年龄超过60岁,常住人口不足20人。随着常住人口年龄逐渐老化、年轻人纷纷外出谋生,造成土地和山场无人打理,全村43处宅院,大多处于闲置状态,村庄凋敝的程度日益加深。

山里寒舍项目充分利用闲置土地和废弃的宅基地,以北庄镇干峪沟旅游专业合作社为主体,把这部分资产开发并经营起来,整合资源及劳动力,使之产生效益,从而给当地老百姓带来土地(宅地)租金、工资收入及效益分红等几部分的收益,提高百姓收入。村内先后完成了电力设施、河道治理、道路拓宽工程,还增加了照明设施和停车场等,原本破败不堪的农家小院和杂草丛生的田地,摇身一变成为古朴厚重、野趣天成的高端乡村旅游基地,走上了可持续发展之路。

成立旅游专业合作社,推动土地、房屋流转起来。在不改变所有权的前提下,村民以自家的房屋、果树和土地自愿入社,集零为整,再委

托企业统一运营管理。预计每年人均增收2万元，在企业就业的社员，年收入甚至可以超过5万元。村民有了收入保证，还不用自己先期投资，山里寒舍项目得到了当地村民的欢迎和支持。

引进优质社会资源，确保资产良性经营。企业垫资、投资房屋改造。截至2013年9月，干峪沟改造完成庭院10处，每个庭院都包括至少两个标准间，可以24小时提供热水，并采取地暖供暖；中餐厅1处，可以供100人同时用餐；并安装24小时监控系统，客房与总台的电话等，Wi-Fi无线宽带达到全覆盖。该项目累计投资超过3000万元。

促进本地劳动力就业，将农民组织起来。安排社员、村民就业。北庄镇政府协调企业拿出合适的岗位优先安排社员就业，为农民安排了土建维修、客房服务、安保巡逻、卫生保洁、农场耕作、果树管护等力所能及的工作。山里寒舍项目还吸引了本地青年回流。现在山里寒舍的客房部主管、餐饮部主管、大客户经理，都是北庄镇土生土长的子弟，曾经在外上学和就业，现在回到父母身边，拿着和城里一样的工资，干着一份体面舒心的工作，相信以后还会有更多的农村青年来这里求职。

4. 开疆拓土，铸就无可复制的山里寒舍品牌

山里寒舍项目一期的规模和硬件条件在运营过程中显露出一些不足，表现为可接待的客人较少，缺乏公共活动区域，没有针对公司团体的会议空间，餐饮相对单调等。面对这些问题，二期建设在规划中进行了适度调整，对另外20套宅院的改造将会更加完善，部分院落增加自助厨房、烧烤区以及水疗设施等。按照计划，山里寒舍项目将总共开发40~60套院落，配套设施包括中西餐厅、多功能会议厅、水榭露台、游泳池和迷你高尔夫球场等。同时计划增加农作物种植区域，让客人更多地体验农耕生活的乐趣。通过完善以上设施，扩大山里寒舍的运营规

模，让更多有不同需求的客人能把这里当作他们"山里的家"。

另外，山里寒舍与马来西亚雪邦黄金海岸棕榈树度假酒店已签署战略发展联盟，今后，在市场运作及经营管理上将引入马来西亚团队及其管理经验，使项目在诸多方面达到国际水准。

通过山里寒舍项目的运营，开发单位欲将本项目打造成一个山谷乐活的休闲酒店品牌，扩大其在京郊山区旅游方面的影响力，把相应的投资、开发、运营及管理的经验系统化，最终能在京郊山区形成连锁式运营模式。未来还将延伸山里寒舍品牌，并从开发经营逐渐转移至投资管理领域，实现品牌延展和管理输出，使项目发展得更长久深远。

（二）老友季：与金叵罗村相融共生的发展模式

老友季有一个很鲜明的特点，即不单纯是民宿，而是基于村里配套服务呈现出更好的游览环境。游客前来，大多是期望沉浸式体验乡村生活。金叵罗村有容纳几千人的农场乐园、上千亩有机蔬菜和粮食，有咖啡店、甜品店、面包店，还有乡村花园。这些丰富的城市化新业态与乡村完美融合，客人可以体验"山上有鸡有羊，地里有菜有粮"的乡村生活。在北京，单一民宿难以成为长久的旅行目的地，但如果所在村庄成为目的地，成为大家理想中的"第二居所"，民宿相对更容易长久生存。

1. 打造特色产品，展示乡村生活

老友季花园民宿于2017年落户金叵罗村，依托两座百年老宅改造而成的花草庭院，一座生活美学民宿是理想中"家"的样子，成为展示乡村生活方式的秀场。

住，民宿共12个房间，可居住30人。开放式花园露台，可用于读

书等沙龙活动，上百平的餐吧可容纳40人同时用餐，兼具会议室功能。

食，老友季所有的食材都不打农药，菜地里现采现吃，各种应季食材、当地特产、各种面食都会不定时变着花样地推出。

娱，老友季还有专属小朋友的儿童乐园。乐高、变形金刚、芭比和敢达……小朋友在这里，总能找到他们喜欢的玩具。

闲，院子里融入了四时之景。春天，最早开花的是丁香和连翘；4月，桃花、野樱桃花、山楂花次第开放；到了5月，野樱桃结果了，其他的花都陆陆续续开了，这也是院子最美的时候。秋天到了，叶子慢慢变黄，秋色带来了不同的美。在老友季，植物的元素布满了每个角落。房间的名字以植物来命名，比如茑萝松、飘香藤、凤眼莲、无尽夏等，每个房间都有不同的主题。

情，除了民宿，老友季还是一个"杂书馆"。这里有大量的杂书，其中有很多都是客人赠送的。平日里，老友季还会作为图书馆向客人开放，游客可以在这里读书、画画、练字、喝下午茶……

商，院子及房间里的一切都能成为可销售的产品，从院里的盆栽花

图2-29　老友季民宿

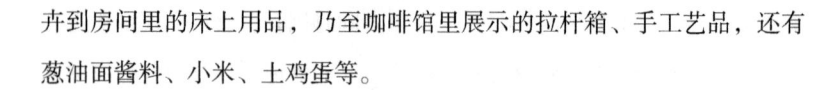

卉到房间里的床上用品，乃至咖啡馆里展示的拉杆箱、手工艺品，还有葱油面酱料、小米、土鸡蛋等。

2. 融入乡村，与乡村相融共生

老友季与金叵罗村形成了彼此助力、相融共生的发展模式，打造原住民、原住地和原生态文化的"三原民宿"。自运营以来，民宿与村庄共建共生，探索城乡共建理想乡村的模式，充分挖掘村庄物产及旅游资源，用生活来分享乡村田园美学，用乡村生活方式吸引客人与金叵罗村建立长期的生活关系，使老友季成为城市人在乡村的"亲戚家"，使金叵罗村成为他们的第二居所。

老友季不仅是村里发展产业的参谋助手，更成为城市资源入乡的"媒人"。在老友季的撮合下，北京首个乡村会客厅、教育农场，4个乡村"亲子小院儿"相继加入乡村建设；北京国际设计周艺术乡村主题展、全国首个"科创中国——乡村振兴实践基地"等纷纷落户金叵罗村，"沉睡"的资源得以被挖掘。

随着农旅结合的快速发展，民宿作为新窗口，通过吃、住、玩的深度乡村体验，有效地将金叵罗村健康的生活方式传递出去，这将吸引更多的人了解金叵罗村，来到金叵罗村。

3. 持续创新，不断增强吸引力

老友季不仅是一个院子，而且是一个村落逐渐振兴的缩影，民宿和金叵罗村彼此助力、相融共生，民宿做窗口，创新出品"金叵罗村四季遛娃绿皮书"，开办乡村生活主题夏令营，通过吃、住、玩的深度创新系列乡村体验，吸引了一批亲子家庭铁粉。

老友季与乡村联动，开发自然教育、有机农业、乡村旅游、民宿运营、运动康养等服务项目。冬季农场为解决淡季旅游的痛点,将功能优化到体验,开设了一系列冰雪休闲体验项目,如滑雪场、雪球、亲子雪橇、雪上自行车、冰场等,不仅体验感十足,而且与蓝天、群山、田园等自然环境结合,随手一拍便是大片感。

同时开展丰富多彩的"民宿+"活动,为提升游客住宿体验,老友季特别推出小蜂农摇蜜、小农夫种田、画廊骑行等多项体验活动,让孩子们学习自然知识,亲近乡野。

四、怀柔区:国奥乡居、瓦厂、渔唐

(一)国奥乡居:隐匿于长城脚下的原住养老村落

距怀柔区中心20千米的箭扣长城脚下,有一个历经600多年沧海桑田的小村庄——田仙峪村,它北仰箭扣长城,东毗慕田峪长城,村间有一条田仙河,河水由两股泉水汇流而成。位于村西的叫珍珠泉,清澈见底,水中清晰可见气泡滚滚,恰似串串珍珠。与珍珠泉一山之隔的是龙潭泉,水势浩大,两泉汇集成河穿村而过,犹如仙境。小村中央有一棵苍劲挺拔的古槐,树龄已有500多年,为当年守城将士所栽。古槐至今仍枝叶繁茂,见证着小村的历史兴衰和风雨变迁。

田仙峪村山环水绕,环境清幽,风光旖旎,距离北京北三环只有65千米,距离北京市中心也才1小时车程。为了远离城市喧嚣、回归自然本真、寻找乡居乐趣、实现"望得见山,看得见水,记得住乡愁"的梦想,国奥集团修旧如旧、传承经典,用一个高端品牌的要求,在箭扣长城脚下的这个恬淡静谧的小山村里,为都市人匠心打造了一处小而雅的品质生活空间——国奥乡居·长城别院(简称国奥乡居)。它是万里长城"白云深处"的寻常人家,更是古朴典雅的现代化乡村式养老别院。

图2-30 田仙峪村的国奥乡居

走近村庄，踏进别院，仰头远眺，一眼就能看见箭扣长城蜿蜒于远处山峦峰脊之上，在苍翠山间若隐若现，似巨龙飞舞，似鹰飞倒仰，非常壮观。箭扣长城是明朝蓟镇长城的一段，这段长城在群山之间呈"W"形，如同一个洞口，又如满弓扣箭，坡度将近90度，是明代长城最著名的险段之一，正应了那句古话"一箭扣双雕"，箭扣长城也因此而得名。

1. 栗乡田园，孕育空灵桃源

古之渔阳，今之怀柔。怀柔地处北京东北部，历史积淀深厚，区域优势明显。林木绿化率、森林覆盖率居北京之首，空气质量始终保持北京前列，是首都重要的生态屏障，是首都著名的宜居"生态涵养发展区"，素有"京郊明珠"和"北京后花园"之美誉。目前，怀柔正以"绿水青山"为发展背景，围绕怀柔科学城、雁栖湖国际会都、影视产业示范区3张国家级金名片，积极优化以生态涵养为核心，以科技创新、休闲会展、影视文化三大功能区为支撑的"1+3"发展格局，努力打造北京幸福宜居新怀柔。

渤海镇是中国著名的板栗之乡，是怀柔区最大的板栗产区。曾有"南山松树盖帽，缓坡栗树缠腰，川底千亩良田，溪水村前环绕"之说。田仙峪村在渤海镇的东北部，受栗乡文化的滋养，小村山水如画，左右逢泉，小桥流水，古木参天。这里板栗幽幽飘香，诗意韵味悠长，正是都市人宜居宜游的好去处。因此，国奥乡居不仅仅是个院子，还包含着长城脚下那美丽的自然山水和600多年田园村落的风土人情。

国奥乡居是由田仙峪村40多套极具特点的民居改建而成的，乡土气息浓厚，内部陈设独具匠心，现代化设施完善。所有小院的装修以"修旧如旧"为原则，在保留原有古朴气息的前提下，修缮力争保持原汁原味、返璞归真。在此基础上，不断追求建筑的舒适性、安全性及美观性，提升庭院品质。小院有两居、三居、四居、五居不等，院落大小有别、套套不同，可长居，可小聚，选择多种多样。

不同于南方民居的温婉秀逸，国奥乡居追求的是北方民居的朴素自然。它们各有春秋，自成一体，但是由内而外，处处体现了"修旧如旧"的原住小村品质。

图2-31　国奥乡居院落之一

院落简洁大方，景致古朴。院内小路用石块、青瓦、木地板等铺成并按功能划分区域。当地老师傅手工改造的老木料长桌、涂刷桐油的老榆木大门、藏在墙体里的老房梁、着色相协的四方桌、幽静的休憩凉亭、古朴的回廊，院落围墙或用篱笆环绕，或用泥土夯筑……院里种上各类植物，用旧的农具、老式的摆件、朴拙的茶具、成熟的瓜果随处可见，融合旧砖瓦、老石磨、竹椅藤椅、红灯笼、纸窗花，田园气息溢满庭院。

2. 长城底蕴，赓续历史文脉

长城是中国最为突出的线性文化遗产，是民族精神的象征，更是北京厚重的历史文脉，处处彰显北京的千年古都风韵。耸立于险峰断崖之上的"箭扣""鹰飞倒仰"等著名长城景观是万里长城最为险峻的部分之一，是万里长城的精华所在。它们对于田仙峪而言，有着非凡的意义，是北京长城文化带的重要组成部分，承载了北京长城的核心特质，是北京精神根脉不可分割的历史遗存。

为了讲好长城故事，国奥乡居一方面深度挖掘长城文化、历史文化和名人典故，传承长城文化精神；另一方面，围绕箭扣长城的险峻和雄奇，打造长城文化旅游带。

据统计，世界上各类旅行杂志只要介绍中国万里长城，80%会选择箭扣长城的相关插图。原因是箭扣长城自然风化严重，没有经过人工修饰，足见箭扣长城的独特景观已深入人心。自"牛角边"到"箭扣"到"鹰飞倒仰"到"九眼楼"，这个长城带绵延19千米，它以"箭扣"为中心分为东西两个区域，充分展现了长城的惊、险、奇、特、绝，能领略到原汁原味的古老长城景观。这个长城带还将周边的卧佛山、红螺寺、雁栖湖、圣泉山等著名景点串联起来，构成一个丰富多彩的旅游线路。

图2-32 箭扣长城

国奥乡居素有"院中长城""窗中长城"之称,坐在院中,伏于窗边,满眼可见的就是这片长城风光。所以长城已经成为国奥乡居的重要符号。小村北侧紧邻山麓,春天桃花盛开,漫山芬芳,冬天雪花纷飞,银装素裹,一年四季,险峻秀美的箭扣长城,都是登山攀险者的胜地、户外摄影爱好者的天堂。国奥乡居充分利用长城优势资源,开展徒步、越野、摄影、绘画、一线游等长城主题活动,丰富旅游层次,提升旅游品质。

同时,为了深度挖掘长城文化,国奥乡居努力尝试开发集文化性、创新性、实用性于一体的长城文创产品,不断提升旅游文化内涵,推进长城文化与旅游产业深度融合,讲好自己的长城故事。[1]

3. 休闲康养,助力乡村振兴

2014年,田仙峪村被列为北京市首批农村休闲养老的试点村。国奥集团积极响应政府"供给侧改革以旅游休闲养老为方向"的试点项目,

---

[1] 《与奥运同源,却充满诗酒田园,它是长城脚下千金不换的庭院人生》,参见:https://www.sohu.com/a/215828067_751349,2018-01-10。

配合怀柔区政府进行"国奥乡居基因工程"试点建设，通过盘活农村闲置房产，真正让土地流转起来，把农民组织起来，把农村资产经营起来，实现农村集体建设用地的集约减量提质。同时充分发挥怀柔区域生态环境优势，为农村老人提供新型的乡村式养老服务，并为城市养老提供新的建设思路。

2014年，国奥集团通过整租20年的方式对田仙峪村40多套老宅进行集中改造翻新，打造国奥乡居，发展乡村民宿旅游。国奥乡居也成为北京市首个农村闲置资源盘活试点项目。这个项目是通过"三权分置、四位一体"的运作模式，把农村闲置房屋的所有权、使用权、经营权剥离开来，形成农民所有、合作社使用、企业经营、政府监管"四位一体"的工作机制，盘活了农民闲置房屋44处，为农民增加了一次性租金收入近2300万元，而且吸纳了大量的本村劳动力就近就业。如今，村庄的面貌发生了翻天覆地的变化，村民的生活水平也有了质的提高。[1]

田仙峪村四面环山，山间果林茂盛，核桃、栗子最为丰富，还有柿子、杏等果品采摘是民俗旅游的一大特色。依靠村边的两处清泉，建有北京最大的冷水鱼养殖基地。围绕虹鳟鱼开发鱼宴、农家宴、自助烧烤、节庆私宴等项目，围绕田仙河开发垂钓项目，与村民联动开发新鲜果蔬采摘和租种菜地业务等项目。

国奥乡居还携手田仙峪村共同开展丰富多彩的主题活动，如围绕长城主题，开展"国奥乡居最美乡村越野赛""长城亲子绘画课"，携手中青旅钧安旅居共同举办"'秋·重阳'国奥乡居摄影采风之旅"等；围绕亲子主题，开展"国奥乡居爸爸的夏令营"，如亲子萌宠喂食、渔

---

[1] 《美丽乡村建设在路上，国奥乡居作为重要对话嘉宾参与"金梧桐"经济高峰论坛》，国奥乡居官方微信公众号，2018-01-24。

图2-33　田仙峪冷水鱼养殖基地

场捞鱼、邮差送信、制作田间美食等；围绕节庆主题，开展国奥乡居秋日私宴、中秋亲子节"栗子月饼烘焙，乡居寻栗、DIY（自己动手制作）小灯笼"、2018年世界杯别院嘉年华、"七夕，我'院'意"、国奥乡居喜迎中秋、别院避暑等；另外，还有一些长期保留项目，如烘焙课堂、星空影院、耕种时光、手作木艺、私密庭院party（聚会）、长城探秘、私享活动、手抄经书等。国奥乡居项目还配套开发原生态食品，如栗酒、糕点、虹鳟鱼等各类便于携带的地方特产。

这些主题活动都是在国奥乡居项目经营方的组织协调下，充分利用本地资源因地制宜地进行开展的，一方面提升了国奥乡居的田园品质，另一方面为当地农民增产增收发挥了巨大作用，他们将"村企共建、互惠互利"落到实处，并不断引向深处，使得萧条沉寂的小山村，逐渐变得鲜活沸腾起来。国奥乡居正用一个"农村休闲养老试点"展示着乡村振兴的丰硕成果。

另外，国奥乡居还采用会员制的形式，不断激活当地民宿旅游活力。一旦成为国奥乡居的会员，即可享受独立院落的私密田园生活。国奥乡居分为长租和短租，短租可以通过国奥乡居官方网上平台进行预定，长租有1个月、6个月、1年、5年、10年和20年不等，现在签订长租合同的已有30多户。在合同期内，为保障租户的利益最大化，当租户的房屋长期不居住时，可以将房屋交给国奥集团来经营，产生的收益在扣除成本损耗后五五分成，使租户在享受休闲度假、健康养生的同时，还能获得理财投资收益。这种方式必将后劲十足，促进国奥乡居不断良性循环发展。[1]

4. 深耕"银发"，打造高端别院品牌

国奥乡居·长城别院是由奥运村、国家体育馆法人国奥集团亲力建设的高端别院品牌，通过对国奥集团的相关调研可知，国奥乡居·长城别院项目定位就是以"老有所依、老有所养、老有所归、老有所乐、老有所爱"的"五老"文化为主题，打造一个现代银发乐活村。所以国奥集团结合现有自然生态环境，全力打造一个"外形呈现原始村落风貌，内部配置现代化居住设施"的养生产品，并努力学习北京太阳城、太申祥和山庄、上海亲和源、台湾长庚老年养生养老村等养老机构的经验，不断改造提升自身管理模式。国奥乡居高端养老社区有其独特的品牌创新。

一是与政府合作，开发建设"国奥银发汇"老年网络平台，推行银发会员制度，并联合老龄协会、老龄研究中心、北京市老龄办、民政局等单位，进行推介和宣传。整合家政服务中心、保险公司、养老机构、旅游公司等产业相关资源。

二是养老服务公司组织开展专业技术培训、大讲堂等专项活动，打造"夕阳放光芒"特色服务，这不仅可以活跃农民文化生活，还可以帮

---

[1] 相惠莲：《盘活农宅变乡居：地方政府摸索新边界》，《财经》，2015年第9期。

助农民提升技能。

三是通过"国奥银发汇"网络平台,打造"祥和三代"天伦互动服务,将老人日常生活、文化娱乐、旅游等活动,通过网络形式与子女实现"网络天伦"互动服务。同时提供更多适合老年人的活动平台,如门球、保龄球、高尔夫、棋牌、书画、钓鱼等。

四是与"太医院"形成战略合作,整合医院、诊所、护理中心资源,建立会员专属档案,并定期进行上门体检,对会员健康实施长期维护。项目经营方还开发了GPS定位腕表、紧急救援装备、医疗服务中心,实现医保卡就医功能,这些服务项目不论是游客还是当地村民都可以享用。

五是建立便民农家乐服务中心,为老人提供日常购物、乐活大食堂、餐饮代加工,以及其他生活便利服务。

国奥集团紧抓北京怀柔后花园资源,利用怀柔"1+3"融合发展的硬核实力,以国奥"三全制"服务理念为基础,不断衍生多样的健康产品、智能养老产品,并与国奥兄弟单位互动拓展产品,在国奥乡居的项目上,不断深耕"银发乐活"品牌,打造高端养老社区。

国奥乡居基因工程试点为全市农村和新型城镇化改革探索出了一种新模式,已经成为北京农村发展的新样板,值得进一步复制和推广。希望在政府的政策支持下,会有更多像国奥集团一样的企业积极承担起社会责任,不断推动乡村旅游养老项目的发展,为建设美丽乡村持续发力。[1,2]

---

1 李树全:《国奥怀柔休闲养老项目正式启动》,国奥内刊第50期;《国奥乡居——避暑,悠闲,返璞归真》,搜狐网,参见:https://www.sohu.com/a/145532604_682100,2017-06-02。
2 《乡村供给侧改革的实践者——国奥乡居》,国奥集团网站,参见:http://www.guoao.com.cn/index.php?a=show&c=index&catid=14&id=556&m=content,2019-04-11。

（二）瓦厂：琉璃瓦厂转身蜕变为乡村遗产酒店

北京市怀柔区渤海镇北沟村的一处瓦厂酒店，以其独特的魅力和引人入胜的故事征服了来自世界各地的旅客，成为这片土地上令人向往的度假胜地。这个瓦厂酒店的主人是一对跨国夫妇：萨洋与唐亮。他们因为对长城脚下这片土地深深热爱，从而萌生梦想——将这里打造成独具特色的度假胜地。他们租下了北沟村的废弃琉璃瓦厂和慕田峪村废弃的小学，经过精心改造，打造出美丽非凡的小园餐厅（Xiaoyuan Restaurant）和令人惊艳的瓦厂酒店（Brickyard Retreat）。

正是在萨洋的宣传下，越来越多的来自美国、加拿大、荷兰等国的游客选择在这里停留歇脚，感受这片土地的独特魅力。瓦厂酒店成了他们驻留的场所，与当地社区共同分享和交流各国文化。通过与这片土地的互动与思索，萨洋和唐亮开创的瓦厂酒店为这个古老村庄带来了新的活力和机遇。[1]

这片迷人的土地以其历史和自然景观吸引着世界各地的人们，而瓦厂酒店则为他们提供了独特的居住体验。它是热爱冒险的人们的避风港，是与大自然和谐共生的场所。在这里，游客们能够安静地与自己的内心对话，感受瓦厂酒店所传递的独特氛围和悠久历史的沉淀。

1. 前世今生，从"作坊"到"做房"

从"作坊"到"做房"，展示了瓦厂酒店独特的演变故事。这个酒店聚焦于地理位置、历史背景、文化符号和酒店形成四个方面的因素，每一个因素都在这个奇妙的历程中贡献着独特的一笔。

---

[1]《北京长城脚下"洋家乐"：从污染瓦厂到精品民宿》，环球网，参见：https://baijiahao.baidu.com/s?id=1579775385699029583&wfr=spider&for=pc，2017-09-28。

瓦厂酒店静静地坐落在慕田峪长城脚下。北沟村以其地理位置邻近慕田峪长城而闻名,将美丽的自然景色和历史遗迹完美融合。瓦厂酒店被青山环抱,占地面积约七亩(4666.6平方米),宛如一座巧夺天工的石头建筑,巧妙地与周围景色融于一体。从闲适的庭院向外望去,可见葱郁的花园,点缀着各种色彩斑斓的花朵,与周边的自然环境交相辉映。每一间客房都设计精致,客人通过宽大的窗户可以将绝美山景尽收眼底。早晨,当第一缕阳光洒在慕田峪长城上时,瓦厂酒店的客人能幸运地领略到长城的壮美。

瓦厂酒店在百年前是北沟村自营的琉璃瓦烧制作坊,那时琉璃瓦是一种价格不菲的建材,具有高度的艺术价值和经济价值,北京城的许多建筑上的琉璃瓦都来自这里,但随着时间推移和市场变迁,琉璃瓦作坊逐渐衰败,最后被废弃。直至萨洋夫妇的到来,废弃作坊才在瓦砾上重新焕发生机。废弃的瓦厂被改造,这座废墟再次复现往日的光彩。琉璃瓦作坊变成酒店,萨洋夫妇尽可能地保留住其原本的样貌,再加入自己的创作理念。琉璃瓦文化在瓦厂酒店的建筑上有所体现,除此之外,窑洞的保留和红砖的应用都有一番古老的韵味。

因此,瓦厂酒店不仅仅是一个住宿场所,更是一种文化的见证。它坐落在长城国际文化村的心脏地带,承载着中华文明的辉煌,用瑰丽的符号向世界展示中华民族丰富多彩的历史文化和兼容并蓄的伟大精神。这个从废弃厂房到文化象征的奇迹,让我们深刻感受到了历史的传承和文化的魅力,体验到了中华文明的辉煌。瓦厂酒店连接着过去和现在,为其独特的地位和价值增添了一抹迷人色彩。

瓦厂酒店的文化符号乃是传承与融合的奇妙交织,鲜明体现了酒店作为文化磁场,承袭着传统文化的精髓,与现代设计融为一体,展现着传承与创新的精神光辉。凭借琉璃瓦、旧址窑洞和红砖,瓦厂酒店继承了乡村建筑的悠久历史与匠心技艺。这些元素仿佛诉说着对传统的虔敬与珍视，以鲜明而沉静地存在，追溯着岁月的痕迹，将古老的故事注入酒店的血脉之中。传承与融合的文化符号使得瓦厂酒店成为一座独特的文化熔炉，缔造着无与伦比的魅力和独特性。它不仅彰显了传统文化的沉淀与卓越，更诠释了时代的演进与创新，展现出多样性与蓬勃生机的共舞。

瓦厂酒店的形成是一段精彩而独特的历程，充满了文化遗产传承与创新的精神。通过对废弃瓦厂的改建与设计，酒店成功地将传统北方民居的建筑元素与现代设计相融合，造就了一座独具魅力的乡村精品酒店。在改建过程中，瓦厂酒店始终坚持保留原有房屋结构的原则，以极大的敬畏之心保护原有房屋的结构，如亲手托着历史的古老手迹，让传统的木结构瓦屋顶和砖石砌筑的院落得以永恒流传。这种坚守与尊重，不仅展现了酒店对于历史文化的深情厚谊，也赋予了整个建筑独特的历史痕迹和迷人韵味。酒店还注重保持与当地文化的紧密联系，充分利用库存的琉璃瓦，将其用于建筑内外的装饰，还用于园林景观的打造，将独特的文化符号融入酒店的每一个角落。这种创新手法不仅增添了建筑的艺术气息，同时也向世人展示了传统文化的魅力。

在对传统极力呵护之下，瓦厂酒店以极致的创意与勇气，将建筑格局重新打造。别开生面的设计理念，将传统的北方民居坐北朝南的传统格局完全颠覆。南高北低的地势与北向开窗的设计，顺势将迷人壮丽的长城景致导入室内，以视觉的震撼让每一位客人近距离领略长城的雄伟壮阔。这种与大自然融合的奇妙构思，让客人与自然融于一体，令人心驰神往。

瓦厂酒店不仅在建筑的外观设计上创新，更是将琉璃瓦作为文化符号巧妙融入每一处细节。用一片片明亮的琉璃瓦点缀建筑内外，将传统元素和现代艺术完美融合，为酒店增添了独特的艺术魅力。每一片瓦都是历史的见证，每一处装饰都透露着乡村文化的珍贵。这种创意不仅彰显了对文化遗产的珍视，也给建筑注入了独特的灵动生机。

瓦厂酒店的形成更像是一次富有创意和情感的旅程，它将传统与现代、历史与艺术一一展现。通过传承与创新的交融，酒店呈现了一场建筑与自然的完美融合。它像一幅立体画卷，给人们带来震撼心灵的美学体验，同时唤醒了人们对历史文化的敬畏和思考。瓦厂酒店的形成不仅是对传统的致敬，更是为乡村旅游带来了一缕新的生机与迷人光彩。在这里，人们可以亲身感受传统与现代的精彩对话，感知建筑与文化的深刻交融，它创造了令人陶醉的艺术奇迹。

瓦厂酒店承载着地域的秀美风光，赋予了历史的宿命情怀，点缀了文化的深远象征，绽放出酒店形成的瑰丽终章。它以一种独特的存在方式，成为一处与自然共生、与历史共鸣、与文化共舞的智慧之地。由作坊变成酒店，这个故事同时蕴含了人们对于过去的尊崇和对未来的期许。在这里，瓦厂酒店不仅成为一处令人向往的乡村精品酒店，更是回归自然、感悟历史、传承文化的净土。它诉说着一段美好的乡愁，向世人展示着传统与现代的完美融合。让我们一同走进这个特色酒店，沉浸在它真挚而独特的故事之中。[1]

2. 空间框架，五彩斑斓的琉璃瓦

在瓦厂酒店这个独特的空间框架下，五彩斑斓的琉璃瓦绽放着独特的魅力。这里自然与艺术相互呼应，在这个充满活力和灵感的环境中，

---

[1] 《长城脚下的"老厂房"，尽显北方乡村之美》，《新京报》，参见：https://baijiahao.baidu.com/s?id=1755680647344960471&wfr=spider&for=pc，2023-01-22。

每一个细节都散发着生活的温暖和历史的庄严。

瓦厂酒店的建筑保留了原始的瓦厂结构和特色，融合了传统与现代的精髓。每个客房都散发着独特的韵味，为客人提供舒适和宁静的环境。走出客房，便可欣赏到周围山水交融的壮美景色，亲身感受大自然的恩赐和静谧。它巧妙地将中式园林与美式花园交织，营造出一个静谧而又有生命力的乡村居所。每一处细节都呈现着人与自然的和谐共生，让客人在自然的拥抱中感受无尽的宁静与美妙。

瓦厂酒店不仅仅是一处住宿场所，更是一个与大自然交融的胜地。南高北低的地势及恰到好处的窗户开设，让雄伟壮丽的长城景观恰如其分地延伸进室内。房间内的缤纷色彩和优雅装饰传递着与自然相通的韵味，将客人引向内心深处的胜地。

在瓦厂酒店，每一块砖瓦都诉说着故事，每一处细节都见证着对传统文化的尊重与传承。木结构瓦屋顶和砖石砌筑的院落如年轮一般，让人在时光的旋律中感悟到乡土之美的传世底蕴。瓦厂酒店也凭借着当地材料和工艺传承，重新焕发出琉璃瓦的鲜活魅力，同时更向世人展示了独特而生动的民族文化。

节约能源设计成为瓦厂酒店恢宏画卷上的精致描绘。明亮的自然光线温柔洒落室内，清新的微风轻拂，打破了传统酒店的封闭和人为照明，让每一位客人都能亲身感受大自然的馈赠。隔热保温的玻璃和门窗、LED照明和日光灯的运用，以及精确调控的节能系统，成为酒店生态节能的华美演绎。

减少垃圾产生更是瓦厂酒店的一项无声的庄严承诺。通过不提供一次性牙刷等物品，使用大容量包装的沐浴液和洗发水，酒店减少了小包装产生的环境负担。更难能可贵的是，通过采用过滤装置处理当地泉水，避免使用瓶装水，达到了减少废物的效果。有机垃圾的堆肥、废纸、玻璃瓶和塑料的回收再利用，成为酒店对生态环境保护的有力措施。瓦厂酒店用手工草鞋代替传统拖鞋的做法无疑也是节约减排上浓墨重彩的一笔，不仅吸引了游客眼球，激发其兴趣，又传达出酒店的环保精神内核。

琉璃瓦、旧址窑洞和红砖成为不可或缺的设计元素，将历史、文化和自然融入了建筑空间。琉璃瓦是瓦厂酒店设计中引人注目的元素，采用了大胆的颜色和形状运用。绿色的琉璃瓦屋顶与庭院中的绿草相呼应，形成一种和谐统一的美感。门房餐厅采用黄、绿、蓝3种颜色的琉璃瓦，在同一个屋顶上拼接设计，这种搭配在琉璃瓦建筑中独树一帜。碎瓦零散地装饰在地面上，以现代感的曲线形式铺装庭院，使具有历史沉淀感的琉璃瓦焕发生机，激活了中华传统文化的底蕴。

旧址窑洞作为瓦厂酒店的独特标志，既保留了其内部窑洞空间的肌理，又以贴近感受者的室内墙面创造出亲切而温馨的氛围。在设计中，通过拱形门廊的延伸，窑洞的历史沉淀感得以更加突出，建筑体量的庄严感也得以体现。瓦厂酒店注重保留窑洞原有的空间感受，并将其作为感受者的第一印象，将窑洞的核心历史意义直接传达给每一位来访者。为了让客人更深入地感受窑洞空间，静心领略瓦厂的故事，原有的瓦窑被改造成了可供久坐的包房，它们被命名为"和平""欢乐""爱""友善"。此外，拱形门廊也延伸到了瓦厂酒店的入口处，让客人能够在进门的第一时间感受到历史的沉淀和建筑的庄严，切身体验沉浸式的空间。

红砖建筑的传承成为瓦厂酒店设计的重要组成部分，融入了当地乡村的肌理与文化。通过传统的建设方式和材料，在红砖建筑的延续中寻求创新，探索新的生活层面。这种不拘一格的构建方式为乡村空间注入了不同寻常的体验和内涵，既延续了传统，又与现代生活相结合。这种独特的设计形式，承载着北沟村的重要建筑特征，以期在城市与乡村的生活空间理解上，进一步推动融合和探索。在保持本地乡村氛围的同时，设计师们挑战传统，探索新颖的空间架构。增建的流线型砖墙不仅增强了酒店的现代感，还增加了建筑与人的互动感，自然引导人们走进砖墙内的私密空间。

瓦厂酒店通过融合琉璃瓦、旧址窑洞和红砖等设计元素，打造了一处与自然、历史和文化紧密相连的建筑空间。它不仅仅是一家酒店，更是一个展示地域传统与现代创新的生态艺术殿堂，也展现出了对历史的敬畏和对自然的回归。每一位感受者都能在这里感受到时间流转和人与自然之间的奇妙互动。

瓦厂酒店主楼是整个酒店的核心区域，承载着接待、会议等集体活动的功能。在这里，建筑的庄严与历史的厚重相互交融，而设计师以自然和明亮的色彩为表现方式，创造出了令人愉悦且充满活力的空间体验。

南院位于主楼原烧瓦窑洞区域的一侧，是以接待、会议等集体活动为主的功能区。这个院落更加活跃，充满朝气。绕过院落连接的屏风就可以抵达北院，一到这里，视野豁然开朗。这里的砖墙仿佛是对大自然真挚的告白，与青山相互呼应。北院被巧妙设计为能够最大化体验生活和感受自然的区域。在这片绿意环绕之中，人们可以放慢脚步，尽情享受露天温泉的恩泽，水中青山与天空的倒影交相辉映。此外，北院还提供美发沙龙、美甲、面部和身体护理等高端服务，让人们在这片盎然之美中感到舒适与享受的双重愉悦。[1]

---

1 《北京唯一乡村遗产酒店，瓦厂酒店》，搜狐网，参见：https://www.sohu.com/a/492709991_100200761,2021-09-28。

3. 玩转主题，融合中西式文化雅趣

瓦厂酒店中的美术馆，仿佛一座艺术殿堂，它曾经是一座村庄拖拉机站，如今经过精心改造，焕发出独特的魅力。这个展览空间面积达到200平方米，可同时接待160位参观者，也可以举办会议。在这里还设有一个46平方米的工作室，供艺术家们自由发挥创造力。

美术馆内，每一位参观者都能沉浸在来自众多艺术家的绘画、雕塑和装置艺术作品中。这些艺术作品透露着独特的思想和创新的灵感，融合了传统与现代的元素，用艺术的语言向观者传递着文化与情感的呼唤。除了美术馆的艺术给人惊喜以外，在传统节日如中秋节和春节来临之际，瓦厂酒店还会赋予节日独特的文化元素，为客人献上别具一格的盛宴。

每逢传统佳节，酒店的餐厅将呈上特制的节日美食，将传统与创意融合于菜肴之中。无论是中秋佳节的香甜月饼，还是春节团圆饭的美味佳肴，每道美食都寓意着节日的欢乐与祝福。

为了在节日与日常都能拿出优良品质的食材满足旅客的需求，瓦厂酒店开垦了自己的菜园，务求自给自足，用最新鲜的食材来满足客人的口腹之欲，并将剩余的农产品于农夫集市出售。此外，酒店自酿果醋和果酒，为客人提供别样的果香享受。在这里，客人不仅能品味到当地乡村的新鲜有机食材，还能尽情品尝极具中西合璧和东南亚风味的佳肴。透过瓦厂美术馆和独特的节日美食，不难看出瓦厂酒店的细致和用心。无论是欣赏艺术作品陶冶情操，还是品尝美食享受口福，客人都能在这里沉浸于艺术和文化的氛围中，领略中西文化的融汇与雅趣。在瓦厂酒店中，宝贵的瞬间和美好的体验将永远深深地烙印在客人的记忆中。

瓦厂酒店在不同的节日主题下轻松转换，融合了中西文化雅趣，打造了别具一格的艺术殿堂。瓦厂美术馆展示着独立工作室和多样化的文

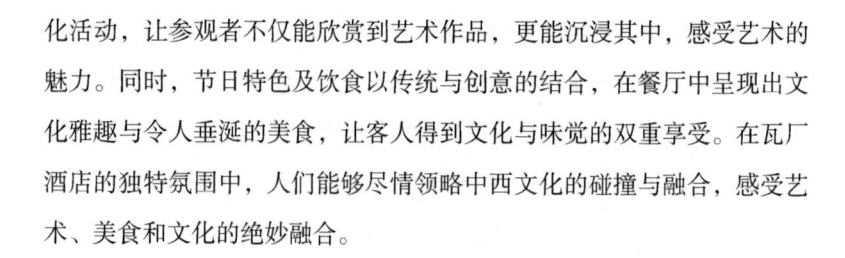

化活动,让参观者不仅能欣赏到艺术作品,更能沉浸其中,感受艺术的魅力。同时,节日特色及饮食以传统与创意的结合,在餐厅中呈现出文化雅趣与令人垂涎的美食,让客人得到文化与味觉的双重享受。在瓦厂酒店的独特氛围中,人们能够尽情领略中西文化的碰撞与融合,感受艺术、美食和文化的绝妙融合。

4. 斩获殊荣,助力乡村振兴发展

"乡村遗产酒店"项目评选标准涉及乡村遗产展示和传统文化传承、建筑改造设计的示范性、文化体验方式和文化旅游模式、推动乡村社会经济发展、酒店运营管理的示范性,以及建立乡村遗产保护管理长效机制推动多方共同参与6个方面。

2008年,瓦厂酒店获得了由国家文物局和中国古遗址保护协会共同评选的首批"乡村遗产酒店"殊荣,成为北京唯一获得此称号的酒店。北京瓦厂乡村精品酒店被列入中国古迹遗址保护协会在2018年度会员代表大会上公布的首批"乡村遗产酒店"示范项目名单中。2023年4月,在中国旅游协会休闲度假分会、乡村公共文化服务研究院学术指导的评定活动中,瓦厂酒店被评定为符合国家标准的"乡村休闲度假示范社区"。

瓦厂酒店的努力和用心在乡村旅游的发展中发挥了积极的作用。它为乡村振兴提供了一个成功案例,展示了乡村旅游在推动地方经济发展和文化传承方面的潜力。瓦厂酒店的发展不仅为当地带来了经济效益,还为游客提供了一个独特的旅行选择,使他们能够体验到乡村的美丽和魅力。它以独特的魅力和卓越的服务,成为乡村旅游发展中的典范。它通过艺术与文化的融合、主题设计和特色美食,为人们带来了一次非凡的体验,同时也为乡村振兴发展做出了积极的贡献。

（三）渔唐：诗情画意"桃花源"

"怀柔民宿看渤海，渤海民宿看渔唐！"在怀山柔水四季如诗如画的自然美景中，渔唐坐落于静谧的怀柔景峪村中。渔唐民宿地处长城南侧，与燕山山脉遥遥相望，隐匿在一片繁茂的栗子树林中。在渔唐放眼望去，能看到一个开满荷花的池塘，一个融入自然的餐厅，还有百亩繁茂的栗子树林。渔唐推崇山水隐居和近郊度假的生活方式，注重客人居住体验的所有细节，满足用餐和住宿需求，为需要安静的艺术创作者提供闭关思考的空间，为身心疲惫的人们提供放空养生的隐栖之所。

1. 有3个文艺青年

2014年，3个在商业圈摸爬滚打了15年的老文艺青年聚到了一起。于偶尔的谈话间，幻想着在山里找块地，设计个大别墅，建个大厨房，养点儿鱼，种些菜，累了就在山里闭关，恢复了再回城市里继续打拼。于是，他们3人付诸行动，使梦想变成了现实。

这3位创始人各怀绝技，分别是商业终端规划设计师侯玉斌、O2O平台推广专家张纪伟、上市公司董事田野。他们本来就是好朋友，准备为自己做一件关于未来的事情——在都市边缘做一个可以隐居的度假酒店，找一个能真正承载灵魂的地方。每个人心里都有一个"桃花源"，他们坚定地认为这个地方应该就是渔唐。

2014年，侯玉斌来到了景峪村，从几排即将倒塌的校舍中，勾勒出一个"桃花源"的雏形。2015年，3人的情怀落地了，青山绿水间拔地而起一座如美术馆般的建筑，渔唐正式落成。2016年，没有任何酒店概念的3人，一边运营，一边成长，凭着一股热血情怀，无知无畏地喊出要做"酒店业的野蛮人"的口号，磕磕撞撞地向前行进。2017年，突如其来的爆红给渔唐带来了生机也带来了问题，客人的应接不暇暴露出了民宿存在的隐患。这让他们意识到，或许渔唐还没有完全准备好。痛定思痛，3人决定为渔唐做"减法"，忘掉虚名，做好手中的事。渔唐自发地走入了"后网红时代"，进入沉默期，反复砥砺，修炼内功。2018年，经过苦心修炼，渔唐的定位清晰了，发展目标明确了，也找到了自己的发展节奏和管理特点。

经过疫情的洗礼，渔唐也开启了涅槃重生的2.0模式。现在的渔唐是一个精品民宿，是近郊精致乡村生活的践行者，安静与私密是它的核心价值。它正在向着更完善的近郊精致乡村生活综合体坚定地推进。从情怀落地到网络爆红，从野蛮生长到润物无声，渔唐从一个蹒跚学步的孩子，努力长成了一个成熟少年。

2. 是渔唐，不是鱼塘

"渔，是我们的理想，'孤舟蓑笠翁，独钓寒江雪'，在喧嚣中寻一个放置心灵的宁静居所。唐，是我们的生意，藏起来的精致和奢侈，出门是寂寥的山林，入室就是梦中的繁华。"渔唐的前身是一所山村小学，根据原有条件，酒店分布在4个建筑单体中，每个房间都是不一样的风格。周围栗树环绕，隔离喧嚣，但距离繁华又仅有一步之遥。

从2014年设计师来景峪村开始，历经18个月，奇迹般地将一所荒废的小学改造成一个梦想中的世外桃源。这是一个漫长而又充满期待的过程。从购置土地到协调当地居民关系，再到设计、土建营造、园林规划、内部精装、房间配饰，最后到人员招聘，梳理服务流程，网络营销，文化植入。渔唐就这样被赋予了新的文化符号和思想定位，表达了3个人对未来生活的诠释与理解。渔，代表了隐逸、空旷、修行、平和，古往今来，莫不如是。"渔"的生活，不役于尘世、金钱和人事，是与本心、自然、天道进行交流。"渔"的本心，即格物致知，认为"我"

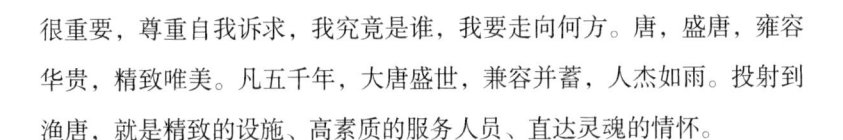

很重要，尊重自我诉求，我究竟是谁，我要走向何方。唐，盛唐，雍容华贵，精致唯美。凡五千年，大唐盛世，兼容并蓄，人杰如雨。投射到渔唐，就是精致的设施、高素质的服务人员、直达灵魂的情怀。

3. 就地取材返自然

设计师尽一切可能保留了原来的木、石头、沙、砖等材料，致敬历史。在建筑过程中尽量设计并使用了当地的物料，就地取材，致敬自然。民宿的建筑改造设计，极为重视与自然的和谐，风格尽显极简主义，方寸之间见情怀。

木为天精地华，取自本土，用于建筑外墙和内装；石取自怀沙河，用于外墙和内装；沙也来自怀沙河，磨砺千年，用于部分墙面；砖来源于大地，用于隔断墙面；水泥和石灰来自大山，寓意着"承担"，用于建筑主体和内装。设计师摒弃所有复杂的材料，只用最普通的本地物料，展现了极致的工匠精神。

将建筑融入环境中，美却不张扬，颜色清爽，是极简主义风格。房间最有意思的在于浴池边和瑜伽场地边的两根柱子，乍一看，和整体设计的建筑基调稍有些不太搭，而那正是一种场地与过去的对话，因为这里以前是一所荒废的小学，在拆除破旧的教学楼的时候保留了这些柱子，它们被安排在不同的房间里，以这样一种方式与从前的岁月进行交流。

建筑大量引入自然的馈赠，通过天窗可以与阳光、蓝天、白云和星斗"亲密接触"，用大落地窗"演绎"自然的四季变化。保留原来的石头和木头，作为房间的一部分，来感受岁月的沧桑。

4. 个性化隐栖之所

渔唐最大的特点是私密、安静、舒适。集住宿、餐饮、休闲、娱乐于一体，实现多功能并存的模式。另外，渔唐精心打造了21间不同风格的现代时尚客房，每个房间都有一个诗意的名字，长相思、敬亭山、采薇、小重山……为身心疲惫的人们提供放空、养生的隐栖之所。每个房间都进行了差异化设计，推开每一扇门窗，都有不一样的风景和感受。房型格局各不相同，通过建筑朝向的巧妙设计，避免房间之间的视觉冲突，增加了房间的私密性。

室内需要观景的地方，大量使用了整面落地窗。不需要观景的地方，为保证隐私，开窗比例被严格控制，只需满足日常的采光和透气，更多的采光则通过顶部的可遥控天窗来实现。

值得一提的是，面积较大的房间，算上室外庭院可达90平方米。室内拥有浴池、瑜伽区，室外放置健身跑步机，既可以让住客放松享受生活，又可以保持养生习惯。房间室内外绿化优美，装修简单却不失细节设计，给人一种禅修的宁静氛围。躺在浴缸喝茶，看着星空及对面山顶的长城，别有一番趣味。

为了客人的舒适感受，渔唐做了大量的设计，包括私密的景观浴缸，以及温泉池、懒人沙发、魔镜、禅茶台、观景台、简餐台、室内园林等。这座长城脚下的民宿给疲惫的都市人提供了一个可以放下面具、享受生活的定制空间，满足了旅人对生活的向往。

5. 品味时令美味

餐厅粤菜大厨根据怀柔时令，改造出一系列独一无二的粤式怀柔菜，并提供定制服务。在这里还是一片工地的时候，渔唐就从顺德请来了两位年轻的粤菜大厨，他们用半年时间测试了怀柔山林里所有的食材，开发出了民宿专属味道"一品蒸"，充分利用粤菜的鲜、火候、精致，将本地时令菜品惊艳展现。当然，在这里也可以品尝到农家自种蔬菜及老板贴心的烤怀柔野生油栗子，感受本地的绿色味道。

房间外有美丽的林间小路。园区的绿化精致，四季花开，还有商务空间、书吧、酒吧、林间咖啡吧、音乐厅、阳光房、荷花池塘、垂钓园等设施，渔唐有3个包厢，5个散台，在户外栗子树下有16个可以自由组合的户外餐台。渔唐拥有一片原生栗树林，可以全年提供板栗和栗树蘑，另外还有野山楂、山葡萄、野杏、山核桃。渔唐酒吧和餐厅提供粮食酒、啤酒，以及全国和世界各地具有代表性的酒水。

在天恒集团的打造下，北京茶都·渔唐开启了新的运营模式。在北方难得有这样以茶为媒、主题鲜明的度假空间，把茶用心融入旅居生活，任凭时光煮雨，唯享轻奢山境房。这里更有同好之人，切磋技法，分享藏品，演绎一幕幕最美雅集，还加入了主题研学，让中式文化，浸染孩童与少年的最美时光。渔唐度假酒店在原来的基础上增加了染布体验课、六渡河徒步市集、渔唐的水、寻找儿时的味道等活动，为顾客提供丰富的度假体验。

"谁家玉笛暗飞声，散入春风满洛城。此夜曲中闻折柳，何人不起故园情。"春风拂面，沐浴阳光，在花海绿叶中享受人生，在山水间感受野奢格调和故园温情！[1]

---

1 《帮您找到好民宿：北京怀柔渔唐》，美宿中国微信公众号，参见：https://mp.weixin.qq.com/s/-NFAKqXDlEUr6jd_p77ReQ；《京郊渔唐，一个堪比莫干山民宿的地方》，笔笔书书微信公众号，参见：https://mp.weixin.qq.com/s/7e_44BLR0ZJBfYV5POBbbQ；《渔唐——山水隐居栖之所》，一机游怀柔微信公众号，参见：https://mp.weixin.qq.com/s/s64U1KbWFH144wkz35A5Lw。

五、平谷区：金塔仙谷、家里有矿民宿

平谷区位于北京市东北部，总面积948.24平方千米，南与河北省三河市为邻，北与密云区接壤，西与顺义区交界，东南与天津市蓟州区、东北与河北省承德市兴隆县毗连。地势东北高，西南低。境内有河流32条，属海河流域北三河水系，洵河是境内最长河流。平谷区属温带大陆性季风气候，四季分明，冬季最长，夏季次之，春、秋短促。区内著名景点有金海湖、京东石林峡、青龙山、丫髻山、京东大溶洞等。金海湖是北京地区玩水面积最大的综合水上娱乐场所，现为北京市级风景名胜区和风景度假区。娱乐项目有游船、快艇、自驾艇、水摩托、脚踏船、手划船、速降、大型水滑梯、甲壳虫跑车等30余种。石林峡景区位于黄松峪乡，是国家AAAA级风景区，占地面积12平方千米，由蜿蜒幽深的石林峡谷和挺拔秀丽的四组石林峰群组成，因谷内山峰峭立挺拔，犹如片片石林而得名。青龙山旅游景区位于东高村镇，距北京城区70千米，景区内设有北京渔阳国际滑雪场和生态园餐厅。北京渔阳国际滑雪场竞技与娱雪集合，规模设施与国际接轨，不同趣味的滑雪、戏雪项目，15000平方米的绿色餐厅，可接待2500人同时用餐。丫髻山海拔368米，总面积5平方千米，古建筑面积8404.18平方米，位于刘家店境内。因两座山巅高耸状若古代女童头上的发髻而得名，是著名的平谷十六景之一，景区内还有平谷十六景之一的神桃峰，其余还有紫霄宫、慈航殿、双松迎客、东岳庙、回香亭、五尊菩萨殿、三官殿、御碑亭、石经道、巡山殿、御坐石、万寿柏抱松、斗法洞、万寿碑亭、碑林、药王殿、玉皇阁、碧霞元君祠等众多景点及庙宇。京东大溶洞位于黄松峪乡，距北京城区90千米，因其为京东地区首次发现，故名京东大溶洞。大溶洞洞体岩石奇特，洞外有索道、冲山车、卡丁车、跑马、蹦极球等近20种娱

乐项目。

平谷生态环境优美，历史悠久、文脉延承，是全国首批生态环境示范区。当地通过"乡镇+村集体+村民+企业"四方共建的方式，以"互联网+民宿+农旅"的模式带动本地农旅业发展，以文化赋能撬动农村闲置资产活化利用，把民宿与农业特色活动相融合，打造出具有本地特色的乡土文化民宿产业集群。

（一）金塔仙谷：度假小镇绿色发展——集体经济引领民宿产业集群发展

1. 绿色发展，科学规划设计，让美景成为金字招牌

北京金塔仙谷度假小镇（简称金塔仙谷）位于北京市平谷区黄松峪乡塔洼矿山地质公园内，这是一处利用塔洼3队26处老旧民房进行整体改造的村落。2014年，吉林省建设集团有限公司设立北京金塔仙谷度假小镇建设开发有限公司，专门承担小镇的开发建设。金塔仙谷的名字是由其背靠储金丰富的淘金谷和有1000多年历史的双塔寺而来的。金塔仙谷总面积约为3.27平方千米，是目前平谷区最大的精品民宿，紧邻北京市著名景点金海湖、京东大溶洞、石林峡、天云山等。金塔仙谷群山环抱，自然环境优美，景观资源丰富，两侧谷地溪水潺潺，植被覆盖率达80%以上，大气质量达到国家一级标准。金塔仙谷采用发展与保护并重的思路，按照绿色发展原则，充分利用该村优美的山水资源和村落闲置资源，对原村落按照"置新如初、原乡风情、外朴内优、要素保留、小拆小建、生态环保、前后呼应、自然和谐"的总体要求进行修缮改造。金塔仙谷建筑设计启用著名设计公司，在对26处老旧民房改造上修旧如旧、原汁原味，尽量保留京郊民宿的原始风貌。在建筑材料的选择和使

图2-34　金塔仙谷度假小镇民宿

用上则是就地取材，独具匠心精雕细琢。金塔仙谷将平原及丘陵地区农家院落和周边高大乔木、竹林、河流及外围耕地等自然环境有机融合，遵循道家无为的核心思想，依山而建，顺势而为，真正做到人与自然的和谐统一。

2. 集体经济，多方联动，带领村民共同致富

2017年，按照"乡镇统筹、集体所有、农民持股、长期收益"的思路，镇政府指导各村经济合作社入股成立镇级联营公司，以2.67公顷产业用地指标，按51%的占股比例与吉林建设集团合作。每年获得保底收益60万元和分红，收益由各村经济合作社统筹分配。为了给游客提供更好的服务及小镇的长久可持续经营，金塔仙谷引入了专业团队进行规范化运营，确保服务品质及运营的科学性。金塔仙谷的运营，有效地壮大了村集体经济，当地村民不仅可以以土地进行入股，还能够受雇用成为小镇的工作人员，目前有30多位当地村民服务于游客，村民拥有更多收入的同时还让游客有机会更加深入了解当地的风土人情。此外，当地村

民种植的农产品也摇身一变成为特色旅游商品,进行售卖,有效地提高了农产品的销量和农民的经济收益。由此可见,金塔仙谷带领村民多渠道共同致富。

3. 村民参与,专业化运营,满足顾客多样化的需求

金塔仙谷将自然景观与园林艺术融于一体,步行游览路线顺应老村原有道路改造而成并贯穿全村,同时串联起不同的公共节点,包括咖啡书屋、中餐厅、亲子房、手工房等,提升了村落旅游度假的整体氛围。金塔仙谷不仅景色优美,空气质量好,还布局了休闲养生、亲子体验、特色文化、中餐会议4个组团,会议室、餐厅、羽毛球场、健身中心、老子书院及游乐设施一应俱全,配套辅助上契合都市白领的消费习惯,或咖啡或酒吧,或简食或轰趴。金塔仙谷内的萌宠乐园可以让游客与动物来一次亲密接触,想要俯瞰平谷美景还可以沿着开发好的老子山山路登顶或者乘坐登山索道。金塔仙谷的餐厅经营特色为田园餐饮,强调自然味道,同时结合自有资源、农业等,把核心天然农产品、酒产品等融合到餐饮里。为了迎合城市客人的生活习惯,小镇还设有茶室,内部布

图2-35 金塔仙谷度假小镇民宿餐厅

局体现休闲茶饮的氛围和功能,既符合日常客户的消费习惯,又能对接商务洽谈,集吃、住、行、游乐、健身、会议于一体的综合性多功能特色旅游度假小镇的打造满足了不同客群的多样化需求。

(二)家里有矿精品民宿:挖掘文化,创设活动——四方共建促乡村发展

1. 淘金主题引领民宿设计与发展

家里有矿精品民宿(简称家里有矿)坐落于平谷区黄松峪乡塔洼村,周边毗邻众多景区,地理位置优越,距离湖洞水景区、京东石林峡景区仅5.5千米,距离京东大溶洞12千米,周边还有黄松峪国家矿山公园、梨树沟休闲小镇、塔洼民俗村等热门景点。塔洼村历史悠久,曾有出产金砂的矿山,有着独特且深厚的矿山文化,在文旅融合发展的时代,民宿就充分挖掘金矿文化,在命名及设计上都紧密围绕金矿主题。民宿在设计上大量采用了玻璃材质和以金色为主的基调,再辅以矿山、矿石、

图2-36 家里有矿精品民宿外景

金山等元素装饰，让客人多角度沉浸式感受金矿主题。此外，民宿还特别设置了在院子里挖矿的活动，让客人模拟淘金的过程，感受淘金的乐趣，这一独特的体验活动深受年轻人和亲子群体的喜爱。

2.房主出资，企业改造运营，共建模式盘活闲置资源

当前的乡村民宿很多都是房主直接将房屋进行长期租赁，不参与到民宿房屋的改造过程中，而家里有矿民宿则不同，家里有矿民宿由房主进行出资，由企业负责改造升级和整体运营，企业聘请房主作为民宿管家，打理民宿的大小事务，房主在领取管家工资的同时享受民宿运营的分红。家里有矿民宿是由北京乡博博文化旅游有限公司（以下简称"乡博博"）进行设计与运营的，乡博博致力服务乡村，在平谷开发及运营多家乡村民宿，有着丰富的民宿运营经验，企业的参与使得民宿在设计与运营上都更加专业，更具吸引力。想要成功运营一家民宿需要涉及很多方面，需房主、企业、乡镇、村集体都参与其中，共同发力。乡镇进行顶层设计，村集体支持民宿开办，房主和企业共同经营民宿，四方共

图2-37 家里有矿精品民宿环境

建的模式能够使民宿的运营更具保障,有效盘活闲置资源,帮助村民提高经济收益。

3. 设施丰富,让客人尽享美妙假期

家里有矿民宿不仅可以让客人体验淘金活动,还能采摘时令瓜果蔬菜。民宿院内有柿子树、栗子树、山楂树,在果实成熟的时候客人便可以体验亲自采摘的乐趣。在庭院一角有供儿童娱乐的沙坑与蹦床,树下还放置了供人休闲的双人秋千椅,室内配备开放式厨房,以及餐桌、麻将桌、卡拉OK,客人来到民宿既能体验乡村的美景及慢节奏,也能够通过丰富的设施充分享受美妙的度假生活。作为房主的民宿管家为客人提供一站式服务,让客人来到民宿不仅能体验特色住宿,品尝地道的当地美食,还能够顺畅地游玩周边美景,拥有更加美好的住宿体验。

六、昌平区:仙人洞村、严方院宿集、后院·白虎涧

北京市昌平区,位于北京市西北部,北与延庆区、怀柔区相连,东邻顺义区,南与朝阳区、海淀区毗邻,西与门头沟区和河北省怀来县接壤,昌平自西汉设县,已有2000多年历史,被誉为"密迩王室,股肱重地",素有"京师之枕"的美称。地形西北高、东南低,属暖温带大陆性季风气候。昌平区境内有驰名中外的明十三陵,"天下第一雄关"——居庸关,十三级浮屠的辽代银山塔林,拥有"亚洲之最"称誉的中国航空博物馆、中国坦克博物馆、迪士尼风格的九龙游乐园,中国最大的射击场——中国北方国际射击场,北方地区最大的国家级现代农业科技示范园,独具特色的十三陵高尔夫球场、空中滑伞俱乐部,以及风景秀丽的十三陵水库和蟒山、沟崖、碓白峪、虎峪、白虎涧、双龙山、白羊

沟、大杨山八大自然风景区。居庸关得名，始自秦代，相传秦始皇修筑长城时，将囚犯、士卒和强征来的民夫徙居于此，取"徙居庸徒"之意。汉代沿称居庸关，三国时代名西关，北齐时改纳款关，唐代有居庸关、蓟门关、军都关等名称。居庸关形势险要，东连卢龙、碣石，西属太行山、常山，实天下之险，自古为兵家必争之地。它有南北两个关口，南名"南口"，北称"居庸关"。现存的关城是明太祖朱元璋派遣大将军徐达督建的，为北京西北的门户。居庸关两旁，山势雄奇，中间有长达18千米的溪谷，俗称"关沟"。这里清流萦绕，翠峰重叠，花木郁茂，山鸟争鸣。绮丽的风景，有"居庸叠翠"之称，被列为"燕京八景"之一。

（一）仙人洞村：党建引领乡贤助力——文旅融合赋能乡村民宿发展

1. 村党支部牵头，三方共建发展特色民宿

仙人洞村位于北京市昌平区，坐落于十三陵十大隘口之一的中山口北侧，地理位置独特，三面环山，东倚十三陵水库，西邻神路旅游景区，北靠水库环湖路，南与昌平城区遥相呼应，因村北蒋山天然溶洞——"神仙洞"而得名。村域形似莲花宝座，明"燕平八景"之一"石洞仙踪"即为此处，村庄内"郑亲王石桥""古井坊"等古迹保存完好。为了让村子更好地发展，2017年，仙人洞村在村党支部的带领下成立了旅游合作社，引入专业民宿管理公司北京慈慧缘旅游管理有限公司开始经营庭栖慧舍民宿，民宿由村民、村集体、专业民宿管理公司三方参与，村民用自家闲置的房屋与民宿公司进行合作。

庭栖慧舍是以三"Jing"（净、静、境）为标准打造的素生活概念民

宿，以"静中取境"的理念打造了11套独立的院子，将原筑、田园、禅意、新中式、美式、法式作为民宿风格，每个院子风格都不同，以此来满足家人度假、朋友聚会、亲子聚集，以及静修康养、禅修禅学、精英培训等客户需求。庭栖慧舍民宿按照五星级标准打造，民宿设计风格简洁、静雅，除了建筑风格强调清幽安逸外，每个房间都有私汤泡池，根据不同季节特点，会推出不同主题的泡浴。院子里服务设施和娱乐设施齐全，配有儿童娱乐、田园烧烤、夏季戏水泡池等设施，满足游客的多种需求。

2. 整村联动，孝文化、楹联文化提升民宿吸引力

单一民宿对于游客的吸引力是有限的，在文化与旅游融合发展的大背景下，仙人洞村全村联动，以文塑旅，用文化助力乡村振兴，促进民宿发展，增强村庄及民宿的吸引力。古书中曾记载村子有古井一眼，因此村两委（村党支部委员会和村民委员会）聘请专业机构，按照"修旧如旧、落架重修"的原则，对村域内老化、损坏的石洞、古桥、古井等历史文物进行修复，让村子深邃厚重的历史文化重新焕发生机，整修过后的村子吸引了大批游客前来感受传统古村落的魅力。在党支部的带领下，村集体通过挖掘本地文化内涵，因地制宜打造"仙人花巷"工程，绘制总面积约550平方米的"孝悌"文化墙，在村口设置孝顺椅鞭策村民践行孝道，宣扬中华民族传统的孝文化，还引入中国文联、中国书协、中国美协、中国楹联学会驻村建立"七吉文创基地"，积极建设"首都楹联文化第一村"，尊重村民主体地位，围绕村民需要开展活动、提供服务，动员全体村民广泛参与，"村民演给村民看"，使表演者和观众都能受到教育，在潜移默化中提升村民素质和村风文明程度。村两委通过丰富村庄的文化内涵，整村联动，有效增进了民宿吸引力。

图2-38 仙人洞村文化石

图2-39 仙人洞村文化墙

3. 素食宴、农产品，美食美物丰富民宿经营内容

依托"神仙洞"建立的十方普觉寺，使得仙人洞村村民受到了汉传佛教文化的影响，有着吃素养生的习惯。都市人因为巨大的生活压力，身体出现亚健康的情况，急需进行健康调理。结合当地的饮食习惯和都市人的营养需求衍生出的素食文化，2016年，仙人洞村启动素食文化项目，经过三个多月的走访和研制，专家、民俗户和本地的厨师一起挖掘十三陵地区的素材精华，推出了美味又健康的素食宴，打造京城第一素食宴品牌，吸引了众多美食爱好者的目光。民宿积极结合素食宴，丰富

图2-40　仙人洞村美食

了自身的餐饮。此外，借助于村子原有的林地资源，将村里的山林地、村民的菜园子、村里农田及果园进行全面整合，成为菜园子农场。菜园子农场主要养殖山林跑地鸡和蜜蜂、种植应季酵素蔬菜和水果等，还通过科技手段开发、培育菊花苗、果树苗等种苗产业链，种植食用菊花和茶饮菊花，研发"菊花伴侣"新茶品和"问菊"系列文创产品。来民宿游玩的客人还可以放心购买村子自产的各种特色农产品，有益地促进了民宿的发展。

（二）严方院宿集：民宿+美食+公共艺术活动空间——多维度打造微度假目的地

1. 匠心设计，修旧如旧，最大限度保留原本面貌

昌平区延寿镇是昌平唯一的山区镇，地处昌平区东北部，与怀柔区接壤，南与兴寿镇、崔村镇为邻，西与十三陵镇毗连，西北与延庆区相接，镇域面积127.6平方千米，有丰富的旅游资源。严方院宿集（简称严方院）坐落在延寿镇的北庄村，北庄村是游客进入银山塔林、延寿寺、

图2-41　严方院宿集民宿

延寿镇全域景观长廊等著名景点的必经之路，地理位置优越。严方院的设计师看中了北庄村的民风淳朴、风景优美，以及村庄原本的民居院落具有鲜明的北方特色，古朴雅致，因此在进行民宿设计时，怀揣着将具有当地村舍特点的民居努力保护下来的心愿，尽可能地保护好院落原本的一窗一门、一砖一瓦，将满足现代功能改造的部分与原本的房屋院落做无伤的结合，从而保证即使改造部分未来需要再次改造或者拆除，村舍仍然能保持原本的样子。如今严方院的5个院落，有loft亲子房、北方传统大火炕、山景卧房、石头房等房型，一步一景，复古味十足，而且每个院落都有户外恒温SPA泳池，具有独特的吸引力。

2. 特色餐饮魅力无穷，严方院经营者与村民共同受益

北庄村盛产栗子，由此衍生了以栗子为食材的特色菜品，严方院为了突出所在村庄的特色，给客人提供的餐食就包括栗子类特色菜等，让客人充分感受当地文化特色。此外，在严方院的项目中，还设计建造了一间特色美食餐厅——黑山烤房，黑山烤房经营特色美式烤肉，采用当地果木低温慢烤，滋味美妙，因为在北京地区难以找到此类餐厅，已成

图2-42　严方院·北庄黑山烤房

为众多肉食爱好者追捧的网红餐厅，许多客人慕名前来，严方院和餐厅的服务人员均为当地村民，由严方院对村民进行统一培训之后上岗，很好地为当地村民增加了就业机会与收入。

3. 扩展延伸，联手村委、镇政府打造内容丰富的微度假目的地

　　严方院不仅设计了特色的主题民宿院落，还一并将村庄里的树木、水系和石头以全新的方式组合，提升了村庄整体氛围的观赏性与景致的立体感，北庄村拥有优越的自然资源，延寿镇政府修建了景观道路，而严方院则结合该景观道路规划了森林徒步路线，还为游客设计了电子地图、指路牌等，两条徒步路线难度不同，既能满足亲子游玩的需要，也能满足户外爱好者的需求。此外，严方院还在村内建了一座公共艺术活动空间，使得民宿不仅可以休闲度假，还能进行多样化的活动。日前，严方院联合北京市文旅局等单位举办了骑行、画展、公益市集等活动，

让村民和游客都可以参与其中，使民宿更好地与村庄融合共生。严方院最初设定并不是亲子民宿，但开始经营之后，亲子游的占比非常大，尤其是到了暑假，预订者基本都是亲子游的客人，为了吸引这部分客群，严方院结合村庄原本的资源，联合村集体，为客人安排了各种亲子体验项目，比如去栗子林参观栗蘑种植，或采摘栗蘑、栗子等，参观村庄的养殖棚，与小动物亲密接触，充分利用乡村和自然资源，增加民宿亲子内容，丰富民宿可玩性的同时也带动整个村庄的发展。目前，严方院正在和北庄村及延寿镇政府一起打造"蘑栗北庄"的IP，在北庄村进行二期开发，在二期的建设中，扩大民宿院落数量的同时还将设计林下经济营地乐园和乡村市集等，镇政府、村集体、企业三方合作共同打造微度假目的地。

图2-43 严方院宿集公共艺术活动空间

（三）后院·白虎涧：情感串联活动支撑——品牌化发展的乡村艺术精品民宿

1. 匠心设计，共享共富，营造别样度假氛围

后院·白虎涧（简称后院）是后院乡旅集团在北京市昌平区白虎涧自然风景区山脚下打造的一个设计师民宿项目，在2016年底开始正式运营，先后荣获"CHA2017中国酒店大奖——最佳民宿奖""中国旅游协会2019年中国好民宿""2021年北京市网红打卡地""2022年黑松露中国民宿榜TOP100""2023年北京市五星级乡村民宿"等奖项。昌平区白虎涧村距北京市中心约1小时车程，属于北方典型的乡居肌理村落，后院便是由村中闲置的一处20世纪80年代的民房改造而成的，是典型的北京郊区民居三合院的样式。在整个民宿项目的设计上，设计师通过在地文化、在地空间的设计，加强村庄元素的融入和联动，让民宿找到自己独特的灵魂。后院坐落在山脚下，为了获得比较开阔的西山视野，结合所处位置与邻居院落的情况，整个院子的开口朝向被设置为朝东，形成了一个"U"形格局。为了迎接日出，东面采用了大面积的德国式玻

图2-44 后院·白虎涧民宿

璃，清晨的第一缕阳光可以直接照进宽敞明亮的房间里。院子里房主种植的山楂树被完好地保留了下来，成为院子"U"形开口和主入口处的景观；老屋之前的瓦片变成了现在小院入口处铺设的地面，白色的鹅卵石与翠竹相呼应，更显出几分优雅与禅意。走进客厅，6.5米高的大厅内有一个下沉式的客厅，作为落座空间，可以更好地增强家庭与团队的互动性。老院内的香椿树被做成了台阶，沿着旋转楼梯向上，便可到达二层的茶室和通铺空间，白天围坐在这里，可以聊天品茶观西山，民宿的房间都是在老房子的基础上改造进行，房间内部的设计有非常多的时尚元素，既体现了设计师的匠心，也很好地满足了现代人的生活需要，古朴的院落与现代的内部设计交相辉映，给客人创设不同于日常生活的场景与体验，让他们收获不一样的度假感。在设计与运营上，后院项目充分利用村庄的闲置资源，考虑所在地村民的权益与利益，尽可能不影响村民的原本生活，带领村民共同致富，这也是后院构建"民宿+村集体+村民"的共赢共富合作模式，从以"游客"为中心转变为以"游客+村民"为中心的经营理念的一种体现。

2. 融情于宿，以情动人，打造不一样的乡村民宿

后院·白虎涧目前拥有三套整院独立的loft、一套日式主题的榻榻米房、一个室内多功能艺术工坊，以及一个户外营地暖山农场。每套院子都有自己的主题，串联起不同的情感。1号院山楂院突出"友情"，主要接待朋友聚会、公司活动等团体性的客群，因此设计上体现的是放松休闲的感觉，2号院柿子院突出"亲情"，主要接待客群是家人，设计上给人以简约温暖的感觉，3号院厂仓则由废弃的家具厂改造而来，保留了厂房原本的外观，内部则改造为4间loft房，将场景理论融入设计中，打造出不同的风格。来到后院的客人不仅可以体验精心设计的住

图2-45 后院·白虎涧民宿后院工坊

宿,还能到后院工坊体验乡村的多元性,让自己得到彻底的休闲放松。后院工坊由废弃的木材加工厂改造而成,以"木工博物馆"为主题,很多原本的老物件,如废弃的木工车床被做成了吧台和长桌,物尽其用,别具巧思。工坊集餐厅、酒吧、咖啡吧、茶室以及会议室功能于一体,能够在娱乐与会议之间随意切换,体验不一样的乡村民宿。

3. 标准化服务、丰富活动、会员计划,让客人爱上后院

后院制定了符合自身特点的SOP(标准作业程序),包括咨询标准化、预定标准化、清扫标准化、管家服务标准化等,秉承"制造惊喜、创造感动"的服务理念,为每一位客人提供有温度的运营服务。想要经营好民宿,精致的房间,美味的食物是基本,而丰富的活动则是让民宿更具吸引力的法宝。后院乡旅不仅打造了精致的住宿,还开发了后院暖山农场作为民宿的扩展与延伸。后院暖山农场由荒废的厂房用地改造而成,致力为住客提供一片可亲近、可观赏、可玩乐的自然之所,农场内有跷

跷板、滑梯、充气泳池等设施，住客可以在这里体验露营、篝火、蹦床、烧烤、烘焙、采摘等活动，丰富的设施能够满足各类型客人的需要。此外，后院还根据不同季节设置了丰富多样的活动，如暑期的艺术滋养营、端午的民俗艺术之旅、春天的乡村旅游季等，持续给客人带来新鲜感，而后院的会员计划也培养了更多的忠实顾客，让后院的经营变得更好。

七、房山区：隐居乡里·姥姥家、博士小院、圣水莲庭民宿

旅游到房山、穿越亿万年——"北京之源，地学摇篮"，既有力彰显了房山旅游的品牌形象，又深刻诠释了房山旅游的发展理念。房山是一片古老而又神奇的土地。10多亿年的自然造化、千百万年的地质变迁，气势恢宏、波澜壮阔，造就了神奇的自然景观；70万年的人类史、5000年的文明史跌宕起伏、绵延不断，形成了独特的历史文化。自然与人文的有机融合，时间与空间的交替穿梭，使房山成为探索地球演变史、追寻人类发展史的最佳场所，形成了"北京之源，地学摇篮"的厚重积淀。房山旅游资源丰富，品位高雅，资源种类和总量均居京郊各区首位。人文与自然资源有机融合，山、水、洞、寺景致齐全，造就了房山的独特美景。

房山区的民宿主要分布在房山几个重要的景区附近，包括十渡风景区、霞云岭金水湖景区、周口店坡峰岭风景区、上方山国家森林公园等。十渡风景区是京郊非常有名的风景区，山水秀丽，是中国北方唯一的大规模岩溶地貌，是国家AAAA级景区和中国国家地质公园。霞云岭乡依托得天独厚的旅游文化资源，2005年全乡整体被国家林业局批准为国家级森林公园。堂上村是歌曲《没有共产党就没有新中国》的诞生地，2011年被批准为"全国红色旅游经典景区"。白草畔景区和金水湖

景区都是国家3A级景区。周口店则是北京猿人的发现地，是闻名中外的古人类文化遗址，北京人头盖骨和大量用火证据的发掘，为研究人类进化提供了生动有力的实证。1961年周口店北京人遗址被列为第一批全国重点文物保护单位，1987年被列入世界文化遗产名录，1992年被评为北京旅游世界之最，1997年被列为全国百家爱国主义教育基地，2009年被评为新北京十六景之一，为国家AAAA级旅游景区。上方山国家森林公园分为两大景区，上方山景区和云水洞景区。早在东汉建武十年（34年）就有佛教文化活动遗迹，有"南有苏杭、北有上方"之美誉。上方山是中国同纬度地区保存乔木古树群落最大的地区，是中国北方岩溶地貌分布典型地区，也是佛教圣地。1992年建立了上方山国家森林公园，被誉为畿辅奇境，是理想的休闲、健身、度假、游览、康养胜地。

（一）隐居乡里·姥姥家：家的味道

1. 古朴与现代结合，过去与现在对话

姥姥家小院位于北京市中心以西60千米外的周口店镇黄山店村，近坡峰岭景区。这是一座隐于幽岚山下的晚清老宅，共有6间客房。院内山体为墙，灰瓦木窗，庭院多重，院子将山林的古朴风与现代简约风相结合，青石铺就的院子里沉淀了时光，舒适的躺椅享受了静谧，摇晃的秋千上听到了欢笑，明亮的玻璃窗请进了阳光。每间房都有大面积的玻璃窗，方便斑驳树影和阳光洒进室内。房间内是简约的北欧风，亚麻被子、原木色桌板、老房子的柱梁、年代久远的夯土老墙，都与瓦罐盆栽一起成为摆设。山林古朴风和现代简约风相结合，就像现在的人与从前的岁月对话。

姥姥家小院还是一座追求应季美食的纯素食民宿，有管家手工制作的发面馒头，香糯的粥，加上美好的下午茶，让人品尝到纯素食的美

味，还有经典的皮影大戏，热闹的集市，让人仿佛身临儿时的歌谣"拉大锯，扯大锯，姥姥家里唱大戏"以及那些有趣的童年游戏之中。隐匿在房山幽岚山下的黄山店村，交通方便，从北京市区自驾仅需1.5小时即可到达，地理位置优越。幽巷里的多重式庭院，由晚清老宅改建而成，每间房都有大面积玻璃窗，或直面山景，或朝向静谧庭院，也方便了斑驳树影和阳光洒进室内，给人现代和过去时空交叠的错觉。开放式的餐厅里，一张长桌延伸到院中，在开阔的庭院赏着美景享着美食，是许多人儿时的记忆，也是现代城市生活求之不得的自由空间。贴心温暖的管家式服务，不仅照顾每一位客人的起居，也照顾大家的饮食，用最单纯的原生素菜，让客人吃出最健康的素食味道。小院距离著名的红叶胜地坡峰岭开车仅需5分钟，秋季万亩红叶极为壮观，登山赏景十分方便。除此之外，漫步快活林栈道，登醉石林观石，由小院步行即可到达。依山傍水，美食美景，工作之余在姥姥家小院度过一段闲适的时光，会成为都市人的一段美妙旅程。

小院不仅可以居住、就餐，而且相关设施齐备，小聚、团建都非常适合。小院配备了可容纳10余人的茶话会客厅、小型放映厅、停车场、Wi-Fi、可容纳40人的会议室，以及黄山店村可容纳100人的大会议室，可以满足大多数公司团建、会议的需求。小院特色服务包括素食餐饮、私人小影院等，周边游玩推荐坡峰岭登山、童话森林户外游乐场、药师寺游览、生态园采摘、大韩继大集、周口店北京人遗址等。在这里，可以在庭院里沏一杯薄荷茶，坐看天边云卷云舒，也可以和家人、朋友相约一起去河边晨跑，体验山中清晨的凉爽，或是爬醉石林，看奇石错落，感叹大自然的鬼斧神工。傍晚在快活林吃露天烧烤，夜晚还可以和村民一起K歌一展歌喉，抑或泡一杯清茶，与姥姥聊聊过去的故事，都别有一番情趣。

2. 隐居乡里着力资源转化，专业力量助力乡村振兴

隐居乡里成立于 2015 年，是中国乡村生活方式和县域文旅产业运营商，专注于以国有经济与村集体经济为主体，挖掘在地乡村资源优势，通过孵化并运营村落品牌盘活乡村沉睡资产，提供一站式乡建解决方案。隐居乡里的商业模型是在村中找到空置房屋，通过设计改建，以最快时间和最低成本满足一定居住品质。之后培训当地村民做好后勤服务，并由团队根据当地农作物特点开发餐饮菜单，最后利用互联网平台进行销售。销售所得的 75% 归村民，25% 覆盖隐居乡里服务平台的成本。这一方式在全国多地乡村旅游项目中得到了大力推广。

隐居乡里的前身远方网（2007—2014 年）一直致力乡村旅游策划和营销，也因为这份对乡村的热爱与关注，旗下首个乡村民宿项目山楂小院应运而生，目前在全国运营的乡村文旅项目有 24 个，其中包括山楂小院、姥姥家、麻麻花的山坡、楼房沟等知名品牌，成功改造运营 260 座闲置农宅，服务于 20 万以上都市人群，提倡有节制的奢侈和有品质的节俭，通过对乡野原有老宅的改造，充分融合中国乡土元素，尽可能满足现代都市人对居住舒适度的需求，使其回归舒心、自在、轻松的乡村生活。同时，也解决了当地劳动就业 300 人，总收入超过 3 亿元。隐居乡里以民宿为切入口，7 年时间里，不断探索民宿与当地自然、风物、文化的结合，依托"互联网+在地化运营"，从一座院落发展出极具创造力且可持续的乡村振兴路径，未来还将继续陪伴指导乡村文旅全产业全地域升级发展。[1]

---

[1] 《隐居乡里——关于我们》，隐居乡里官网，参见：https://www.nalada.com.cn/page/show/id/1.html。

3. 修旧如旧，荣膺国际设计大奖

姥姥家小院由留学美国的归国设计师亲自操刀，顶尖建筑师团队修缮，改造后的老宅既保留了原农舍的乡野特点，又利用新的设计手法，打造出舒适而怀旧的京郊风味院落，2018年4月，姥姥家项目还荣获了意大利的A'Design Award设计大奖赛金奖。由于老宅的部分木构件已经腐朽，夯土墙面甚至有了倾斜的迹象。如何加固老宅，且住得舒服，成为改造设计的重点。设计师在保留原墙的同时，在室内新加一层墙体作为围护。颇为有趣的是，在每个房间里，都会特意留出一块小小的方正墙洞来展示原有老墙，仿佛一下子看到了百年岁月。老木梁柱、老雕花窗棂，经处理后予以保留。半开放的餐厅，连残垣断壁都修旧如旧。这里夏天可避暑，秋天可赏红叶，冬天大面积的地暖又可把房间烘得暖暖的，温馨舒适。

图2-46 姥姥家小院民宿环境

4. 儿时味道，农村慢生活唤醒舌尖的记忆

除了独特的修旧如旧的装修风格，姥姥家小院另一个特色则是现场采摘果蔬和品尝新鲜可口的农家饭菜。从小院出发，10分钟抵达娄子水生态采摘园。采摘园面积有500多亩（约33.3万平方米），种着苹果，以及南瓜、花生、红薯等农作物，游客可以亲自体验采摘的乐趣，无论成年人还是儿童，都能从中获得丰收的喜悦。除此之外，姥姥家小院管家自制的有机餐食也给人带来幸福感，从香甜的红薯、南瓜、玉米、甜酒酿，到精致的素餐食，不放多少调味品，却分外可口，仿佛回到儿时的姥姥家，品尝来自姥姥的关爱。姥姥家从设计、住宿到餐食、活动，让人体会到舒服闲适的同时，回忆儿时的美好，是城市人忙里偷闲对农村慢生活的具象体验。[1]

（二）博士小院：三农专家推广农业研学

1. 农学专家，助力学生德智体美劳全面发展

博士小院是由知名高校的教授专家们（朱启臻，中国农业大学农民问题研究所所长、博士生导师；朱启酒，前北京市农业广播电视学校校长、北京农业职业学院教授）共同打造的一个集儿童心理健康教育、自然成长教育、亲子体验、儿童研学于一体的精品民宿。整个民宿以人类智能发展的不同方向规划房间主题，与自然相融合，包括"美、文、智、自然—鲸、自然—熊猫、自然—植物"等多个房间。客人在享受高档民宿的同时，还能享受民宿主人带给家长与孩子的亲子体验，与孩子

---

[1] 《姥姥家|晚清老宅的多重庭院里，浮生偷闲追忆儿时年华》，搜狐网，参见：https://www.sohu.com/a/412967166_100477，2020-08-13。

一起在田地耕作,园里采摘,田园观鸟,压花、粮食画制作,更能享受到由北京师范大学发展与教育心理学博士开展的教育沙龙,分享正确的教育理念和教育方式。派驻专家进村,创设乡农学堂,设有乡村会客厅、蝴蝶知识社、观鸟小世界、植物小课堂、昆虫总动员、非遗小部落、农耕小天地、党建先锋站等专题课程,采取"做给农民看、带着农民练、教会农民干、帮着农民赚"的产业实景教学模式,把课堂办在村里、合作社里、农户家中、田间地头,让素质教育与产业发展同谋,教学活动与农民成长同步。

博士小院,灰瓦白墙,既有现代的舒适精致,又有田园乡村的朴实自然。躺在舒适的床上,望向田园青山,窝在阳光房的摇椅里,夜观星辰、日沐阳光。悠然之田园,宁静之书香,与三五好友饮茶,于乡村田园采摘,与孩子一起寻找城市中看不到的萤火虫,与伴侣漫步在夕阳下的田间地头,真是闹市之外,田野之中的独特乐趣。天气好时,孩子可以在田野间撒欢奔跑,回到屋内也有孩子能玩的儿童游戏室,家长也能省心,一起喝喝茶,搓搓麻将。

房后靠山,山上有200亩(约13.3万平方米)田地的博士农场,有闻名全国的大峪沟磨盘柿树,有杏树、枣树、桃树、桑树、核桃树,还有100余种花草,田园采摘、农事体验、野外探险、登高望远,或于山林中发呆冥想,享受闲暇。小院坚持无农药科学种植,可采摘,周末还有亲子自然教育活动,如"我做小羊倌"、农事体验、夜探自然活动,以及压花、观鸟、草木染活动等,周周不重样,随四时变化而变化,感受天地自然之美,深受大、小朋友们的喜爱。[1]

---

[1] 《博士小院》,北京市房山区人民政府,参见:https://www.bjfsh.gov.cn/zjfs/tsms/202211/t20221122_40054444.shtml,2023-05-25。

图2-47 博士小院

2. "民宿+研学",打造农学主题特色

主题性质的民宿比一般民宿更具长期吸引力,原因大致有三种:首先是一个主题代表一种特色及风格,通过差异性去吸引消费者,形成专项优势;其次是运营者可通过明确优势达到精准营销,比如通过组织相应的活动,吸引特定领域发烧友(民宿与酒店不一样,酒店是一种规范化、标准化的表达,民宿是个性化的体现,更加符合年轻人的诉求,是价值观的表达);最后是主题民宿的体验明显优于一般民宿,民宿通过主题营造,加强设计感,软硬件打造结合,会在众多民宿中脱颖而出。博士小院项目作为一个优秀的与农业相关的民宿项目,不光吸引了北京的客人,也吸引了不少外省市的相关人员前来调研,起到了很好的示范引领作用,为北京市乃至全国的民宿及研学项目开发提供了优秀范本。

3. 服务乡村,目标远不止一个小院

博士小院探索的背后是当地政府和高校根据当地特点,对乡村振兴模式及农民增收的探索。目前,以博士小院为核心的乡村振兴产业集群已经初具雏形,带动当地发展才是博士小院未来的方向和目标。在区

委、区政府的支持和引导下，通过博士小院的打造，让教授回乡吸引学子归乡、游子返乡、市民下乡，促进乡村的人才振兴，形成了一个精品民宿的产业集群，共同打造一个田园综合体。如今博士小院正在着力构建运营新模式，积极融入民宿市场良性循环，助力民宿产业稳增长。

除了运营方式的研究，民宿的发展与环境保护也是相辅相成的。生态振兴是乡村振兴里的重要一环，博士小院首先是生态项目，如果生态搞不好就无法循环，就破坏了人与自然的和谐。博士小院的大量项目都是基于优秀的生态环境开发的，比如观鸟项目，生态环境好，有植被、湿地和食物，鸟类才会在此处栖息，项目才得以持续。因此保护生态环境，为长期可持续发展贡献力量，就是投资未来。

为实现乡村产业从无到有，从粗到精，朱启臻建起"后院"乡村民宿，鼓励各家各户在统一规划的基础上，建设精品民宿，通过组建师资队伍，研发课程体系，建设10000册科普图书阅览室、科普长廊、开办乡农学堂抖音号，组建合作社，发展乡村手工业，打造精品民宿群等多种途径和渠道，逐步探索出乡校、乡村、乡贤"三乡三融"高素质农民培养模式，形成以"党支部+乡农学堂+合作社+企业+家庭农场+新乡贤+党员+农民"八位一体的党建引领乡村振兴工作格局，推动产业振兴、人才振兴、文化振兴、生态振兴、组织振兴。[1]

---

[1] 《北京村庄里的"博士小院"：两位三农专家的乡村振兴试验》，中国农业大学新闻网，参见：https://news.cau.edu.cn/mtndnew/887048.htm，2022-10-27。

（三）圣水莲庭民宿：主打自然山景之美

1. 山水美学，打造林中仙境

圣水莲庭民宿于2018年开业，共有客房16间，位于北京市房山区圣水峪村，名字寓意"出淤泥而不染，远闹市而静心"，是一处可以让人在自然中回归自我的禅宿。圣水莲庭民宿坐落在半山腰上，海拔500米，山下就是云水洞景区和上方山国家森林公园。民宿三面环山，北面是一个山坳，可远眺官财山（寓意升官发财）和卧佛山（山峰形似一尊头朝东脚朝西的卧佛）。民宿现有两座院子，外观风格迥异，绿荫当中一褐一白，交相辉映。所有的房间都有大面积的玻璃窗，夏天绿意满满地透进来，冬天远处的群山一览无余。每个房间房型都不一样，但几乎都有禅椅或榻榻米，可以打坐冥想，也可以品茶看书。两个院子都有书屋，摆放着股东或客人捐的书籍，还备有笔墨纸张，住店客人可以免费写书法、绘画。圣水莲庭民宿在2023年入选"全国乙级民宿"名录，北

图2-48 圣水莲庭民宿环境

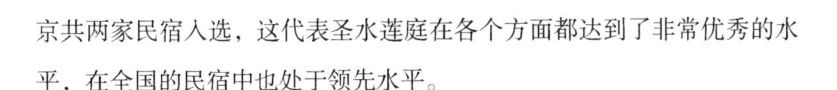

京共两家民宿入选，这代表圣水莲庭在各个方面都达到了非常优秀的水平，在全国的民宿中也处于领先水平。

2. 集团投资，优势资源打造优秀民宿[1]

与很多个人投资经营的民宿不同，圣水莲庭民宿为大型集团企业投资建设，且股权结构简单，主要股东仅3个，大股东为韩建文旅集团。与其他个人经营或村集体共建的民宿不同，圣水莲庭民宿的经营主要依靠韩建文旅，而韩建文旅的母公司则是始创于1978年的北京韩建集团有限公司，是一家国家特级资质的大型建筑企业，注册资金4.2亿元，具有丰富的房地产开发背景和专业的运营管理经验，这也是圣水莲庭民宿在全国上万家民宿中脱颖而出入选2023年"全国乙级民宿"名录的一个关键因素。

除了圣水莲庭民宿之外，韩建集团还投资了多家民宿、酒店，包括位于房山的云岭山房，与圣水莲庭民宿双双入选2023年北京市五星级乡村民宿，可见其民宿管理与运营的专业水准。这也为高端民宿发展指明了一条道路——专业企业的经营管理。个人经营民宿固然有其优势，但是在高端民宿需求旺盛的当下，大型企业专业化管理下的高端民宿在竞争中具有天然的优势，比如客房服务和餐饮服务能更好地满足高端客户的需求，但在特色经营方面也存在一定的劣势，比如无法体现民宿主人的性格和个人魅力，使民宿缺乏特色，很难形成"口口相传"的特色口碑。

---

1 《偷得浮生半日闲，大山里的隐居生活》，大美房山微信公众号，参见：https://mp.weixin.qq.com/s?__biz=MzA5MDY5NjEzOA==&mid=2649367480&idx=1&sn=48c4fd9f50b74384afa672a4c01e157b&chksm=8819331dbf6eba0b4737c4f33d4645bb541cc3a4b07f793f552d4b57fc78feff4352d3e4741b&scene=27，2021-12-13。

3. 禅意文化，解锁向往的生活

依山而建的圣水莲庭民宿满目青翠、诗意盎然，以具有千年历史文化内涵的上方山为基石，充分挖掘山水美学和禅意文化，打造以食、宿、创、学、禅为主要内容的山居庭院生活综合体，不仅能纵情自然美景、品尝当地特色美味，还能参与多种文化活动，是现代人解锁现实版"向往的生活"、感受理想山居人生、体验禅学主题活动的热门京郊蹊径。[1] 圣水莲庭民宿设有3个禅室和2间套房，禅室静心而雅，套房则以落地窗的无遮挡观景体验让客人尽赏绝美山景，客房设施配件齐全，配有专门厨师，烹饪菜品以养生为主，颇具特色。2023年，圣水莲庭被中国烹饪协会评为"品质餐饮示范店"。

八、大兴区：未来好宿·搪瓷缸小院、茶香丽舍·清幽阁民宿

北京市大兴区与其他京郊区的情况有所不同，前面提到的延庆、密云、门头沟、房山等区均有山林、水库等优质旅游资源，所以上述地区的民宿多围绕景区发展，而大兴区作为1984年国务院批准的首都第一批重点发展的卫星城之一，大兴的发展目标更多的是承接首都的部分功能，比如北京经济技术开发区位于大兴，而大兴区在2016年被列为第二批国家新型城镇化综合试点地区，北京新建的大兴国际机场也位于该区域。整体来说，大兴区发展乡村民宿的先天条件并不优越。但是大兴也

---

1 《韩村河镇五星级乡村民宿名单出炉！云岭山房、圣水莲庭入选》，首都文明网，参见：https://www.bjwmb.gov.cn/wmdt/fsq/10024351.html，2023-03-14。

摸索出了自己的一套发展逻辑，通过发展农业，比如庞各庄的金把黄鸭梨、大兴西瓜、大枣等农产品在北京市场上打出了很高的知名度。

（一）未来好宿·搪瓷缸小院："80后"一代的回忆

1. "老古董"融入新生活

位于大兴区魏善庄镇半壁店村的搪瓷缸小院，是一处规整的二进四合院，树下的老餐桌，腌咸菜的大缸，院中的两棵大树，都带着怀旧气息。搪瓷缸小院地处北京南中轴线上，魏善庄镇最美乡村半壁店。院子共500多平方米，有8个卧室，选用五星酒店床品和科勒卫浴，配套多功能厅和厨房餐厅，免费提供餐具调料和烧烤用具。进入小院仿佛坐上时光机，院里藏着太多"70后""80后"的儿时记忆：搪瓷缸、饼干筒、

图2-49 搪瓷缸小院环境及老物件

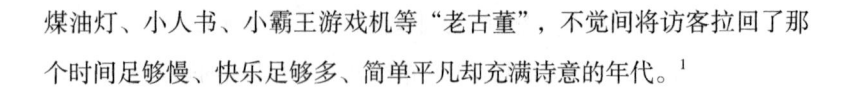

煤油灯、小人书、小霸王游戏机等"老古董",不觉间将访客拉回了那个时间足够慢、快乐足够多、简单平凡却充满诗意的年代。[1]

2. 借力全国精品民宿平台拓宽融资渠道

搪瓷缸小院合作平台为未来好宿,是一家会员制精品民宿预订平台,以创新模式为用户提供高性价比的度假出行服务。目前已超过百万用户,与近500个民宿品牌合作。未来好宿之所以被称为会员制民宿预订平台,是因为其运行逻辑与其他民宿公司不同。未来好宿合作的民宿包括隐居乡里、百里乡居、山里中国、风拾光居、悦里、漫庐、肆舍等数百个北京京郊及全国各地的精品民宿,早期的会员优惠是用户只需支付1888元购买"任住卡",即可在365天的会员有效期内,不限次数地预订平台合作的所有精品民宿和度假酒店,现在的会员卡亦有一定的优惠。除了预定民宿有优惠外,未来好宿的微信预定小程序上还有餐饮、出行、门票、商城等模块,可以提供多种旅游服务,且会员消费有一定的优惠。该形式的民宿运营方式打破了民宿行业原有的一锤子买卖的特点,有效增加了用户的黏性,因此得到了投资圈的认可,目前已经完成了天使轮、Pre-A和A轮的融资,并且完成了并购,该形式在多数为游兵散将、单打独斗的民宿行业得到了风投的认可,值得认真剖析(见表2-3)。[2]

---

[1] 《搪瓷缸小院》,北京市大兴区人民政府,参见:https://www.bjdx.gov.cn/bjsdxqrmzf/zjdx/mldx/2048933/2053607/index.html,2023-06-08。
[2] 《未来好宿与易宝支付旗下平台小星球转转合并推出新品牌"未来星球"》,《电商报》,参见:https://www.dsb.cn/201087.html,2022-11-02。

表2-3 未来好宿融资历程

序号	日期	融资轮次	估值金额	融资金额	投资机构
1	2022-11-02	并购	未披露	未披露	北京易通富合科技有限公司
2	2022-11-01	A轮	未披露	数千万元人民币	易宝支付
3	2022-04-18	Pre-A轮	未披露	数千万元人民币	易宝支付
4	2021-08-17	天使轮	未披露	数百万元人民币	宁波屏悦企业管理合伙企业（有限合伙）

（二）茶香丽舍·清幽阁民宿

1.近郊民宿首选，满足住客的所有需求

北京茶香丽舍酒店管理有限公司成立于2019年8月22日，主营酒店管理、餐饮管理，公司旗下主营项目占地面积6000平方米。茶香丽舍作为北京新民宿品牌，致力生态文明建设同美丽乡村及特色小镇的完美融合，打造精品高端民宿品牌。作为一个不断创新发展并与时俱进的现代化服务公司，通过网络宣传、线上与线下的运营结合方式，以及管家式一体化服务的发展规划，提高企业的竞争力，将酒店住宿、轰趴馆、儿童娱乐、密室逃脱、自主采摘、自助烧烤等一体化服务结合。民宿打造包括吃、住、娱、购一体化，提升传统民宿活力，满足新场景下消费群体的健康、舒适、高品质的休闲度假需求。[1]

茶香丽舍·清幽阁位于素有"西瓜之乡"之称的庞各庄镇，地处旅游观赏点的中心位置，是"大兴首家具备完善手续的高端精品民宿"，

---

[1] 《茶香丽舍》，北京市大兴区人民政府，参见：https://www.bjdx.gov.cn/bjsdxqrmzf/zjdx/mldx/2048933/2053604/index.html，2023-06-08。

于2023年入选"全国乙级民宿"名录，北京共两家民宿入选。民宿占地800余平方米，共有6间客房，有三进院落，包含阳光房、娱乐和休闲设施，是一座韵味十足的小院。院内配套齐全，一对一管家式服务，房间内用品均按照星级酒店配置，独立厨房，院内设有通透的阳光茶室，四季如春，适合聚会、团建等。周边景点包括梨花庄园、永定河畔、北京野生动物园等。

茶香丽舍，舍如其名，来到这里，空气中都充满了茶香，可以让人忘却生活中的烦恼，开启一段远离纷扰的生活。茶香丽舍民宿包含了文化体验课堂、动物互动区、儿童游乐区、成人娱乐休闲区、网红打卡区、密室逃脱区、特色餐饮区等。从分区上看，其最显著的特色便是民宿内部功能区非常丰富，可以满足不同人群的多样化需求，吸引不同年

图2-50 茶香丽舍·清幽阁民宿环境

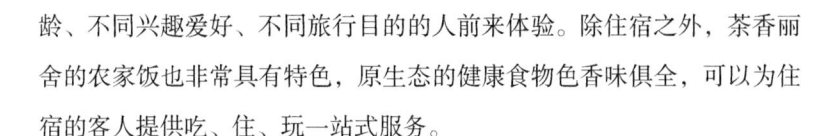

龄、不同兴趣爱好、不同旅行目的的人前来体验。除住宿之外，茶香丽舍的农家饭也非常具有特色，原生态的健康食物色香味俱全，可以为住宿的客人提供吃、住、玩一站式服务。

2. 村集体参与，实现企业、村集体双增收

从茶香丽舍的股东信息可以看出，除了自然人刘东升、天津瑞枫菁信企业管理咨询服务有限公司两个大股东外，北京市大兴区庞各庄镇赵村经济合作社也是其大股东之一。而赵村经济合作社共投资了两个企业，足见该民宿在村集体经济合作社投资工作中的重要性。

作为村集体参与民宿开发的一种常见模式，赵村经济合作社投资茶香丽舍民宿的方式被称为投资入股模式。在这种模式下，村集体与企业共同成立投资运营公司，由运营公司整体承包，统一改造、运营民宿，村集体参与经营利润分成，实现企业、村集体双增收。但由于村集体参与度比较低，在股权结构中仅占5%，所得利润预计并不高。如果村集体、村民在民宿房屋流转、民宿运营、日常管理等环节更多地参与进来，则可以分得更多的利润，促进村民增收。[1]

---

[1] 《茶香丽舍|茶香四溢 丽舍有情》，北京茶香丽舍酒店管理有限公司微信公众号，参见：https://mp.weixin.qq.com/s/9J8yNc19D5tP2aSoERMn1w，2020-09-24。

第三章

京郊民宿产业发展模式研究

一、以"联盟引领社区共生"为主的民宿区域品牌发展模式

（一）延庆民宿产业在京郊民宿发展中形成的"延庆模式"

2015年延庆首家民宿诞生。延庆在精品民宿领域起步并非最早，民宿品牌数量也不是最多，但在京郊精品民宿领域最吸引公众的注意力。2017年延庆民宿联盟自成立以来，明确自身定位、不断创新突破，从最初的单体民宿到后来的品牌民宿、集群建设，从点状布局到线性拓展，再到片区集群的跨越式发展，2018年，延庆荣获首批"全国民宿产业发展示范区"称号，山楂小院、原乡里等7家民宿荣获首批"中国好民宿"称号，2019年成功入选"首批国家全域旅游示范区"。短短几年时间，实现了区域内民宿产业结构演变与优化，民宿发展跃上了新台阶，初步探索出北方精品民宿的发展模式，成为具有示范效应的先导区域。在北京多个郊区中，延庆区总能先人一步，在多个方面进行大胆探索与尝试：建立区级精品民宿联席会议制度，成立民宿产业联盟，出台北京首个民宿产业专项奖励政策，推出北京首个地域性民宿品牌"世园人家"，成立北方首个政府主导的民宿学院……务实推动精品民宿发展，迅速打开了京郊精品民宿市场，在行业中产生了一定的影响力。

目前，民宿联盟旗下已有民宿品牌127个，近400个民宿院落，床位4000余张，遍布延庆15个乡镇，撬动社会总投资18亿元。随着"延庆人家"区域品牌名称的推出，延庆区域民宿品牌形象进入稳步提升阶段。延庆民宿联盟在北京首个地域民宿品牌世园人家的基础上，将继续逐步有序培育100家长城人家、100家山水人家、100家冬奥人家等民宿小院，形成特色鲜明、覆盖全域的4大民宿品牌。延庆文旅局已经整理好了一本《乡村的荣耀·延庆民宿手册》，里面有延庆结合"冬奥、世园、长城"3张金名片打造的"冬奥人家、世园人家、长城人家和山水

图3-1　延庆四大地域民宿品牌

人家"四大地域民宿品牌的376个民宿小院。

2017年在文旅局的指导下，成立了北方首个地区性行业协会组织——北京市延庆区民宿联盟。4年间，延庆民宿联盟秉承服务会员、服务政府、服务行业、服务社会的四大理念，出台了第一个区域性民宿评定标准和管理办法，延庆民宿联盟成为规范行业管理的重要抓手。

延庆民宿产业在发展过程中所形成的精品民宿发展的"延庆模式"，即在社区共生理念的统辖下，由政府进行宏观规划布局和行业指导，在民宿联盟统一协调下，充分发挥民宿企业的市场主体作用，依托国际会展、赛事和当地独特的自然地理资源，通过多品牌运作和主题化运营，有序推进集体经济壮大和城乡融合发展进程，协同打造全域旅游和乡村振兴示范工程。

（二）共生社区模式引领民宿发展方向

共生社区与区政府、民宿联盟、所有的民宿品牌达成共识，乃至发展成为延庆区的乡村旅游的发展理念，为此还有实践和探索。民宿是城市资源输入乡村的入口与平台，民宿更是乡村资源提升价值后的输出载体，要做好共生社区，一定要在民宿这个载体上做文章。路径探索就是共生社区生态系统打造的一个过程。围绕以精品民宿打造延庆新名片的目标，各民宿品牌在延庆民宿联盟的统一安排和部署下发挥各自优势并努力营造和谐的共生社区氛围。

社区再造模式的关键在于利用民宿这一业态，通过市民和村民建立在互信基础上的良性互动，重现介于城市与乡村之间的新型关系乡村场景，为市民游客创造城区之外的"第二居所"，让他们在深度参与中体验不一样的情境，感受独一无二的乡村社区生活。

1. 共生社区之"三农"——农业、农村、农民

解决好"三农"，即农业、农村和农民的关键是如何通过当下最符合城乡一体化发展实际的民宿业态大胆破题，做好依托民宿建立价值共同体的工作。延庆区作为国家生态文明建设示范区，"民宿+"通过文化赋能并结合其他生态产生出的无穷动能，推动融合社区的蜕变与新生。

从滞销的农产品到开发多年闲置农宅房屋，再到合作社每年获得民宿运营的数万到数百万不等的分红，村集体经济得到了发展，带动村民增收致富。民宿发展遍及15个乡镇，村民积极参与到民宿的经营活动之中，在理念、精神和思维上，同社会的发展同步同频。最具代表性的为延庆刘斌堡乡姚官岭村，它荣获了首批全域旅游示范村、全国文明村殊荣，这让村庄发生了质的改变。民宿除与"三农"共生之外，如何与民宿的消费客群共生也是民宿经营者需要考虑的问题。客人到民宿消费，除了得到绿水青山、诗和远方的田园度假体验之外，应该如何与原住居民相处呢？为此，延庆民宿联盟2020年9月15日发布《乡村旅游文明公约倡议书》，对文明消费，尊重在地习俗发出倡议，呼吁社会共生共荣。

位于延庆区康庄镇火烧营村的荷府民宿，成为该村引入的第一家精品民宿品牌。投资商与村委会积极合作，帮助村民进行资源梳理和乡村发展规划，开发闲置住宅10余处，与集体合作社联手导入外部资源，改变了该村集体经济长期空白的局面。荷府品牌通过合作社将周边具备较好基础设施的农业基地纳入经营范围，基地提供的果蔬不但满足了入住客人消费有机绿色食品的需求，而且依托在线平台运营共享农庄，以会员制形式确保稳定的销售渠道，共享农庄盘活农业大棚20余个，可满足300个会员的日常需求，为村民提供了就业岗位。基地内开辟了植物识认、动物饲养和农事体验空间，为城市中小学生接受劳动教育创造条件。荷府民宿品牌与村委会探索混合所有制的经营模式，让村集体、农户、投资商、运营商在利益共生的基础上结成更紧密的价值共同体，通过股份制企业高效运营村域共生系统，发展集体经济。

位于延庆下虎叫村的民宿山楂小院，被评为"2016年最受欢迎客栈民宿"之一，是京郊有名的网红打卡民宿。山楂小院盘活散落在村子里的8座院子形成民宿集群，通过发展高端民宿旅游，吸纳低收入农户劳动力就业，同时带动低收入农户种植小米、山楂等特色农产品，将入住客人变成稳定的消费群体，把从农户处收购的小米、山楂、蔬菜、鸡蛋等农产品加工、包装成高价值商品，确保低收入农户人均收入得到提升。山楂小院由隐居乡里平台介入运营，引入政府、扶贫机构、金融机构等形成"村集体合作社+运营商+X"的多元合作共赢模式。隐居乡里平台以乡村运营商而不仅仅是民宿产品运营商的身份介入各地民宿产业发展，这一理念就是在延庆逐渐成型孵化出来的。

石光长城与山楂小院收购乡村的山楂制成山楂汁，为村民带来额外收入，将当地丰富的海棠果资源利用起来，为游客提供地道的海棠汁，也为村民提供了收入来源。石光长城民宿主与乡镇政府联手主动建

图3-2　荷府民宿及农产品

立长城民俗文化博物馆，集中展示长城脚下的民风民俗，并为游客提供具有长城文化特色的手工艺品制作体验服务，民宿免费培训长城文化讲解员，为村民创收提供条件。针对60岁以上的村民，民宿企业按照每天一个鸡蛋加一袋牛奶的标准免费供应，5年多的时间里从未间断，让村民和游客感受到浓浓的乡情，唤醒了久违的社区记忆。

图3-3　山楂小院野生山楂

图3-4 石光长城民宿海棠汁及石光咖啡店

2. 共生社区之营商环境打造

共生社区之营商环境打造，是重中之重。目前"政府主导+市场主体"是延庆区对民宿发展或全域旅游发展的基本模式。延庆区委、区政府、各委办局、各乡镇各司其职，共同扶持全域旅游发展，成为全域旅游发展联席会议制度的首创者。延庆区制定了首个北京市民宿保险政策，对民宿的健康发展起到保驾护航的作用。2020年疫情防控期间，延庆区为民宿主搭建了融资平台，撬动贷款额度2亿元，同时出台了OTA（在线旅行社）渠道平台销售奖励政策，达成目标一致的共识，营造共生营商的环境，是民宿发展的根本。

积极引入金融机构，帮助民宿企业承担、化解风险。针对民宿投资可能遇到的资金不足和在经营过程中遇到意外情况，延庆区政府通过与北京农保、北京银行等金融机构合作，搭建起乡村旅游融资贷款平台，并推动出台专门针对民宿项目的金融产品——农宅贷等，帮助民宿主解决民宿项目建设中资金短缺、贷款难等问题。2020年受疫情影响，文旅局主动为民宿和金融机构搭建沟通桥梁，积极创新，及时出台相关规定，推出首个针对疫情防控期间民宿经营的金融产品"民宿应急保"，采取担保机构与银行"见保即贷"的合作模式，为民宿发放900余万元运营资金贷款，缓解到期资金压力3500万元，并给予宣传营销等多方面支持，为民宿企业平稳度过疫情保驾护航。

延庆精品民宿联席会成立，以联合办公的形式高效推进解决掣肘民宿发展的各项问题，为民宿投资方、运营方最大限度降低风险、打消经营顾虑，全身心投入民宿发展。联席会成立后，多次召开精品民宿监管规划、政策扶持等乡村旅游产业发展专项会议，整合多部门力量解决各项问题，尤其是设立了住宿登记联网系统、消防应急系统等，建立多方共同支持和监管的机制，形成全区精品民宿"一盘棋"的协同管理局面。正是延庆区在减少民宿审批环节、尽可能为民宿主"开绿灯"上所做的大胆探索，积累的相关经验直接被北京市制定民宿产业指导意见时吸收，为北京市出台领先全国的"一证两照一联网"的民宿审批制度奠定了良好的基础。

以民宿空间运营为核心，村委会、合作社、运营商、民宿主、村民、游客等在地或入乡主体良性互动，形成以容留游客住宿时间为周期、以满足游客享受乡村美好生活为核心的利益共同体，在共生社区建设中书写乡村营商环境治理的生动实践。山楂小院作为以运营商为主导盘活乡村闲置民宅推出的第一个品牌，就是由隐居乡里平台与延庆区刘斌堡乡下虎叫村集体合作社、投资方共同打造的托管式运营民宿，将村集体、投资商、运营商、闲置民宅房主、民宿就业村民等通过合理的利益分配机制捆绑成稳固的利益共同体。村民在家门口就业能够得到稳定的收入，闲置民宅房主在房租收入之外还能和全村居民一起获得集体合作社的年终分红，村集体也能获得收益，投资商、运营商会将部分利润划拨出来，作为乡村公共建设尤其是公共文化设施和空间的改善资金。[1]

---

[1] 张佰明：《民宿社区共生情商力》，北京：世界图书出版公司，2022年。

3. 共生社区之品牌共生营造

不管是同区域、乡镇还是同村的民宿，一定不要恶性竞争，否则彼此都会受到伤害。民宿就是要张开双臂去迎接客人，跟客人交流。为了2019年中国北京世界园艺博览会，延庆区于2018年打造了首家区域品牌民宿"世园人家"。2019年底开始打造"长城人家""山水人家""冬奥人家"，彰显延庆区的基本资源和文化背景，同时统一了延庆区品牌民宿的形象，将区域民宿品牌化。延庆区民宿品牌共生联动发力，已经涉及地铁站、火车站、广告牌、电视台等。不仅如此，延庆民宿联盟还建立了自己的客户群，目前有近300人，旺季时，群里每天几百条客户入住信息，品牌之间共生、共赢、共存、相互联动是延庆区民宿发展的主要原因之一。在此基础上，延庆民宿联盟积极与渠道方统一洽商，统一客源，抓住核心，明白大家什么需求，未来什么方向，带领大家同频、同轨向前发展，这样社团凝聚力才会越来越强大。

在品牌共生营造中，北方民宿联盟已经举办过3次民宿大会，2020年11月底，主题为"乡村荣耀，共生力量"的首届北京乡村民宿大会在延庆世园公园召开，主办地延庆区精品民宿自复工以来收入同比增长近20%，为疫情重压之下乡村民宿的逆势上扬交出了令人满意的答卷。北方民宿联盟在这个区域内借助冬奥会，借助京津冀一体化国家发展战略轨道，把北方的民宿打造成更大的跨行政区域的品牌，相信对整个区域的民宿乃至整个乡村振兴的发展一定都是非常有利的。民宿发展还在行进中，北方民宿联盟的发展将更加成熟。[1]

---

[1] 《〈乡村荣耀，共生力量〉民宿共生社区的探索路径》，网易，参见：https://www.163.com/dy/article/FT5UO3KN0524JNPI.html，2020-12-06。

4. 共生社区之产业共生发展

民宿是资源输出的载体，各类农副产品、手工艺品、美食，在各大民宿之间展示、出售就是品牌的输出。同时，延庆民宿还与各大景区联动，不定期，按节气打造延庆乡村度假产品包，包括文艺演出类旅游业态的资源共享等。

在多个民宿品牌的积极探索下，"民宿+非遗""民宿+物产""民宿+采摘""民宿+音乐""民宿+冰雪"等构成了色彩斑斓的泛文化业态，满足了市民进入乡村后"吃、住、游、购、娱、养、情"等多种需求。

图3-5 原乡里"民宿+物产""民宿+非遗"

5. 共生社区之内容共生共享

2020年8—9月，延庆民宿联盟精心打造了"延庆民宿音乐季"。4大品牌民宿，5个地点，每个点覆盖周边大约5千米，所有民宿的客人都可以到这些地方来欣赏，音乐是所有民宿共享的。多个品牌在2019年联合推出乡村Live音乐会，2020年更是升级为民宿音乐会，游客和村民以音乐为纽带，真正实现了主客共享。延庆民宿将过大年活动及冬季冰雪体验产品包等也进行了共享。

延庆区姚官岭村拥有北方第一个民宿产业集群，从建筑到院落景观、从硬装到软装布草，左邻右舍、原乡里、大隐于世等6大延庆民宿品牌积极发挥自身特色，将江南徽派、清新北欧等多种风格融于一个村落中，一经推出，就在不同群体的游客间产生了广泛的影响。2023年夏天，以"合宿、合膳、合乐"为主题的姚官岭共生社区消夏避暑节暨休闲农业"十百千万"畅游行宣传推广活动，在姚官岭村拉开帷幕，文艺爱好者、游客、村民等300余人会聚在村里，晚上村庄格外热闹，村里的夜经济也被点亮。姚官岭村在主要街道安装了网红全息投影、网红音乐钢琴灯、万盏花灯等。以共生社区为媒，以消夏避暑节活动为载体，以精品民宿为新阵地，进一步探讨乡村振兴与文旅农产业融合的可持续发展之路。

民宿不只是简单的满足刚需，更是人们追求简单、美好的一种生活方式。所以，民宿的个性化是它的基础，民宿的共性化也是其必然。把新兴的民宿行业比喻成树苗，那么肥沃的土壤（政府主导）和充足的阳光（市场主体）以及雨露（民宿产业要素共享联动）的滋润是其不可缺少的三大要素。这三大要素加起来就是共生社区的生态系统，也是共生社区实现的路径。共生社区是延庆民宿未来的发展方向和目标。

图3-6 延庆民宿音乐季

图3-7　延庆民宿过大年活动

　　延庆民宿发展倾向于整村开发、集群式管理，在政策、经营方面有着自己的特点。延庆区依托2022年北京冬奥会的契机，从旅游委到各民俗从业人员都聚力乡村民宿发展，通过建立民宿联席会制度、成立北方民宿联盟、举办北方民宿大会、成立北方民宿学院、出台民宿产业专项奖励政策、打造"世园人家"品牌、开发民宿集群项目——合宿·延庆姚官岭等一系列积极探索，推动区域乡村民宿实现快速发展。延庆区在各部门齐抓共管的基础上，将精品民宿作为推动全域旅游产业发展和乡村振兴的主导产业，进一步明确郊区"三级书记抓民宿"的管理格局，由区委、乡镇及村书记形成上下贯通、层层落实的决策链条，对民宿发展起到了最为直接的推动作用，是习近平总书记提出的"五级书记抓乡村振兴"在民宿领域落地的生动实践。

　　北方第一个民宿产业集群——合宿·延庆姚官岭，不仅实现了村庄经济的逐步发展，还先后获得了"全国乡村旅游重点村""北京市第一批人居环境验收评比满分村""全国文明村镇"等荣誉称号。合宿·延庆姚官岭采用"民宿品牌+合作社+农户"的合作方式，带领村民成立合作社，整合村内闲置资源后统一与民宿品牌公司合作。合宿小院儿，汇聚了北方民宿主要头部品牌。每处院落门前的标志牌上，除了民宿自身的品牌名外，前缀都冠以"合宿"二字。姚官岭村聚集了原乡里、左邻右舍、大隐于市、乡里乡居、石光长城、百里乡居等六大民宿品牌。

延庆区基于共生社区理念调动各方资源，从打造利益共同体到构建价值共同体，以民宿为核心、多业态共融共享的"民宿+"模式，已充分证明其在社会治理和乡村振兴中不可替代的作用，越来越深入地参与美丽乡村、幸福延庆的建设实践，并在得到广泛认可后日益加速了模式输出的步伐。

二、"长城文化+非遗传承"赋能京郊民宿产业发展模式

（一）长城文化赋能京郊民宿产业发展模式

长城作为北京的世界文化遗产项目之一，长城文化遗产与非物质文化遗产的有机结合是京郊民宿产业发展的一种典型模式。长城跨越北京6个行政区，这6个行政区又都有着丰富的非遗资源，如延庆区的永宁南关竹马、怀柔区的传统果脯制作工艺、密云区的蔡家洼村五音大鼓、门头沟区的紫石砚、昌平区的阳坊涮肉技艺、平谷区的丫髻山庙会等，这些或是传统美食，或是精湛技艺，或是民间风俗，或是音乐戏曲，蕴含了极大的文化能量，都可以与长城文化及旅游资源合理组成可看、可玩、可购、可赏的精品文化旅游线路，带动京郊民宿产业发展。

北京郊区现有民宿很大一部分集中于长城文化带附近，这是精品民宿集群发展的产业基础。根据北京林业大学的统计，长城沿线6个行政区域内的民宿总量为1067间，占京郊民宿总量的76%。长城沿线地区从20世纪末如雨后春笋般出现众多民俗接待户，近年来部分农民开始自主经营或出租给他人经营精品民宿。比如，怀柔区渤海镇精品民宿聚集效应的形成，在很大程度上得益于该镇稳固的民俗接待基础。此外，京郊

已有多个精品民宿形成品牌效应和规模化发展基础，如大隐于市、隐乡居里、原乡里等，这些民宿借助资本力量进行品牌化经营和拓展，已在长城文化带沿线区域建起多个项目。

目前从京郊精品民宿对外宣传的内容看，长城或与之相关元素的词汇得到广泛应用，如"坐拥长城""望见长城""长城脚下"等成为众多民宿主打的核心卖点。怀柔区长城国际文化村精品民宿集群的发展，很大程度上得益于慕田峪长城的区位优势，久而久之形成北京特色精品民宿聚集地，对外国游客很有吸引力。长城作为北京乡村民宿标签，已形成较高的认知度，延庆区已明确建设"奇迹长城"精品民宿聚集区，"长城人家"精品民宿已经挂牌经营，重点培育区域民宿品牌。

民宿作为游客深度体验历史文化的有效载体，如能利用好长城文化带近5000平方千米范围内664处/片保护性遗产资源点，让游客在这里获得丰富且独特的文化体验，将精品民宿作为长城文化带建设的有效载体，从而实现文化带建设与精品民宿发展的互促互进。

图3-8 慕田峪长城

图3-9 黄花城水长城

围绕长城文化带,打造区域主题民宿集群。从价值开发上看,除长城外,与长城相关的文化分为军防村镇文化、寺观庙宇文化、抗战红色文化、交通驿道文化、陵寝墓葬文化和历史文化景观等。各村镇基于各自条件,打造与长城物理元素或精神价值相关的特色项目或活动,增加民宿的文化含量。如开发研学、骑行、长跑、摄影、绘画、制陶等特色项目,每个村镇结合自身优势打造某一主题活动,形成"一村一品"的文旅活动品牌布局,全面提高乡村精品民宿的吸引力。

北京京郊精品民宿在稳步发展过程中,涌现出大隐于市等多个规模化开发民宿院落的成熟品牌,在长城文化带沿线已推出规模可观的民宿院落。这些民宿品牌能将本地文化与自然环境有机融合,并在运营过程中主动将当地民俗和非遗技艺引入民宿空间,如布艺、葫芦烙画、面塑、手工灯笼、毛猴、剪纸、中国结、草编、刺绣等,为游客提供住宿服务之外的附加值,并且将这一做法在更大范围内进行推广。

(二)非遗传承赋能京郊民宿产业发展模式

长城打铁花是孕育于北京古老长城脚下的特殊民俗文化、非遗文化，是烽火狼烟岁月兵戈之争、文化交融碰撞的产物。长城打铁花是中华传统文化、非遗文化，是中国北方八达岭石峡关地区一支奇特的民俗社火文化，有着悠久的历史。长城打铁花是一项古老的民间绝技，据说起源于宋辽时期，鼎盛于明清，至今已有千年历史，是劳动人民在实践中的智慧发明，后来演变成民间一种极特殊的社火文化，也是普通百姓祈盼五谷丰登、美好生活、国泰民安的一种特殊方式。长城打铁花是古老长城脚下记载着历史演变、文化交融的星星之火。和其他传统文化一样，长城打铁花是传统民俗文化、朴实民风的历史缩影。

图3-10　长城打铁花

再比如，杨门浆水豆腐作为怀柔区非遗，可作为与怀柔区的慕田峪长城、黄花城水长城结合的长城文化带非遗体验项目。杨门浆水豆腐始于清光绪五年（1879年），由杨坤全的高祖杨秀林始创于山东。2000年，杨坤全将杨门浆水豆腐制作工艺带到怀柔，其工艺传承至今已有140多年的历史，2011年被列入怀柔区区级非物质文化遗产项目名录。2013年在怀柔区桥梓镇秦家东庄村开展豆腐宴民俗接待。2016年在怀柔区的雁栖湖景区内成立了杨门浆水豆腐非遗文化传习所，全过程手把手教授游客制作豆腐。

图3-11 杨门浆水豆腐非遗文化体验

培育长城人家系列民宿，也是延庆区推动长城文化带建设的一项重要举措。这些融入长城文化、长城元素的主题民宿，不仅为游客提供长城脚下的生活体验和度假方式，还注重加强文物保护、挖掘长城文化、讲好长城故事。延庆区石光长城民宿的产业发展充分体现了长城文化与非遗传承的有机结合。

石光长城正是延庆区首个入选长城人家的民宿。2015年，贺玉玲回到家乡延庆，在长城脚下的石峡村租下闲置的老院子，创办了延庆首家精品民宿——石光长城。贺玉玲花了大量时间研究本地食材和人文特色，创新非遗美食"贺氏酱猪脸"，开发出长城石烹宴。他们用滚烫的鹅卵石给菜肴保温，再搭配延庆火勺、山野菜、石烹土鸡蛋和海棠汁，通过游客的推荐，长城石烹宴成了一种网红美食。一声响亮的铜锣，一顶精致的小轿，欢天喜地中乘轿而来的竟是一盆香气四溢的酱猪脸。"酱猪脸坐轿上桌"的视频曾走红网络，更为石光长城民宿吸引来一大拨路人粉。渐渐地，越来越多的游客到访曾经寂静的石峡村，吃一盆"坐轿上桌"的酱猪脸，住一晚长城小院，夜观繁星，这成为京郊微度假的新场景。深耕本地民俗和长城历史，贺玉玲将文化融入民宿运营中，建设了村史博物馆、石光长城文化书店等，把石光长城发展成集住宿、餐

185

饮、娱乐、休闲及文化体验于一体的京郊文旅新空间。走进石峡村，处处能看见长城文化的踪迹。站在村中高处，可远望长城烽火台，石光长城铺着整齐的石板路，两侧是展示长城摄影作品的长廊。穿过长廊便是石峡峪堡遗址，不远处则是石光长城与村两委合作建设的乡情村史陈列室，其中展示着村史和老物件、周边长城文化与非遗文化。这里不时有非遗传承人指导村民和游客体验非遗手工艺，还有长城义务守护员、78岁的村民梅景田讲述长城故事。2021年，石光长城获评首批国家级民宿。

图3-12　石光长城非遗美食

原乡里·三司也是长城人家系列民宿之一。2022年初，由原乡里民宿发起的原乡长城志愿者服务队成立，8月，在三司村举行的长城文物保护公益活动及"民宿+"产品发布会上，"长城故事会"活动正式启动，活动期间，原乡长城志愿者服务队与延庆区文物保护志愿者服务队共同挖掘当地长城文化故事并向游客讲解。

怀柔区三渡河村非遗蜡染馆（五六艺趣民宿），有长城文化和非遗文化。非遗蜡染馆（五六艺趣民宿），是融非遗文化与住宿于一体的院子，为传承非遗蜡染技艺而建的小院，距北京市区往慕田峪长城方向约一个小时的车程。小院位于栗花沟景区的头部三渡河村，灰瓦白墙，三面环山，充满文艺气息，在这里可以手工制作属于自己的作品，体验古法印染蜡染、扎染、植物染、掐丝珐琅画、刺绣等很多非遗课程。附近有多处景点，如慕田峪长城、箭扣长城、响水湖长城等。

业内有句话说："北京民宿看怀柔，怀柔民宿看渤海。"渤海镇位于北京市怀柔区西部，林木覆盖率达88%，有500多年的板栗种植历史，

图3-13 怀柔三渡河村非遗蜡染馆

19.2千米的明代长城环抱全镇。2023年4月，由途家民宿、渤海镇民宿协会发起，百余家民宿房东共同参与的首届北京文创民宿节在北京怀柔举行。现场的文创集市提供非遗、手工等多种特色体验，并面向消费者推出多项预订优惠活动。用户对于民宿的需求不只是住宿，还希望通过"民宿+"，得到更高的附加值，丰富旅行体验。渤海镇民宿协会秘书长姚远通过吸引非遗传承人、艺术家等将工作室建到民宿里，一方面降低双方的经营成本，另一方面丰富民宿体验，达到为双方引流的目的。"虽然现在消费者的选择更多了，但是，对于大多数消费者来说，周末去京郊走走的需求还是有的，我们要做的是想办法吸引这些消费者住下来。"近年来，渤海镇一直在大力推动传统旅游产业进行转型升级，通过闲置农宅的出租、流转，建设升级了一批精品民宿，实现由传统大众化民宿1.0版向精品民宿2.0版的转型升级发展。为了充实民宿产业内涵，渤海镇推出了慕田峪长城马拉松、古风文化节、公益绘画展等活动，希望通过文旅融合为当地民宿产业赋能。文创民宿节推出丰富的互动体验活动，适合全家出游、结伴出游及亲子互动。活动期间，文创集市共有30余位摊主提供多种特色体验。如非遗体验焦家浸烙葫芦，可现场定做烙制葫芦，还可以体验蜡染、掐丝珐琅、刺绣、绢人、中国结编织等。手工体验有香熏造型蜡烛、手工研磨皂、布艺装饰画、插花等。此外，现场还有网红餐车和市集茶坊，提供各类茶饮、小吃、围炉、景泰蓝特色小火锅、啤酒、冰激凌等。此外，周边的慕田峪长城2023年烂漫山花节也于同期举行。旅客登长城，看桃花、杏花烂漫盛开，通过景观氛围、现场互动装置等，沉浸式体验长城春光。[1]

---

1 《京郊民宿暂别高歌猛进——市场转换中回归理性》，《经济日报》，参见：https://baijiahao.baidu.com/s?id=1765822034345546995&wfr=spider&for=pc，2023-05-14。

2023年7月,八达岭长城景区举办长城非遗文化展,游客在登长城"当好汉"的同时,还能近距离接触延庆当地的非遗文化。长城非遗文化展位于八达岭长城景区南线地面缆车广场,是游客登长城、乘坐索道的必经之路。广场共设置3个主视觉打卡点和15个非遗产品展位,包含延庆文创、延庆花馍、烙画、毛猴制作、手工编织刺绣、剪纸、面塑、山核桃皮拼接、皮革技艺、传统虎头鞋帽等多个种类。全力推出的长城非遗文化展,让非遗文化进景区,引导游客"悦于购非遗、惬于享非遗、乐于游非遗",让景区的文化韵味更加浓郁。

延庆区推出"长城+研学""长城+科技""夜长城"等旅游线路产品和目的地,促进长城沿线景区从门票经济向综合消费转型,2022年全区乡村旅游共计接待262万人次,旅游收入3.9亿元,同比分别增长30.3%和62.8%。做好"长城礼物"文创品牌,开发明小兵、长城四季等长城主题系列产品。建设长城人家民宿集群,打造385家星级民宿,69家品牌民宿。加强京张文化旅游深度合作,未来将继续以京张体育文化旅游带建设为牵引,建立与张家口市的合作机制,加强资源联动,进一步推动文物活化利用,促进文旅深度融合。八达岭夜长城开放后,游

图3-14 八达岭长城夜景

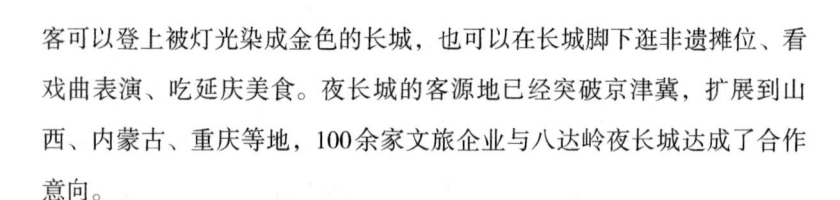

客可以登上被灯光染成金色的长城，也可以在长城脚下逛非遗摊位、看戏曲表演、吃延庆美食。夜长城的客源地已经突破京津冀，扩展到山西、内蒙古、重庆等地，100余家文旅企业与八达岭夜长城达成了合作意向。

（三）打造"门头沟小院+"模式拓展"民宿+"产业链助力文旅融合"破圈"

门头沟区地处西山永定河文化带和长城文化带的交汇处，文化底蕴深厚，拥有独具特色的民间民俗、古村、古道和史前文化、长城文化、元曲文化等人文资源。为进一步挖掘、保护、传承这些宝贵的文化资源，门头沟区主动融入北京全国文化中心建设，深入挖掘地处西山永定河文化带和长城文化带交汇处的独特优势，推动文旅资源与产业发展、乡村振兴深度融合，以期更好地找到文化赋能乡村振兴的有效路径。2019年底推出了精品民宿品牌"门头沟小院"。2020年推出了"门头沟小院+"项目，覆盖41个村，地区精品民宿迅速拓展至57家，其中创艺乡居等4家民宿达到旅游民宿国家级"五星"标准。

《"门头沟小院+"田园综合体实施方案》中指出以传承"六大文化"为依托，以"门头沟小院"精品民宿建设为载体，以产业融合发展为重点，按照"先易后难、循序推进"的方式，充分发挥典型带动、示范引领作用，用3~5年时间，在全区138个美丽乡村打造一批模式多样、定位准确、特色鲜明、宜居宜业的田园综合体项目。以《"门头沟小院+"田园综合体实施方案》为抓手，门头沟区利用自身优势大力发展生态与文旅产业，以"六四一"发展模式为基础，深入挖掘本土文化内涵，整合文化主题要素，将点状的民宿打造为"田园综合体"项目，建成首都精品民宿的门头沟样板。通过推出"绿水青山门头沟"城市品牌、"门头沟小院"民宿品牌、"灵山绿产"等地方特产品牌，发展精品旅游推动山区经济整体取得快速发展，使田园综合体的品牌效应逐渐显现。

门头沟区独具特色的生态山水、红色历史、民间民俗、古村古道、宗教寺庙、京西煤业六大文化，无一例外成为门头沟区精品民宿发展的有力依托。百花山社以住宿和餐饮两大核心民宿业态为基础，与村庄红色旅游资源、高山农业资源、山地户外资源充分联动，拓展"民宿＋红色文化""民宿＋自然研学""民宿＋山地户外""民宿＋电商销售"的产业链条。

2023年"五一"期间，由门头沟区委宣传部、门头沟区文化和旅游局主办的门头沟"小院有戏"文化品牌系列演出在门头沟区爨底下、柏峪、田庄等精品民宿群精彩上演，为游客奉上一道道文化盛宴，"门头沟小院"的入住率和营业收入与2019年相比分别增加229.46%和325.26%。时任门头沟区文旅局局长的夏名君说："'小院有戏'活动受到广大市民和游客的欢迎，拉动了文旅消费市场的复苏。打造'小院有戏'文旅消费新场景，通过空间上的突破，推动文旅融合的'破圈'发展，实现经济效益和社会效益相统一。"据了解，门头沟区现有精品民宿96家，正着力打造潭柘寺镇、王平镇、斋堂镇三大游客集散中心。为更好地承接微度假目的地的外延，门头沟区根据地域山水、文化资源禀赋，将全区精品民宿划分为12个片区，如在民俗文化集中的片区引入燕歌戏等传统剧目，让市民体验山地戏曲的魅力；在生态山水为主的片区引入草坪音乐会等形式，发挥山水田园的独特优势；在古建筑集中的片区引入昆曲、音乐会等演艺形式，打造演艺新空间，激活消费新场景。

门头沟区在"小院有戏"文化品牌谋划之初，就充分考虑小院与农村集体经济、农民利益之间的关系，推动企业与村集体建立利益联结机

图3-15 门头沟"小院有戏"活动

制,构建"公司+集体+农户"三大主体利益联结机制,让村集体和村民享受门头沟"小院+"带来的红利,村集体通过参股、管理等方式获取收益。小院精品民宿发展进一步带动农业种植、采摘等周边产业发展,将周边旅游资源导入小院之中,村庄人居环境通过发展小院得到改善提升,实现推动乡村产业振兴,成为门头沟区助推乡村振兴的新引擎。[1]夏名君说:"未来,我们将不断探索、延伸、拓展'小院有戏'品牌内涵和外延,打造'小院+'系列子品牌,促进乡村民宿特色发展,为农民致富、乡村产业振兴源源不断地注入动力。比如,打造'小院有礼',搭建非遗文创、农产品展销的平台;打造'小院有朋',发挥小院对外交流、国际交往的功能;打造'小院有学',搭建地质研学、观星、观鸟、陶艺等平台。"夏名君表示,门头沟区还将持续推动"小院+田园综合体"建设,拓展"市民菜园"空间,更好地融入乡村振兴的大局之中,不断丰富"小院+"内涵,积极探索"绿水青山"向"金

---

[1] 《北京市门头沟区:打造"小院+"演艺新空间助力文旅融合"破圈"》,中工网,参见:https://baijiahao.baidu.com/s?id=1766752699909964 4121&wfr=spider&for=pc,2023-05-24。

山银山"转换的有效路径,实现共同富裕。

三、以"农文旅融合景村合一"为主的"民宿+"推动乡村振兴产业模式

(一)民宿为农文旅助力,农文旅为民宿赋能

把当地农业特色、历史文化融入民宿中。民宿作为典型的文旅产品,住宿只是其核心功能,尚有更多功能需要开发。以1天24小时计算,"宿"只占1/3,其他2/3的时间则需要更多内容填充,这样才能让游客感觉物有所值,只用环境优美、空气清新这些生态资源价值来为精品民宿定价正名的话术是苍白的。

平谷区拥有丰富的自然与农业资源、深厚的历史积淀和独特的地方文化。近年来,当地以乡村民宿为切入点,将文化旅游、农业体验、文创产品、新媒体等进行结合,盘活农村闲置资产,解决本地村民就业,增加农民收入,助推乡村振兴。平谷区作为农业大区,农产品资源丰富,同时,平谷历史悠久、文脉延承,上至10万年前的人类活动文化遗址,下至600年历史的长城文化在平谷交融绽放。当地通过把农业特色、历史文化融入民宿中,打造富有平谷特色的新型民宿。

位于平谷区金海湖镇凤凰山脚下的"凤鸣四季"精品民宿,名称源自附近的凤凰山。它处在九龙二虎山的山脉上,前身是一座闲置的小学旧址,民宿在此基础上重建成为新中式小院,起了这个引人遐想的好名字。这里曾有凤凰筑巢的美丽传说,民宿的装饰、布置等均以凤凰为主题,以一年四季对房间进行设计和命名,遂得名"凤鸣四季"。为了让民宿更有文化气息,在这个被果园包围的院子里,特地养了6只美丽的孔雀,因为孔雀最接近传说中的凤凰,能为民宿赋予雍容典雅、吉祥平

安的美好寓意。民宿院中还养了其他动物，让这个院子更有生气和观赏价值。住在这里的小朋友在管家的指引下能认识许多动物，可以跟这里的鸡、鸭、狗、兔子等一起玩耍，还可以体验种菜、摘菜、攀爬树木，这里可谓是自然科普的乐园。小朋友还可以自由自在地荡秋千，在草坪上尽情欢乐，听着孔雀清脆的叫声，运气好的时候还能欣赏孔雀开屏的绚丽身姿，这种满足感是在其他地方无法享受到的。

绿水青山是平谷亮丽的名片，良好的生态是平谷突出的优势。平谷以乡村民宿开发为纽带，将民宿与当地的文化活动相结合，以亲子、文化、养老、农耕、夏令营为主题，推出春播文化、桃花文化、金海湖樱桃节、红色党建活动以及相关文化交流活动，在给游客提供温馨舒适的住宿环境之余，丰富了乡村文化的形式和内涵。

北京乡博博文化旅游发展有限公司（简称"乡博博"）总经理张海龙是"85后"，也是土生土长的平谷人。在他的带领下，团队在平谷13个乡镇落地了32个民宿项目，带动100余家民宿发展，为附近村民增收3000余万元。坐落于平谷区黄松峪乡塔洼村的"家里有矿"民宿，因附近曾有出产金砂的矿山而得名。民宿为游客特别设置了在院子里挖矿的环节，让客人模拟淘金的过程，感受淘金的乐趣，也让这里成为自带话题的打卡地，满足了年轻人和亲子群体的需求。

紧邻京北著名红螺寺景区的芦庄村，130多家民宿和新业态酒店集聚于此。近年来，游客对乡村旅游的期待已不再只停留于自然风光。乡村美食、民俗风情、高品质住宿体验等都是重要的考虑因素。围绕更新更高的要求和标准，作为民俗旅游村，芦庄村着力在精品民宿服务和接待上下足了功夫，丰富文旅业态、完善配套设施、创新饮食休闲体验、打造红螺寺佛教文化衍生的特色素食餐饮产业：ins风格的咖啡厅、书院等，满足游客的多元消费需求。芦庄村党支部书记卢文泽介绍说："芦庄村作为怀柔区最早发展的一批民宿,已经有20多年的经验,现在仍然在不断地创新业态。2019年开始,村里还建起鑫汇民民俗旅游专业合作社,通过'支部+合作社带动',加强对民宿的安全、服务、卫生等方面规范管理,同时增加对村民日常管理服务方面的培训,提升整体服务质量和水平。如今村里的民宿经营能够解决全村超过300人的就业需求,全村90%的收入来源于民俗旅游收入。"[1]

(二)农旅一体化民宿发展模式

门头沟区斋堂镇白虎头村挖掘内部资源,形成了农旅一体化发展模式。白虎头村在发展精品民宿的同时,依靠市农科院等多个科研所帮助,开展林下经济,建成了高效食用菌大棚、日光温室草莓大棚,引进景观草、耐寒猕猴桃、鲜食玉米、食花百合等,实现了从传统农业向精品农业的转化,并推出了多种形式的旅游活动,如观光采摘、果树认养、小菜园认养等。精品农业的发展为旅游发展提供了产业支撑,促进了精品民宿的发展,真正实现了农业与乡村旅居融合发展的农旅一体化发展模式。

白虎头村坚持原汁原味和原生态,打造"最乡村"生态宜居村,提出"最乡村"经营理念,为游客提供静谧的"最乡村"体验。对于旅游民宿建造,坚持保持当地房屋原貌,修旧如旧,运用当地木梁、石瓦、水缸、旧筐、锄头、茅草等营造住宿环境,充分展现出原生态的"最乡村"味道。对于住宿体验的舒适度,在原生态基础上融入了现代元素,体现高品质,让游客感受"最乡村"的生态宜居环境。

---

[1] 《怀柔镇精品民宿带动乡村旅游提质升级》,北京市怀柔区人民政府网站,参见:https://www.bjhr.gov.cn/ywdt/bxsbs/202211/t20221108_2854070.html,2022-11-08。

在当地政策支持下，白虎头村积极招商引资，打造精品民宿。2018年与地产企业朗诗集团签订了精品民宿开发框架协议，合作成立北京朗诗虎跃旅游开发有限公司（以下简称"朗诗乡居"）。目前村内已有4个院落改造成精品民宿投入运营，引企引资入村，企业参与指导旅游民宿运营，打开了白虎头村以精品民宿为主基调的乡村旅游新局面。2020年疫情让旅游业遭受重创，但白虎头村的旅游民宿当年营业收入仍达到了100多万元。有客人花7万元在朗诗乡居住了28天，展现了"最乡村"的魅力。至2021年底，全村共有9个院子经改造成为精品民宿，并开始运营。白虎头村从传统农业转化为精品农业，旅游民宿也从村民的生活空间拓展到让客人体验高品质乡村慢生活的最佳选择。"最乡村"的生态宜居理念，让游客感受到乡村原有的味道。

（三）景村合一，融入乡村，与乡村相融共生

密云老友季民宿与金叵罗村形成了彼此助力、相融共生的发展模式，老友季打造原住民、原住地和原生态文化的"三原民宿"。民宿运营以来，与村庄共建共生，探索城乡共建理想乡村的模式，充分挖掘村庄物产及旅游资源，用生活来分享乡村田园美学，用乡村生活方式吸引客人与金叵罗村建立长期的生活关系，使老友季成为城市人在乡村的亲戚家，使金叵罗村成为他们的第二居所。

老友季有一个很鲜明的特点，就是不单纯是个民宿，而是基于村里配套呈现出更好的游览体验。游客前来，大多是期望沉浸式体验乡村生活。金叵罗村有容纳几千人的农场乐园、上千亩有机蔬菜和粮食，有咖啡店、甜品店、面包店，还有乡村花园。这些丰富的城市化新业态与乡村完美融合，客人可以体验"山上有鸡有羊，地里有菜有粮"的乡村生活。老友季不仅是村里发展产业的参谋助手，更成为城市资源入乡的

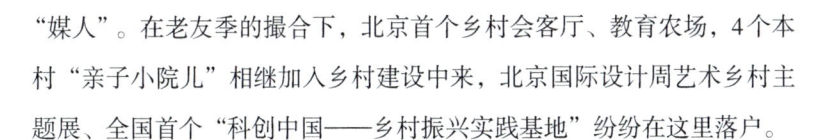

"媒人"。在老友季的撮合下，北京首个乡村会客厅、教育农场，4个本村"亲子小院儿"相继加入乡村建设中来，北京国际设计周艺术乡村主题展、全国首个"科创中国——乡村振兴实践基地"纷纷在这里落户。

随着农旅结合的快速发展，民宿作为新窗口，通过吃住玩的深度、优质的乡村体验，有效地将金叵罗村健康的生活方式传递出去，将吸引更多的人了解金叵罗村，来到金叵罗村。在北京，单一民宿比较难成为长久的旅行目的地，但如果所在村庄成为目的地，成为大家理想中的"第二居所"，民宿相对更容易长久生存。

四、以"乡居度假模式"为主的民宿产业发展模式

通过乡村闲置农宅的统一收租，并进行整体改造与度假化利用，将村落打造成为高品质的乡村旅游度假区，并塑造特色乡村度假品牌，实现"一个乡村就是一个野奢度假综合体"的目标。

（一）以乡居度假模式为主的村落特征

1. 村落生态优良

与传统旅游不同，乡居度假模式对于乡村区位交通的要求较低，往往选择较为偏僻的村落。这种村落生态优良，环境幽静，最重要的是原生态的乡村味道浓郁，这种天然的、保存良好的乡土气息恰恰是乡居度假模式开发的重要载体。

2. 房屋空置率高

部分房屋空置是乡居度假模式开发的重要条件。闲置的农宅减少了

项目前期的工作程度，容易进行资产流转，并易于对房屋进行改造升级。因此，乡居度假模式一般选取"空心村"或新村搬迁之后的废弃旧村，既避免了闲置资源的浪费，又使得偏僻无人居住的古村落焕发新的生机。

3. 建筑风貌良好

乡居度假模式要求村落民居建筑多为传统老院落，风貌特色突出，由砖石或木头等材质建成的建筑更能彰显乡村的质朴乡土气息，建筑外貌、结构等保存完整，具有较高的改造价值，便于构建与城市现代化建筑风格形成强烈反差的度假乡居模式。

（二）乡居度假模式特点

1. 闲置农宅整体打造

将闲置农宅集中进行整体打造，由村集体对村内空置民宅统一租赁回收，通过引入外来企业资本或自筹资金，进行整体度假化改造，构建具有一定规模的度假区域。

2. 高端度假品牌塑造

对于闲置农宅的改造要求文化性、乡土性与品质感兼顾，追求外旧内新、外质朴内奢华的效果，塑造独立的度假品牌。

3. 村民参与乡村营造

乡居度假模式，根植于乡村生活，村民的参与必不可少，可通过探索村民房产、土地入股，或聘请村民为度假村（区）员工等多种方式，促进村民就地就业，激发村民参与乡村旅游的热情，实现社区居民的持续参与。

（三）乡居度假模式的构建

1. 唤醒沉睡资源——实现闲置资产流转

闲置资产流转是乡居度假模式成功开发的首个关键因素，也是重要的资源获取途径。农村闲置资产流转，实质是一次城乡要素流动的改革，是推进美丽乡村建设和增强农村集体经济、增加农民收入的一种探索。一些乡村中，农民拥有的土地、房屋等资产普遍闲置"沉睡"，财产权、收益权得不到有效体现，进而造成了农村产权资源错配或闲置浪费。乡村闲置资产流转能够唤醒沉睡的闲置资产，发挥资产价值，进而实现一定收益。

（1）闲置资产流转的本质

闲置资产流转的本质是资产所有权不变，通过出租其使用权来实现闲置资产的价值。农民依然对所拥有资产享有所有权，流转只是将其资产的使用权进行出租、出让等，资产的所有者会以租金、分红等方式获益。

（2）闲置资产流转的关键

闲置资产流转能否顺畅，关键要看承租方的经营效益，这是维持其对农民租金承诺的现实基础。在充分尊重农民意愿的前提下，提供足够的效益保障，才能够让农民自愿参与到闲置资产的流转中来。

（3）闲置资产流转的形式

闲置资产流转可以采取多种流转形式，出租、出让、转包、入股等为闲置资产流转的主要形式。

出租：是农户与承租方之间在一定期限内的资产使用权转移，农户自愿将全部或部分资产使用权出租给承租方，承租方给出租方固定的收益。出租的期限一般由双方协商确定，最长不超过承包合同的剩余期限。出租流转的步骤一般为村集体统一收购（收回）闲置资产；农户在获得一次性补偿后，自愿放弃土地、房屋等的使用权；承租人和村集体协商租赁价格、租期（一般是20年），并签订房屋租赁合同。

入股：即农户将全部或部分资产的使用权作价为股份，参与股份制或股份合作制经营，以入股的资产使用权作为分红依据，股红按经营效益的高低确定。该模式体现了旅游业"利益共享"的精神，在旅游开发的同时，兼顾村民的长远利益，获得就业机会或从事经营工作，使他们能够长期分享旅游收益。

转包：主要为闲置土地流转形式，即土地承包方将全部或部分承包地的使用权给第三方，转包期限在不超过土地承包合同的剩余期限内由双方协商确定，转包方与发包方的原承包关系不变。

出让：主要为闲置土地流转形式，即取得一定量的土地补偿后放弃土地承包经营权剩余期限的形式。这部分被征用了土地的农民，在按有关规定获得资金补偿后，就将土地使用权交给发包方或当地政府，从而再转交给建设方，承包方对这部分土地的使用权即行终止。

2. 规范开发方式——整合开发、乡土时尚结合
（1）开发主体
①村集体统一整合开发

村集体通过自筹资金的形式，将村里闲置的农宅流转过来，进行统一的整合开发。保留农宅外观，对内部进行装修改造，满足高端度假需求。如密云区古北口北台乡居农宅专业合作社由村里12人发起成立，成

员出资总额52.7万元，对村里闲置资产进行统一开发和经营管理。

②村集体与专业旅游公司共同开发

村集体通过引入外来资金的形式，与专业的旅游开发公司合作，对村里的闲置资产进行统一的整合开发。这种开发形式解决了资金不足的问题，并且开发相对专业，能够更好地把握市场需求，有针对性地开发产品。村集体可与专业旅游公司组成旅游合作社，通过合作社负责资源整合和统一开发。如密云区山里寒舍，由北京北庄旅游开发公司和村集体共同成立北庄镇干峪沟旅游合作社，合作社为合作开发（股东）单位，负责资源整合、开发及提供配套服务。

（2）开发要点

①乡味保留与展现，最大程度展现乡村风貌

建筑材质乡土化：乡居度假的改造讲求文化性、乡土性，外表古朴陈旧，与周围环境融为一体，不突兀，不张扬。改造过程中最大限度地使用当地材质，如石材、木料、稻草等，尽力呈现传统民居形态，营造浓郁的乡味建筑。

旅游体验乡土化：旅游体验虽是乡居度假的软性资源，却涉及深入内心的情感反馈。在旅游体验活动的开发中，要最大限度地利用村落中的乡土资源，如农田、果园、乡村家畜家禽等小动物，以及生产生活工具、场景等，配套现代休闲理念，形成极具乡土特色的乡村体验产品，提升游客的度假情致。

度假氛围乡土化：乡居度假，以"乡味"为氛围基底，一方面展现乡村原生态景观，古树老井山花、石磨草屋篱笆，营造出浓郁的乡土意境；另一方面，最大限度地保留乡村原有的生活状态和生活气息，将乡村居民的生产生活状态作为重要的无形资产，耕种的村民、喂家禽的农妇及房前屋后休息的老人，都是乡村景观的重要组成部分。

②高端品质度假，最大程度提供舒适奢华体验

满足度假功能，是乡居度假模式的重要特征，也是乡村旅游升级的重要表现。在追求乡土、质朴的同时，兼顾度假的品质与舒适。外旧内新、外朴质内奢华的反差组合，更营造出独特的度假体验。

3. 专业的资产运营管理方式

（1）运营主体

①专业运营管理公司

在对闲置资产进行统一整理和开发的基础上，可以引进专业的酒店运营管理公司进行运营管理。这类公司对酒店有着专业的运营管理理念，可以有效、专业地管理乡村酒店，以获取相应的收益。如山里寒舍专门引入了马来西亚雪邦黄金海岸酒店管理公司对其进行日常管理和运营。

②村集体统一运营管理

村集体可以通过合作社的形式，进行统一经营管理。由合作社统一进行结算，统一分配客源，在利益分配上以逐年递增的形式，为入社的闲置农宅合作社农户分配红利和租金，从而防止恶性竞争。

（2）运营要点

①全力塑造度假品牌

运营管理过程中，有意识地进行度假品牌培育和塑造，力求以特色的项目开发，打造乡村旅游度假品牌，以完善的运营管理塑造品牌，并逐渐实现品牌延伸和品牌输出，在一定区域内进行品牌复制。

②充分调动农民积极性

一方面，让农民充分参与其中。优先考虑本地现有居民以及返乡居民就业，并积极组织农民培训，调动农民的积极性，项目开发充分利用

乡村现有资源，在力求不改变居民生产生活方式的基础上，为农民带来收益。另一方面，让农民真正获得收益。

4. 三方共赢，乡村效益升级

（1）投资开发商——经济效益与品牌效益

乡居度假模式的成功开发建设，一方面可以获得相应的经济回报，另一方面，随着项目的投资、开发、运营管理及营销推广的系统化运作，会形成自身的度假品牌，在一定区域内会逐渐形成品牌号召力，形成连锁运营模式，通过模式复制获取更大的品牌效益。

（2）农民——最直接的受益者

乡居度假模式中，农民是最直接的受益者。其收入来源主要分为三部分，即租金收入、分红收入及工资收入。

①租金收入

农民将闲置土地（宅地）、房屋等资产以租赁的形式流转，果园、农园等的经营权也可一并外包，农民每年收取租金。比如山里寒舍，提供给农民每个宅院的年租金为6000元，每亩耕地年租金1000元，每5年递增5%，果园等的租金每5年递增20%。

②分红收入

村民可通过房产、土地等方式入股，成为股东，每年不仅有固定的租金，年底还能按入股多少和项目的效益获取一定的分红。入股分红有助于社区村民的持续参与。

③工资收入

乡居度假模式的开发建设为当地居民提供了大量的就业机会，推动村民就地就业的进程。随着大量工作岗位的释放，如客房服务、安保巡逻、卫生保洁、农场耕作、果树管护等，为村里的原住居民和在外打工的农民提供就业岗位，使他们成为挣工资的新型农民。

（3）乡居度假模式——推动乡村升级发展

乡居度假模式的建设过程中，会同时推进乡村公共交通、供水供电、垃圾和污水处理、通信和劳动就业服务等体系的建设，推动乡村公共基础设施升级，使现代、文明的生活方式与农村田园牧歌式的传统生活方式有机地融合，促进乡村的可持续发展。

5. 乡居度假模式——密云山里寒舍

密云山里寒舍是从"空心村"华丽转身成为乡村度假区的典型代表。

山里寒舍位于北京东北部的密云区北庄镇的干峪沟村，距离北京108千米，是一处由古村落改造成的乡村酒店群。山里寒舍将整个村子的宅基地和农民的田地进行租用，在废弃或闲置的宅基地上改造建设86套创意乡村民居及15亩（1万平方米）公共配套功能设施，形成山里寒舍创意乡村休闲度假区，开发的配套设施还包括会所、高尔夫球场、马术场、SPA中心、会议中心、多功能娱乐中心、泳池、手工坊、农耕博物馆、观光车等。

山里寒舍（系列）乡村精品酒店，是北京唯一的连锁式乡村度假酒店。其中，"山里寒舍·干峪沟"荣获"2014年中国最美休闲乡村"称号，是全国29个特色民居村北京唯一的入选单位，拥有北京山区极为罕见的水源地风景。

2015年2月山里寒舍与首旅酒店签约，成立了首旅寒舍酒店管理公司。集团下属的各个酒店，外表均保持乡村的原始生态特征，内部则是五星级精装修，提供管家式服务，自然清幽的山谷，奢华与朴素混搭，舒适和自然结合，将城市化的星级酒店享受与乡村自然宁静的生活相结合。

山里寒舍希望提供给人一种优雅的山居生活，当人们来到改造后的古村落时，会发现这儿具有城市生活所不具备的一切美好。层层叠叠的院落依山而建，还有中餐厅、西餐厅和咖啡馆。精心设计的房间，包括现代化的厨房和卫生间。在这里，阳光、微风和色彩，以及家具材料每一处细节都完美地结合。这些院子将客人的生活体验与山区的四季美景，人性化地结合在一起，让客人更放松。

（1）山里寒舍开发前

由于地处偏远，交通不便，干峪沟村村民逐渐外迁，导致大量民居闲置乃至荒废，村内民居空置率高达80%，成为名副其实的"空心村"。干峪沟村户籍人口仅有41户71人，平均年龄超过60岁，常住人口不足20人。随着年龄结构逐渐老化，年轻劳动力纷纷外出谋生，造成土地和山场无人打理，全村43处宅院，大多处于闲置状态，村庄日益凋敝，了无生机。

（2）山里寒舍开发后

2013年，旅游开发公司，以50年租用、2套闲置房入股合作等形式，收租了村里废弃或闲置的宅基地（或集体土地），对村落的供电、给排水、通信、网络等基础设施进行高规格建设，并将传统民居院落改造成为高品质的度假酒店，以"奢华与朴素混搭，舒适和自然结合"为特色，将城市化的星级酒店享受与乡村自然宁静的生活相融合，并配套了游泳池、高尔夫球场、儿童游乐场等休闲度假设施，目前开放的院落，入住价格从1500元至4000元不等。通过这一模式，村民不仅可以获得稳定的租金，同时还成为山里寒舍的员工，获得相应的工资收入，而干峪沟村的土地、果林等各类资源也得到了系统盘活，昔日荒凉的"空心村"变身成为国际范的乡村度假区。

（3）山里寒舍成功之路

①有效的土地流转

在山里寒舍的带动下，干峪沟成立了旅游专业合作社，着眼于干峪沟村独特的自然人文资源及特殊的旅游市场需求，有效推动土地、房屋流转，在不改变所有权前提下，村民以房屋、果树、土地入社，集零为整，委托企业统一管理。利用这些废弃或闲置的宅基地（或集体土地），改造建设40套创意乡村民居及15亩（1万平方米）公共配套功能设施，形成了山里寒舍创意乡村休闲度假区。

②最乡土的资产升级开发

山里寒舍最大的特点就是具有乡村的原始生态特征，开发不破坏当地环境，保留了原有的古老建筑外貌。在开发建设过程中，最大限度地使用当地的石材和木料，最大限度地保护民居的原始状态。酒店房间在原有老房基础上改造装修而成，从外面看还是村民老宅，木门、木窗、椽子、石头院墙等都得到保留。而室内却别有洞天，糅合了中西设计，融合了古朴与现代理念，创建了古朴而不失现代化的混搭风。五星级的客房及卫浴设施、中西餐厅、无线网络覆盖，是最乡土的资产升级模式。

③有力调动农民积极性

A. 最大限度保障农民权利

旅游开发公司与干峪沟村村民签署了一份为期20年的委托经营合同。20年后，如果村民对现有的经营状况和收益表示满意，可通过召开村民代表大会的形式，优先续租给开发企业。开发若干年后，根据村民意愿，项目经营权、基础设施、房屋和土地使用权将一并交回他们手中，也可以继续委托开发企业经营。这种模式，最大限度地保障了农民的土地所有权。

B. 最大限度确保农民收益

山里寒舍为村民提供了租金、分红及工资等多种收益，全村人均年收入达2万多元，在企业就业的社员年收入超过5万元。出租房屋、土地、果园等均可以获得租金，还可以入股合作社，按照经济效益和入股比例获取一定的分红，另外北庄镇政府还监督企业为村民优先安排就业，为村民提供土建维修、客房服务、安保巡逻、卫生保洁、农场耕作、果树管护等力所能及的工作。山里寒舍还吸引了本地青年回流，现在山里寒舍的客房部主管、餐饮部主管、大客户经理，都是北庄镇土生土长的子弟。

五、以"质朴乡土，纯净自然"为主的民宿产业发展模式

（一）主打自然之美的民宿发展模式

密云区文旅局推出的赏花、观星、打卡网红民宿等活动同样深受消费者欢迎，区内10余家精品民宿被评为北京网红打卡地，主打自然之美的美山澍、米棉庄园、大城小苑、陌上花开民宿，主打基于自然环境亲子农耕采摘的乡志·圣水鸣琴、山今宿、子亥·觅雲（云）民宿等。陌上花开乡村民宿坐落在国家AAAA级景区雾灵山北麓。这里迈一步跨两省，抬一脚踏四县（滦平县、密云区、承德县、兴隆县），又称"鸡鸣四县"之地。这里年平均气温23℃，水源丰富，负氧离子高于北京城区5～8倍，山水相间，森林覆盖率达86%。游客坐在院子里，便可欣赏远处绵延不绝的山峦。

密云区美山澍民宿，打造了现代化的民宿体验生活，天地人和，自然为美，夜看星空，晨看日出，远离喧嚣的城市生活，住进连绵山中，呼吸大自然的清新空气。美山澍的主人张美洁在接受《美宿中国》采访

图3-16 密云区美山澍民宿

时说:"美山澍设计理念就是要打造一个远离城市的喧嚣与繁华,让内心真正放松和愉悦的秘境。"打开北京地图,最东北部的密云山间有一个黑山寺村,山脉、溪泉、古村落一应俱全,还拥有首都生态文明村和"北京最美丽的乡村"等荣誉称号,美山澍就选址在这里。张美洁说:"这里的风景美得像小时候背过的诗,故事多得如学生时代看过的小说。民宿跟周围环境融合,还原了最本土的乡村气息。"美山澍民宿还是孩子们研学农业的基地,寒暑假期间,孩子们一同在美山澍民宿研学农业,与大自然亲密接触,与果农们交流,体验果蔬种植及了解科学知识,学习烘焙美食。研学基地为孩子们打开了全新世界和全新体验,让孩子们体验多元化的户外活动。

(二)森林康养与民宿结合

走进大房山,住进国家森林公园。漫步云岭,栖居山房,与山野为伴,清净自在。在房山的幽幽山谷中,有一家避世美居,整个房屋墙壁都是由石块垒砌而成的,显得质朴典雅。奇山怪石,造就绮丽的山野风光。春日暖阳下,山间的树木葱茏,梨花悄然绽放,似雪如烟,点缀了萧瑟的山谷,带来一抹活泼的春意。在云岭山房民宿漫步云岭山野,眺望连绵起伏的山峦,邂逅山间活泼的小松鼠,踏青赏春,怡然自得。房山区左岸花园民宿发展模式为主打"住在森林里的花园民宿",民宿坐落在北京市房山区青龙湖镇水峪村,青龙湖岸边,庭院深深,花色满园,民宿故名"左岸花园"。它坐拥万亩私家森林公园,松岭含碧水,林海藏花谷,有崇青水库滋养,万亩森林公园环绕,目及之处,树木郁郁葱葱,碧波万顷,这里是北京的后花园,是久寻不得的森林秘境。民宿为古朴小院,半山而落。篱笆、花墙、藤架,三两棵繁茂的老槐树,微风徐来,树影婆娑,美成了一首静谧悠远的田园诗。五处相邻院落,以低矮的篱笆为界,老旧的木门遮掩,青石板铺路,曲径通幽,一院一世界。民宿具有欧式的花园小景,充满着想象和艺术的空间,中西风格完美融合。左岸花园民宿的主打花是绣球,庭前树下满是蓝蓝粉粉的绣球花。花园庭院,开窗即芬芳,娇香的米兰、傲放的凌霄花、高雅的山茶花、淡雅的丁香花,几十种花草装饰着小院。

诸如此类的民宿还有北京怀柔区喇叭沟门原始森林白桦小筑,其周边有千亩白桦林,林间夹杂着各种颜色的树叶、花草。还有昌平区延寿镇湖门村"银山宿集"是由"草木缘居"全面提质升级而来的,这里是森林康养与民宿群的结合。目前,该宿集共打造了"吉栗舍""柿子红了"等10套民宿院落,不同主题都将古典与现代融合,为游客提供多种居住选择。走进湖门村,周围绿树环绕、鲜花绽放、道路干净整洁,整齐精致的民宿伫立在山水间,远看村落古香古色,近看建筑文艺范十足。步行约10分钟,便可到达银山宿集,置身于此,不见喧嚣,只有鸟鸣和徐徐微风。还有房山区的圣水莲庭精品民宿,民宿坐落在半山腰上,山下就是云水洞景区和上方山国家森林公园。

圣水莲庭是以文化康养和森林疗愈为主题的禅意精品民宿,坐落在华北地区保存最完好的原始次生林上方山旁,海拔约500米,负氧离子丰富。这里四季分明，全年对外开放，来这里的游客，春天采摘香椿，夏天观云避暑，秋天登山赏红叶，冬天攀爬冰瀑，四季都有不同的乐趣。明朝被誉为"黑衣宰相"的一代高僧姚广孝晚年曾隐居于此，这里非常适合修身养性。目前，民宿共有12套客房。房型各有千秋，大多有禅椅或榻榻米，可以打坐冥想，也可以品茶看书。

  北方的民宿比较粗犷，圣水莲庭在房间内的配置却细致体贴，体现了对康养的关注。茶具是拿过日本和德国设计大奖的汀壶，小台灯是拿过红点设计大奖的平衡灯；床垫床品都是品质较高的定制产品，牙刷牙膏是日本的环保材料所制；小香皂则是民宿主人带领员工用精油和植物皂基做出来的，闻起来有茶树或薰衣草的清香。五星酒店级别的床品只为打造让住客身心舒适的睡眠和休息环境。大部分房间有浴缸，民宿主人还是芳香理疗师，会给客人免费配置一些舒缓疲劳或润肤美肌的精油。民宿不定期组织一些与主题相关的沙龙活动，如爬山、书画写生、辟谷、禅茶、瑜伽、太极、扎染、手工精油皂制作等；同时还有静心康养主题工作坊和旅修活动，为顾客提供一处远离闹市的山居庭院，让人在自然中回归自我，实现内在成长和改变，并可以提供定制的与身体对话系列课程。圣水莲庭民宿是圣水天缘旅游文化有限公司建成的样板民宿，公司计划5年内在周边扩建和改造升级10~50套民宿，打造文化康养和森林疗愈的民宿集群地。[1]

（三）原生态民宿发展模式

  密云区风林宿位于黑山寺禅味小村，该村是植被覆盖率高达96%的

---

1 《【北京住宿】圣水莲庭民宿》，有旅游看天下，参见：https://www.visitbeijing.com.cn/article/47QlswBWkRN，2019-11-08。

原生态山村，这里路不拾遗，夜不闭户，是人们心中的世外桃源。风林宿共有8处院落，散落在山村里的树木掩映间，风林宿遵循自然哲学的生活方式和生活态度，任何设计和建设都不能破坏山村里的自然美，保留素朴、淡雅、宁静与平和的环境。风林宿是一种生活方式，与青山为邻，花鸟为伴，绿树成荫，伴着村口大云峰禅寺的晨钟暮鼓，清静、悠闲。放下繁忙、焦躁、忧思，你只负责在这里清享几日回归自然的慢生活，被自然滋养，同家人、朋友享受欢乐时光，或自己安静地独处，其间或能找到内心那份自在的纯真。

老友季，位于北京市密云区金叵罗村，距离密云水库1000米。村庄三面环山形似叵罗，故名金叵罗。这里盛产小米和樱桃，每到5月的樱桃节和9月的开镰节都会吸引上万市民前往。环村公路两旁绿意盎然的谷子地，还有200亩菜地，以及为游人打造的农耕体验区和原生态儿童乐园，这里是用生活来分享田园美学的理想乡村。老友季民宿主人深爱自然，将这两座百年老宅打造为花草庭院，上百种植物在这个空间里热闹地生长，随处都是生生不息的力量。老友季民宿拥有自己的菜地，食材大多自产，院里大姐们的厨艺很好，客人吃到的，是久违的小时候的味道。

山里寒舍在废弃宅基地上改造建设了29套创意乡村民居，酒店外表保留着乡村的原始生态特征，外部均保留着原有的古风古貌，木门、木窗、椽子、石磨呈现出时间的印记；内部则是传统古朴的装修风格，木门木窗加衬玻璃，青石铺地，安装了地暖设施及麦秸秆取暖锅炉等。民居均历时百年，古朴自然，建材多为山石和当地树木，一家一院，高低相间，错落有致。引入"原乡"设计理念，以乡土文化景观风貌为核心吸引点，保存乡村百年老宅整体景观风貌，适当改变其内部装修与设施，尽量留存旧样式的家具摆设，使乡村保持质朴的乡舍韵味。

第四章

京郊民宿产业人才供需研究

一、京郊民宿产业人才需求情况调研

（一）调研方案设计

1. 调研背景

随着国家和北京市不断释放政策红利，北京市乡村民宿市场热度不断增加，营商环境持续优化，京郊民宿进入井喷式增长的高速发展阶段。与此同时，北京市人民政府官网公布的数据显示（见图4-1），近10年来北京市乡村人口数量及占比正在不断减少，揭示京郊民宿产业正面临巨大的人才短缺，需对人才供需情况进行深入调研分析，查明产业发展的人才困境。

图4-1 近10年北京市人口数量变化趋势

当前，我国乡村民宿人才培养正处于起步阶段。2022年6月，人力资源和社会保障部正式将"民宿管家"纳入新版职业分类大典，标志着民宿人才进入专业化培养新纪元，也表明了全社会对民宿专业人才发展前景的信心。2022年11月，安徽省率先出台了地方标准《民宿管家服务规范》（DB34/T 4330—2022），但在国家层面及北京市范围内目前尚无相应的职业标准规范出台。在学历教育领域，2021年的《职业教育专业目录》（教职成〔2021〕2号）中首次增设了民宿管理与运营专业，专业教学体系仍处于初步建设阶段，课程标准还有待完善。根据科教评价网（www.nseac.com）统计，截至2024年全国仅24所高职院校开设民宿管理与运营专业，比2023年减少1家。而在北京除有24所职业院校开设旅游管理相关专业或其他民宿相关方向的专业外，尚无专门开设此专业的职业院校，因此，专业技术技能人才输出量在3~5年内仍无法满足乡村民宿产业的高速、高质量发展需求。

由于职业教育密切对接地域经济发展需求，专业技术技能人才培养具有强烈的地域差异性，所以京郊民宿产业人才培养应注重与其他地区进行区分。人才需求是人才培养的逻辑起点，厘清地域人才需求现状正是京郊民宿产业寻求高质量人才培养的首要工作。放眼京郊地区，业界对乡村民宿人才需求普遍缺乏调研，对京郊民宿产业人才的实际需求现状也缺乏客观统一的了解，因此亟待对京郊民宿整体产业的人才需求现状开展深入调研。本研究对接京郊民宿一线经营主体，利用问卷调查法对京郊民宿产业人才培养需求现状进行具体调查，并针对调查结果进行逐项分析和多元分析，形成翔实的调查结论，打开了京郊民宿人才培养的需求侧视角，为提升京郊民宿产业人才培养质量，推动整体产业良性高质量发展提供有力支撑。

2. 调研方式

本次调研采用问卷调查法，以京郊10区乡村民宿人才需求为调研内容，利用问卷星微信小程序，通过微信（群）向调查对象下发网络调查问卷的链接和二维码。本次问卷填报周期设置为一个自然月，自2023年7月25日至2023年8月24日。在此期间，向京郊10区同时发放调查问卷，最终收到来自8个地区的有效问卷共233份。问卷回收完成后，利用问卷星小程序后台统计数据进行调研结果的整理、汇总，通过频数分析、描述分析、可视化分析、对比分析等分析方法进行统计数据分析，得出调研结论。

3. 调查对象

本次调研依托北京市旅游行业协会民宿分会会员平台及相关区文化与旅游主管部门资源，覆盖京郊10区，以各区乡村民宿运营主体为主要调查对象开展问卷调查。

在文化和旅游部发布的2021、2022、2023年全国甲级、乙级旅游民宿名单中，北京市共有11家乡村民宿入选，其中甲级民宿5家：北京荷府民宿（2022，延庆）、北京一瓢客栈（2022，门头沟）、老友季（2023，密云）、百花山社精品民宿（2023，门头沟）、北京净隐南山民宿（2023，延庆）；乙级民宿6家：石光长城精品民宿（2021，延庆）、合宿·延庆姚官岭民宿（2021，延庆）、圣水莲庭民宿（2022，房山）、茶香丽舍·清幽阁民宿（2022，大兴）、后院Rareyard（2023，昌平）、北京伴月山舍民宿（2023，延庆）。根据北京市旅游行业协会发布的2022、2023年北京市乡村民宿等级评定结果，京郊共有621家符合等级标准的乡村民宿，其中星级民宿369家（五星级37家、四星级90家、三星级242家，2022），甲、乙、丙级民宿252家（甲级30家、乙级118家、丙级104家，2023）。通过分析各区目前的全国及北京市等级民宿分布情况（见表4-1），在乡村民宿产业发展水平方面可将京郊各区大致分为三个梯队。

表4-1 北京郊区中全国及北京市等级民宿数量统计表

北京郊区（按等级民宿总数降序排序）		等级民宿数量（家）											
		全国及北京市等级民宿总数	北京市星级民宿（2022）				北京市甲乙丙级民宿（2023）				全国甲乙级民宿（2021—2023）		
			小计	五星级	四星级	三星级	小计	甲级	乙级	丙级	小计	甲级	乙级
第一梯队	延庆	179	133	9	26	98	41	4	18	19	5	2	3
	怀柔	149	68	13	29	26	81	9	34	38			
第二梯队	门头沟	62	36	3	7	26	24	3	11	10	2	2	
	密云	60	37	4	11	22	22	4	9	9	1	1	
	房山	57	37	6	9	22	19	1	12	6	1		1
第三梯队	平谷	45	19			19	26	5	9	12			
	昌平	42	18	2	1	15	23	2	15	6	1		1
	大兴	16	10		2	8	5		2	3	1		
	通州	12	4		2	2	8	1	6	1			
	顺义	9	6		3	3	3		1	2			

第一梯队——延庆区、怀柔区。延庆、怀柔是北京郊区中乡村民宿产业发展最早、发展趋势最好、发展水平最高的两个区。虽然两区的甲乙级民宿与星级民宿具体数量存在差异，但在高、中、低各个档次均有不俗表现，表明两区的乡村民宿产业发展具有势态良好、发展均衡的共性特征。此外，两区毗邻京北生态涵养发展区，在乡村民宿产业的发展逻辑方面也较为相似，都是主要依托气候、山水等自然地理优势，以及以长城文化为代表的历史人文资源。

第二梯队——房山区、密云区、门头沟区。得益于地方政府政治意识和顶层设计，三个区的乡村民宿产业发展势头相当，均有超过20家三星级民宿、10家左右四星级民宿、5家左右五星级民宿，且房山区、门头沟区各有一家全国甲乙级民宿。在三区中，门头沟区、密云区是北京市生态涵养发展区，生态旅游资源丰富；房山区是北京市重要的经济发展区域之一，也是近郊区，交通便利、自然资源丰富。

第三梯队：昌平区、平谷区、大兴区、顺义区、通州区。这5个区在发展乡村民宿产业时均受到不同程度的自然环境与地理因素限制，其中昌平区、大兴区、顺义区、通州区为近郊区，以疏解主城区居住需求、行政职能和发展现代产业集聚区为主要功能，景区资源相对较少；平谷区虽为生态涵养区，但距离主城区最远，交通相对不便利。

此外，门头沟区与乡村民宿产业发展较好的延庆区、怀柔区、密云区等生态涵养区不同，并非主要依托景区与人文资源发展乡村民宿经济，而是通过顶层设计将精品民宿发展纳入地区产业发展规划，依托"两山"理论的不断创新转化带动精品民宿建设，特色发展"门头沟小院"精品民宿产业体系，形成了独特有效的乡村精品民宿发展路径。截至目前，全区已有登记备案的"门头沟小院"精品民宿96家，精品乡村民宿建设成果显著。北京市乡村民宿产业发展以品牌化、精品化、高端化为主要发展趋势，因此本次调查依托门头沟文化和旅游局与京西精品旅游研究中心资源优势，选取与门头沟文化和旅游局及京西精品旅游研究中心合作紧密的乡村精品民宿运营企业作为重点调查对象。

4. 调查问题设计

为确保问卷合理、连贯，避免无关问题或冗余问题，打破地域限制，达到真实调研效果，本次调查以"京郊民宿产业人才需求调查"为主题，选取市场调查的问卷类型，通过自填式网络问卷的形式开展调查。具体调查问题设计逻辑为：首先，因本次调研主要针对人才需求情况，研究对象较为主观，为帮助被调查者更好地理解问题并提供尽量准确、可靠的回答，在问题设计时按照由简到繁、由宏观到具体、由一般到深入的逻辑顺序进行组织；其次，为避免被调查者在回答时感到困惑或疲劳，增加调查结果的可信度，单个问题的题目尽量简明扼要，在各个功能部分中通过适当设置多个分支问题循序渐进达到深入了解观点的目的，确保问题清晰、具体、中立；再次，为提高填报人员的积极性和诚实度，同时便于开展调查结果的分析研究，本次问卷在进行答案设计时以封闭式主观选项为主，在部分有必要的题目选项中适当设置开放性可填项作为主观补充。综合以上逻辑，本次调查问卷共设计5个功能部分、25个问题（调查问卷详见附录1），其中填空题3道，单选题14道，多选题8道，客观题5道，主观题20道。

问卷第一部分是对京郊民宿基本信息的调查，包括京郊民宿的名称、联系人、联系电话、投资形式及所在行政区，主要用于基础信息的统计分类与分析，设置第1～5题，共5个问题，占比20%；第二部分是从宏观上进行调查，主要调查民宿运营主体对行业人才供给水平的主观认识，设置第6、7、11题，共3个问题，占比12%；第三部分是京郊民宿对人才需求情况的调查，包括数量、岗位、类型、学历要求、性别、专业、技术技能、综合素质等，主要调查京郊民宿对人才的细分需求，设置第8～10、12～16题，共8个问题，占比32%；第四部分是京郊民宿对民宿管家及职业培训取证需求的调查，设置第17～22题，共6个问题，占比24%；第五部分是运营主体对专业人才培养认知与参与态度的调查，设置第23～25题，共3个问题，占比12%。

（二）调研分析

1. 有效问卷中各行政区占比

如表4-2所示，本次调查共回收有效问卷233份，覆盖民宿数量约达北京市乡村民宿总数（4965家）的4.39%。将各区回收有效问卷数量与民宿总数进行趋势对比，发现除本次调查的重点对象门头沟区外，各区回收有效问卷数量分布基本符合各区民宿数量分布情况。

表4-2　京郊各区有效问卷回收情况统计表

行政区	有效问卷数量（份）	占问卷总数比例	各区民宿总数
通州区	1	0.43%	30
平谷区	12	5.15%	477
顺义区	1	0.43%	7
怀柔区	127	54.51%	2220
昌平区	1	0.43%	37
门头沟区	44	18.88%	392
房山区	0	0.00%	509
大兴区	0	0.00%	400
密云区	6	2.58%	293
延庆区	41	17.60%	600
合计	233	100.00%	4965

此外，本次回收京郊各区问卷较多的依次为怀柔区、门头沟区、延庆区、平谷区和密云区。怀柔区和延庆区为京郊民宿产业发展的第一梯队，可以反映出京郊最发达、最前沿民宿产业的人才需求情况；门头沟区与密云区作为第二梯队的代表，可以反映出京郊民宿产业发展潜力最大的生态涵养区、近郊区对人才的需求情况；平谷区作为第三梯队的代表，可以反映京郊民宿产业发展相对迟缓地区对人才的需求情况。

综上，本次调查问卷回收数量基本符合预期效果。

2. 京郊民宿的投资形式

在被调查的京郊民宿中，79.83%为民众自发组建，7.73%为企业投资建设，5.58%为政府支持建设，1.29%为村集体参与的村企合作、合作社等其他投资形式，5.57%为民众自发组建、企业投资建设、政府支持建设3种形式中的2~3种形式的组合投资形式。通过可视化分析（见图4-2），发现当前京郊民宿以民众自发组建形式为主，企业投资与政府支持为辅助形式，且企业与政府的投资参与度较低，揭示当前京郊民宿市场资源不均衡，市场流动性高，投资风险较高，抵抗风险的能力较弱，整体产业仍处于较为初始的发展阶段。此外，还出现绝大部分民宿为单一投资形式，主要由于行业相关政策制度尚未完善，投资比例、合作形式及利益分配机制还不成熟，市场规范与政策支持程度低，合作风险高于合作收益，不同投资主体间的合作意愿较低，整体产业发展水平及稳定性有待提升，同时也提示产业发展研究可向多元主体合作路径、合作机制与相关政策制度建议等方面作进一步探索。

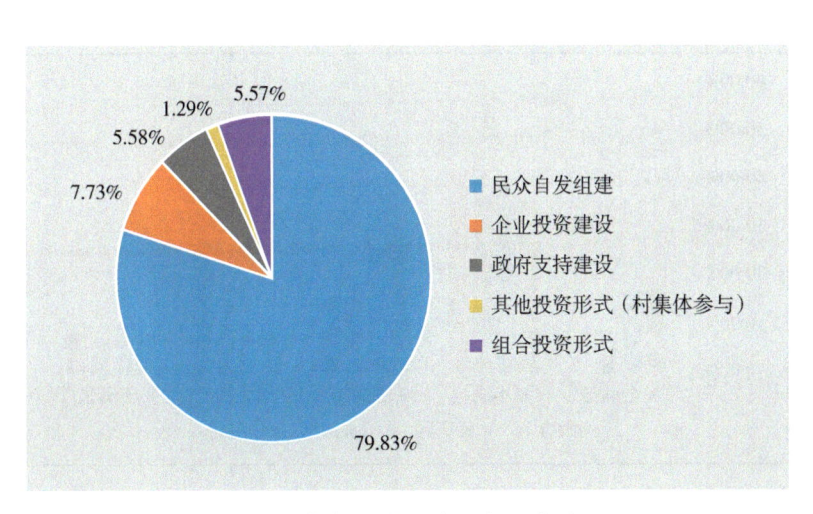

图4-2 京郊民宿投资形式调查结果

3. 京郊民宿运营主体对民宿产业人才供给情况的看法

本次问卷调查的第二部分主要研究京郊民宿运营主体对民宿产业总体人才供给水平的看法。

（1）京郊民宿人才供给满足度

首先通过第6题调查京郊民宿运营主体对民宿产业人才供给满足度的看法。在被调查的京郊民宿中，15.02%认为"完全满足"，39.06%认为"基本满足"，26.18%认为"一般"，11.59%认为"不太满足"，8.15%认为"不满足"，反映出在京郊民宿行业内对市场人才供给满足程度基本认可，但仍有待进一步加强。值得注意的是，对回收问卷超过10份的区进行可视化分析（见图4-3），发现不同梯队的区中京郊民宿对人才供给满足度有不同看法：第一梯队的怀柔区、延庆区中，大部分运营者认为行业人才供给基本满足或完全满足实际人才需求，少数运营者认为"不太满足"或"不满足"；在代表第二梯队的门头沟区中，认为"完全满足"的比例大幅下降，认为"不太满足"和"不满足"的比例

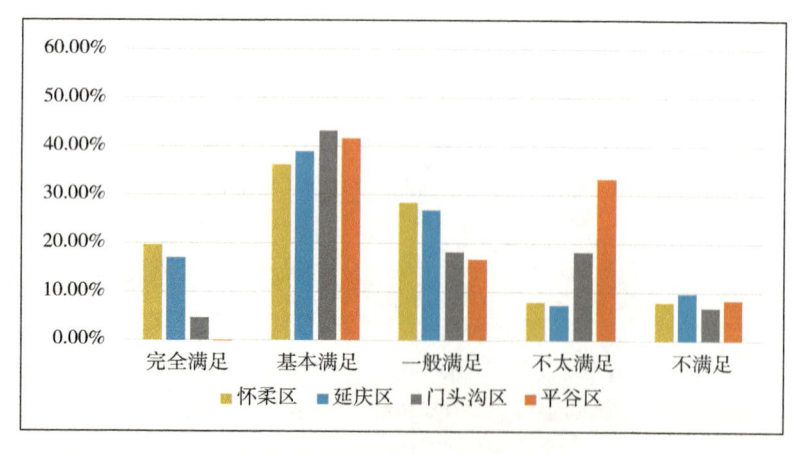

图4-3　回收问卷超过10份的京郊地区民宿产业人才供给满足度调查结果

有所上升，但仍处于相对良性与平衡的状态；而在代表第三梯队的平谷区中，尽管有超过40%的民宿运营者认为"基本满足"，但是认为"一般满足"或"不满足"的运营者比例显著提升，说明区域内人才供给满足度与产业发展水平正相关。人才是产业的核心支撑，随着京郊人口不断减少，人才资源也在不断流失，如何提升京郊民宿人才输送体量已成为推动京郊乡村民宿产业人才振兴的首要问题。

（2）京郊民宿人才供给适配度

问卷第7、11题分别调查京郊民宿人才招聘情况与用人中存在的问题，可以综合分析运营主体视角下京郊民宿产业人才供给的适配度现状。对这两个问题，各地区京郊民宿均呈现一致化感知。对于人才招聘情况（见图4-4），京郊民宿经营者15.88%认为所有岗位都可以按需招聘到人才，48.50%认为基本上可以按需招聘到人才，21.46%认为仅有部分岗位可以按需招聘到人才，14.16%认为很难按需招聘到人才，表明现阶段京郊民宿产业的人才供给与实际需求适配度处于中等稍偏上水平。与此同时，在用人过程中京郊民宿经营者58.37%认为存在对"综合素质要求高，符合要求的人才少"的问题，30.47%认为存在"从业人才

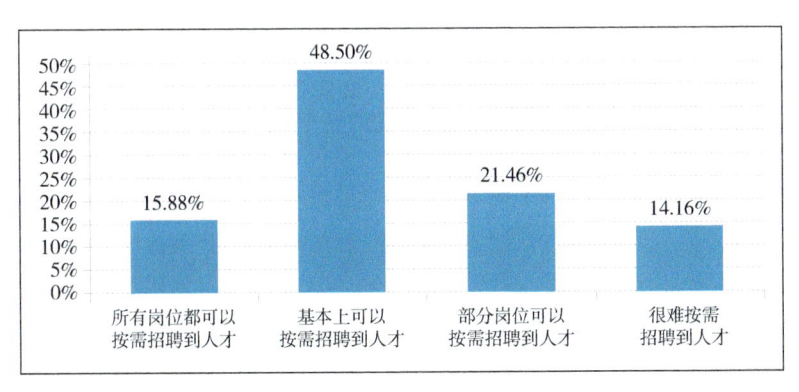

图4-4 京郊民宿人才适配度情况调查结果

专业对口率低，培训成本高"的问题，29.61%认为存在"从业人才文化水平偏低"的问题，21.89%认为存在"技术技能人才严重匮乏"的问题，15.88%认为存在"人才流失严重"的问题（见图4-5），表明京郊民宿产业人才供给适配度低最大的制约因素是高素质人才短缺与专业教育的缺失，其次是文化水平偏低、技术技能人才严重匮乏以及人才流失严重。

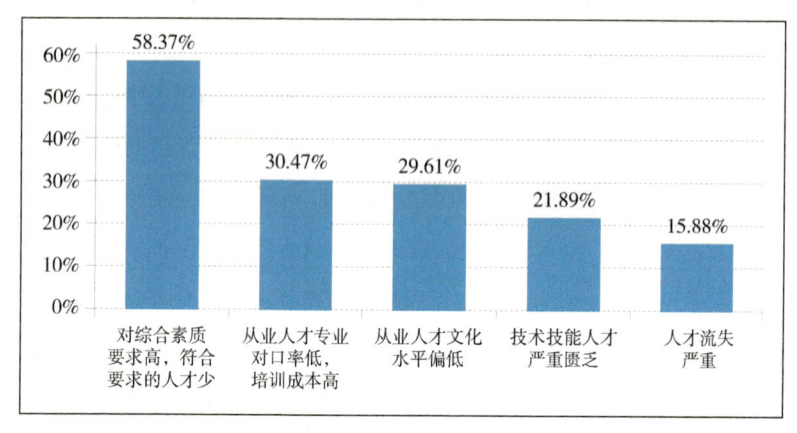

图4-5 京郊民宿用人中存在的问题调查结果

经营管理人员的能力素养在很大程度上决定了整体产业的发展质效，由于京郊民宿通常规模较小，相比传统住宿业更强调个性化和自主化服务，岗位的融合性和交叉性很强，对从业人员的专业能力和综合素养要求很高。京郊民宿产业发展仍处于初级阶段，当前京郊民宿产业的人才在专业、能力、综合素质等方面仅能勉强与实际岗位需求相匹配，若不能进一步提高人才供给适配度，将无法满足整体产业提速升级与可持续高质量发展的人才需求。因此，需进一步加大对专业型高素质技术技能人才的供给，北京及周边地区的相关院校在开展乡村民宿专业人才培养的过程中要注重贯通供给链与需求链，将教育链紧密对接产业链、岗位链，积极探索特色化的产教融合校企合作路径，培养对口支撑京郊民宿产业高质量发展的高素质专业技能人才。此外，由于主城区各方资源的虹吸效应，京郊人口的不断流失也预示着业内高素质技术技能人才的加速短缺，如何完善行业专业人才引入与保障政策也亟待考量。

4. 京郊民宿产业人才需求画像

（1）年均人才需求数量

如图4-6所示，京郊民宿年均人才需求数量整体较少，73.39%的民宿每年仅需要5人以下，18.03%的民宿需要5~9人，6.44%的民宿需要10~19人，仅2.14%的民宿需要20人及以上。通过加权平均法估算每个京郊民宿每年平均需要人才数量约为5人，乘以京郊民宿总量4965个，可推测京郊民宿产业每年人才需求总量约为2.5万人。

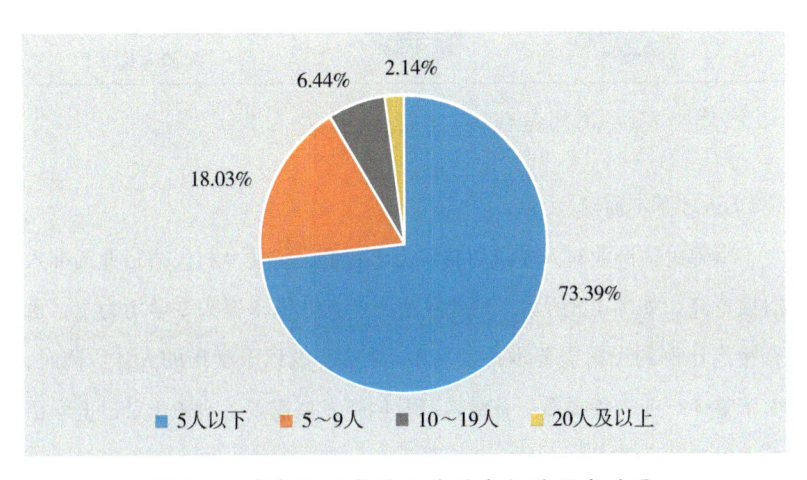

图4-6 京郊民宿年均人才需求数量调查结果

此外，如图4-7所示，不同投资形式的京郊民宿对人才的需求数量也有所差异。在民众自发组建的京郊民宿及村企合作与合作社形式的京郊民宿中，绝大部分民宿年均需要的人才数量在5人以下；在有企业和政府参与投资的京郊民宿中，年均人才需求数量有所增加。由此可见，民众自建或村集体主导建设的乡村民宿普遍规模较小，管理体系相对简单，对人才的需求量较小，而有企业和政府参与的乡村民宿通常更具规模化、体系化，因而会更重视人才与管理。

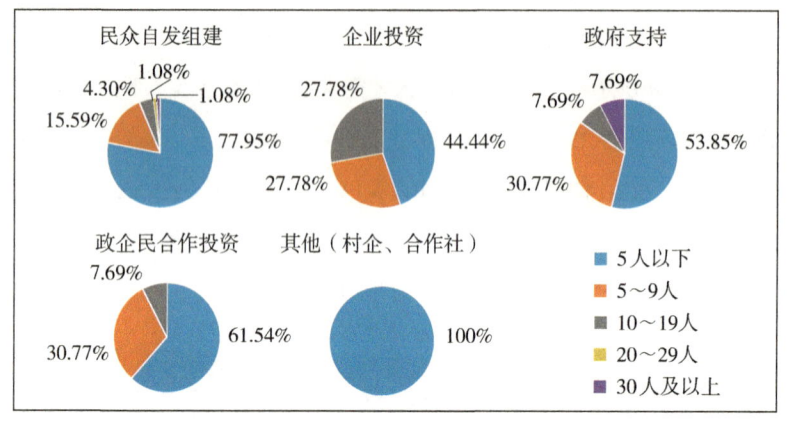

图4-7 不同投资形式的京郊民宿人才需求数量调查结果

（2）人才基本需求

京郊民宿产业对人才学历整体需求较低，说明乡村民宿行业的准入门槛不高。如图4-8所示，京郊民宿产业人才需求以大专学历为主，也有相当比例的民宿需要本科或高中（中专）及以下学历的人才。同时，由于整体行业管理提质、升级转型及创新发展需要，对硕士及以上学历人才也有部分需求。

通过对比不同投资类型的京郊民宿对人才学历需求（见图4-9），发现民众自发组建、企业投资及政府支持投资的民宿对各等级学历的人才均有需求且需求比例相近，而村集体参与或主导的民宿对人才学历需求

第四章 京郊民宿产业人才供需研究

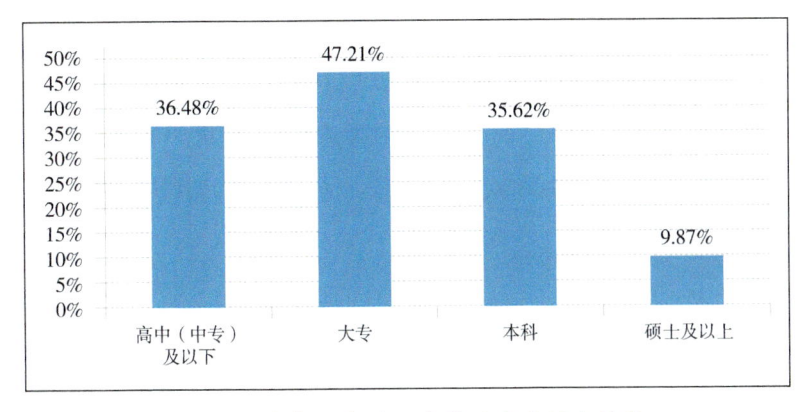

图4-8 京郊民宿对人才学历需求调查结果

最高，仅需要本科及以上学历的人才，对大专及以下学历的人才没有需求。分析主要由于不同投资运营主体经营理念与管理体制的发展程度不同，对人才自身能力的需求就各有不同。

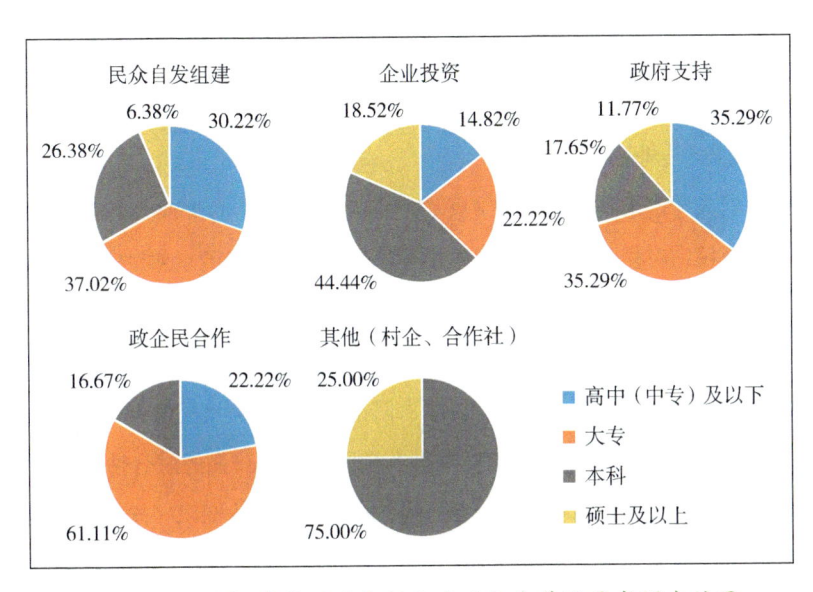

图4-9 不同投资类型的京郊民宿对人才学历需求调查结果

此外,如图4-10所示,绝大多数京郊民宿不将性别作为用人考量标准,部分民宿则显示出对女性人才的需求偏好。

综合京郊民宿对人才的学历、性别等基本需求现状,可以看出京郊民宿产业对人才的基本需求广泛而开放,没有特殊的选择性,整体行业准入门槛较低。

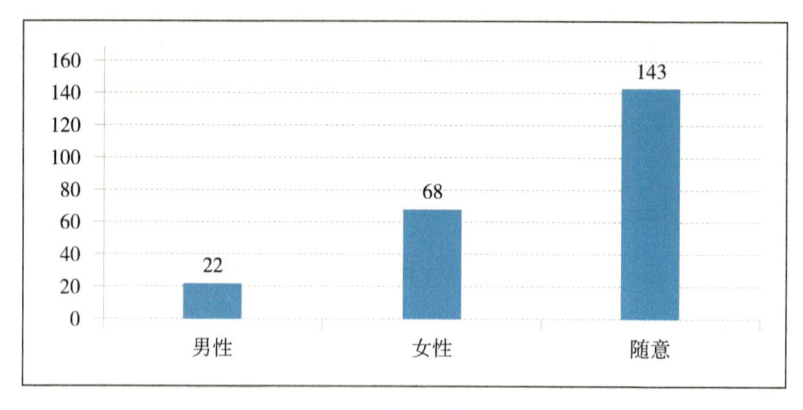

图4-10 京郊民宿对人才性别需求调查结果

(3)人才专业需求

对人才需求类型的调查结果(见图4-11)显示,有45.49%和45.06%的京郊民宿对复合型和通用型人才有需求,有40.34%的京郊民宿需要技能型人才,有33.05%的民宿表示需要创新型人才。复合型人才是指综合能力较强且具有突出专业技能与经验的人,通用型人才一般指拥有多种技能且通常具备良好的沟通、协作、创新等综合能力素质的人。京郊民宿对这两类人才的普遍需求反映出乡村民宿行业较强的融合性与交叉性。技能型人才是指在服务行业一线,具备一定专业知识、技术及操作技能的实践型人才,也是职业教育的人才培养目标,超过四成的京郊民宿需要技能型人才,体现出相关民宿产业存在较大人才缺口。创新型人

第四章 京郊民宿产业人才供需研究

才是指具有创新精神和创新能力的行业拔尖人才,京郊民宿产业对此类人才的需求,体现出京郊民宿产业对升级转型、发展模式创新及特色化高质量发展的迫切需求。

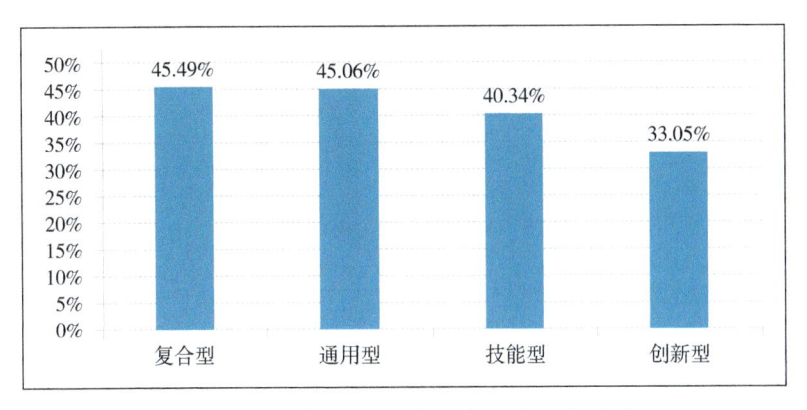

图4-11 京郊民宿人才需求类型调查结果

如图4-12、4-13所示,京郊民宿对岗位需求程度由高至低依次为民宿管家、营销人员、客房服务、餐饮服务、升级业态服务、维保人员、前厅人员、人力管理、财会、其他(全能型);对人才专业需求程度由高到低依次为民宿管理与运营、酒店管理、旅游管理、其他(厨师、维修、保洁、客房服务等)。其中,民宿管家这一职业的需求度为49.36%,而民宿管理与运营专业的需求度更是高达84.98%。由此可见,京郊民宿产业发展除对传统住宿行业所需的客房服务、餐饮服务、维保人员、前厅人员与人力管理等岗位人才及酒店管理、旅游管理等专业技能人才有普遍需求外,对民宿专业技术技能人才的需求尤为紧迫。

229

图4-12 京郊民宿人才需求岗位调查结果

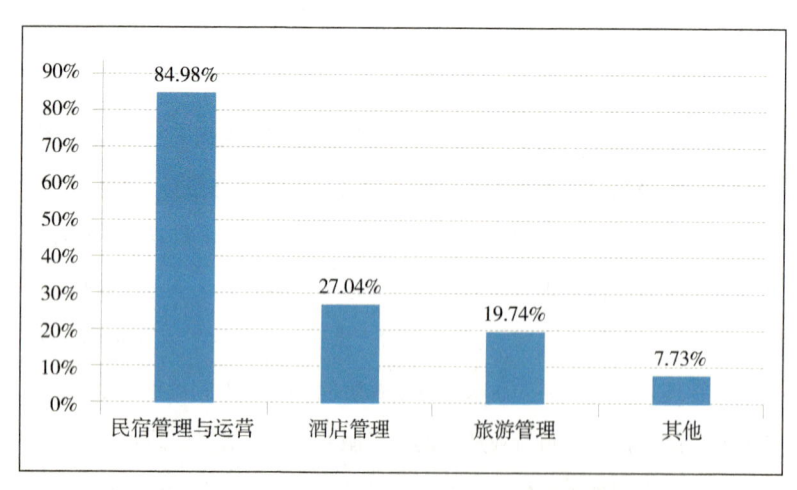

图4-13 京郊民宿人才需求专业调查结果

(4) 人才技能需求

第15题中的选项是民宿管理与运营专业人才培养对标的主要技能，通过调查京郊民宿对各项技能的需求程度，能帮助北京及周边地区高职院校确定民宿管理与运营人才培养的重点方向与内容。如图4-14所示，京郊民宿对人才专业技能需求程度由高至低依次为新媒体宣传、新业态及增值服务、一般接待与服务、活动策划、地域文化挖掘及呈现、民宿创办、产品创新与开发、服务质量监管、信息化管理、应急处理、安全管理、政策与法律法规、心理学、财务管理、外语。其中，对新媒体宣传、新业态及增值服务能力的需求甚至超过了对一般接待与服务能力的需求，表明京郊民宿产业已与传统住宿行业和服务业有了本质区别，其推广路径、业态发展等都在朝着现代化、多元化、数字化的全新方向发展，因此也亟待提升对高素质专业人才的培养。

图4-14 京郊民宿人才专业技能需求调查结果

对人才综合素质需求的调查结果显示（见图4-15），京郊民宿对人才综合素质需求程度由高至低依次为敬业精神、应变能力、人际交往能力、工作经验、营销意识、表达能力、知识面广。

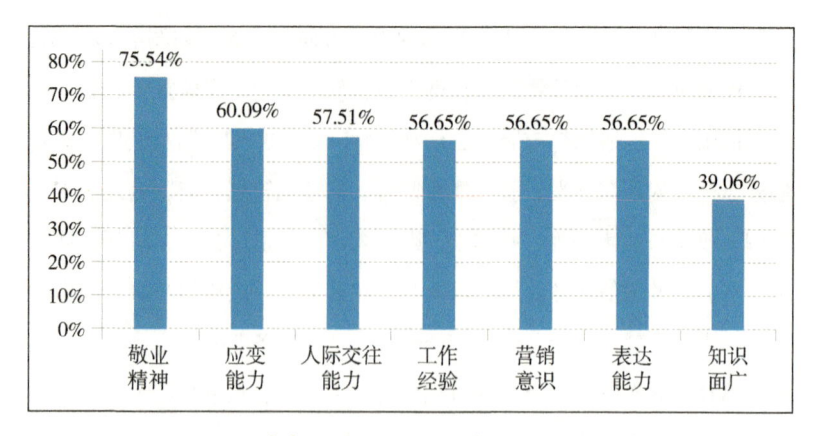

图4-15 京郊民宿人才综合素质需求调查结果

5. 京郊民宿职业培训需求

（1）培训需求内容

职业培训的需求前提是职业本身受到行业内的普遍认可，对行业的发展有实际而具体的推进功能，为厘清京郊民宿产业对职业培训的需求，第17题首先调查了"民宿管家"这一新职业在京郊民宿行业中的认可度与具体需求程度。如图4-16所示，京郊民宿运营者31.76%认为"民宿管家"已成为一份必需职业，46.35%运营者认为"可以考虑"，有21.89%认为"不需要"。该结果表明，已有部分运营主体对民宿管家这一职业有了较为深入的认知与认可，并认同该职业在行业内的实际作用，这部分民宿将有较大可能安排员工参加相关职业培训；持可以考虑聘用态度的京郊民宿近半数，且仍有少部分京郊民宿未对该职业产生认同感，说明有相当一部分运营主体对"民宿管家"的认知与认同不透彻、不全面、不明朗，对其前景持观望态度，同时也表明民宿职业标准建设与职业培训体系建设仍然任重道远，亟待完善。

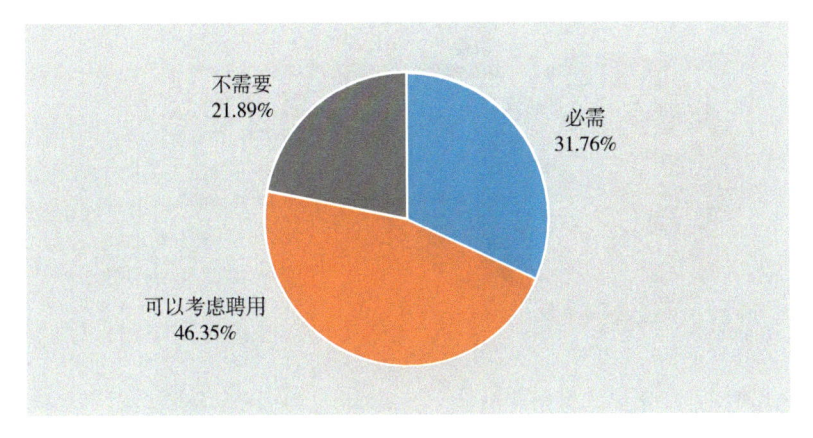

图4-16 京郊民宿对民宿管家培训需求调查结果

在对员工职业培训需求内容的调查（见图4-17a）中发现，京郊民宿对职业培训的需求与对民宿管家的需求程度相近，有36.05%的民宿经营者认为需要对员工进行职业培训，而超过六成的民宿经营者认为不需要对员工进行职业培训。产业的可持续高质量发展，离不开从业人员能力素养的不断提升，当前京郊民宿业内对职业培训的认可度和需求度较低，反映出需着力加强职业培训宣传力度。通过词云图软件易词云对京郊民宿职业培训需求的内容进行词频分析并制作词云图（见图4-17b），可以看出，当前京郊民宿经营者最关注的职业培训内容主要在营销、新媒体宣传、接待与服务、管理与运营等方面，同时对于人才技能需求部分提及的各项技术技能与综合能力均有广泛全面的基础需求。

对语言培训需求的调查显示（见图4-17c、图4-17d），高达85.41%的京郊民宿没有语言培训需求，14.59%的民宿对英语、中文（普通话）等语言运用能力、应变能力、沟通技巧、礼貌用语等语言交流能力有培训需求。

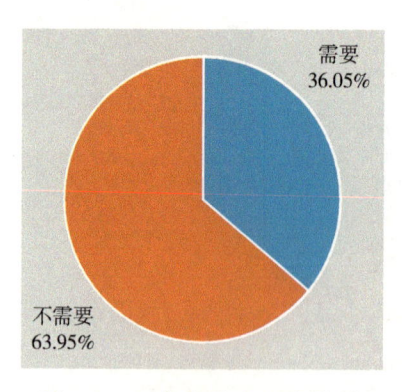

图4-17a　京郊民宿职业培训需求调查结果

图4-17b　职业培训需求词云图

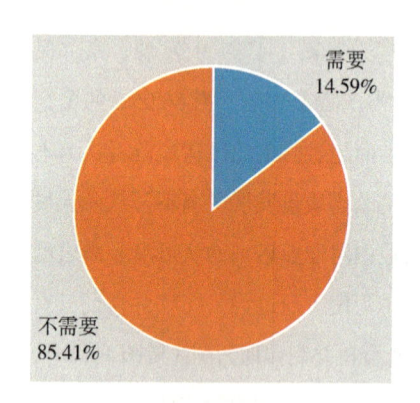

图4-17c　京郊民宿语言培训需求调查结果

图4-17d　语言培训需求词云图

（2）培训需求频率

第19题调查了京郊民宿对员工参加职业培训的期望频率，调查结果如图4-18所示。接受本次调查的民宿，有28.33%的民宿希望员工每季度参加一次培训，21.03%的民宿希望员工每月参加一次培训，18.88%的民宿认为自己的员工需要每年参加一次培训，17.17%的民宿认为员工不需要参加职业培训，有8.58%和6.01%的民宿希望员工每月参加2次或4次培训。由此可见，大部分京郊民宿运营者已经意识到职业培训的重要性并表达出较为迫切的需求。通过加权平均法计算京郊民宿目前整体对职业培训的平均需求频率约为每月0.73次，即每年8~9次。

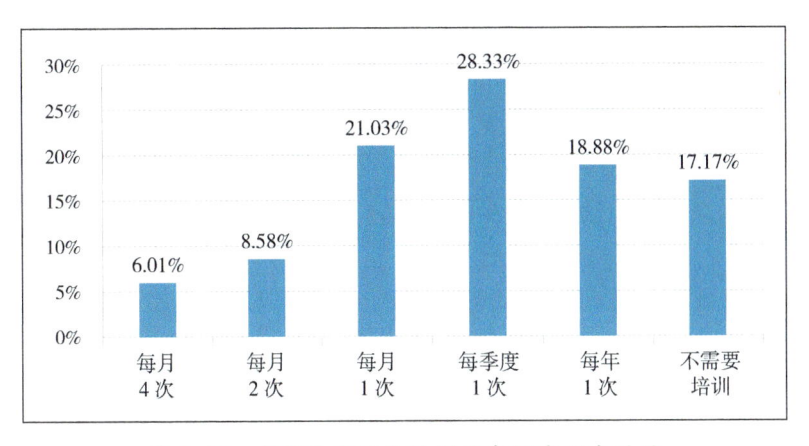

图4-18 京郊民宿职业培训需求频率调查结果

（3）取证需求

第21、22题分别调查了京郊民宿对职业证书的认知程度与需求方向。

如图4-19所示，仅23.18%的民宿运营主体将职业证书奉为重要的必备条件，而超过七成的京郊民宿运营者认为行业内职业证书并不是必要的，其中33.48%的民宿运营者认为可以将职业证书作为加分项，43.34%的民宿运营者认为完全不需要职业证书而更看重实际能力。这表明京郊民宿行业人才的准入门槛不高，准入制度不健全，职业水平评定及监督体系不完善，人才需求不清晰，运营者尚未充分意识到职业证书与从业人员素养及产业发展水平之间的必然联系，从根本上降低了行业从业标准，制约了整体产业的良性发展。

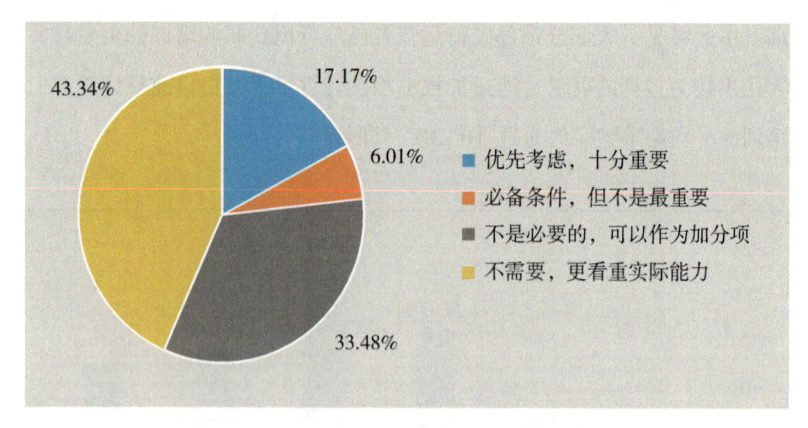

图4-19 京郊民宿对职业证书态度调查结果

如图4-20所示，48.93%的京郊民宿运营者认为行业内最需要的职业证书是民宿管家证书，5.58%的京郊民宿运营者认为行业内最需要驾驶证，有不到1%的民宿运营者认为需要酒店管理、整理师等职业证书，而44.64%的民宿运营者认为"没有必要"。这一方面说明"民宿管家"已逐渐受到行业内认同及广泛需求，另一方面也提示政府及相关行业协

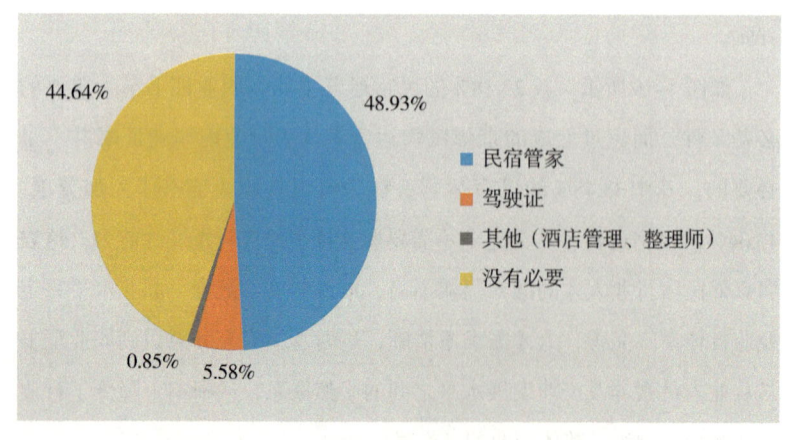

图4-20 京郊民宿对职业证书需求调查结果

会应尽快制定完善的符合民宿产业实际发展需求的职业等级评定标准，同时相关高职院校需加强相关职业培训力度及质效，通过助力提升行业从业人员专业素养，助推整体产业高质量发展。

职业证书是规范行业准入机制，提升人才能力素养，促进人才技能提升，推动人才供给市场良性发展的重要资格证明，也是完善人才引进、管理与保障体系中的重要环节。当前京郊民宿产业的人才需求端对人才取证要求并不太高，对职业证书的重要性及必要性缺乏充分清晰的认知，行业内也缺乏规范统一的人才资格评定标准，或将对整体产业发展产生长期制约。

6. 京郊民宿参与人才培养意愿

企业是技术技能人才培养的核心主体，也是人才培养的逻辑基础所在，因此在京郊民宿产业人才培养中，民宿运营主体的重视程度与参与意愿显得尤为重要。在对相关院校开设民宿管理与运营专业的必要性认知调查（见图4-21）中，约半数的民宿认为"有必要"，而认为"没有

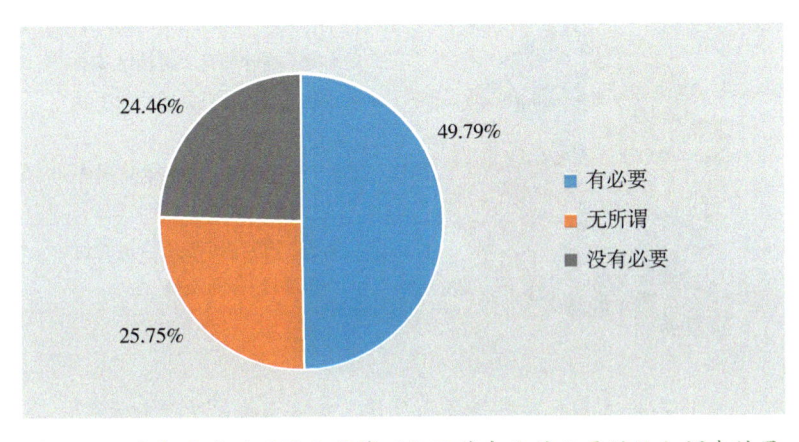

图4-21 京郊民宿对开设民宿管理与运营专业的必要性认知调查结果

必要"和"无所谓"的民宿各占约1/4。这表明有相当一部分的京郊民宿运营者已对专业技术技能人才培养产生了基本认同与现实需求,但京郊民宿产业整体对专业人才培养的认知度和认同感仍有较大的提升空间。

第24题调查了当前京郊民宿参与校企合作人才培养的情况。结果显示(见图4-22),实际与相关院校建立了长期合作关系的民宿不到15%,有近三成的京郊民宿认为不需要与相关院校合作;有超过半数的民宿表示有参与专业人才培养的需求,但基于各种客观因素无法形成有效的校企合作,其中31.76%的民宿"有需求但没有合适的合作项目/政策支持";24.89%的民宿"有需求但没有合适的合作对象/专业",提示国家与地方政府应加大对京郊民宿人才培养的政策支持力度与保障措施,同时北京市及周边地区的高职院校应结合地域经济发展需求积极开设相关专业,依托多元主体创新育人模式与民宿企业共同寻求乡村民宿产业人才振兴的产教融合发展新路径。

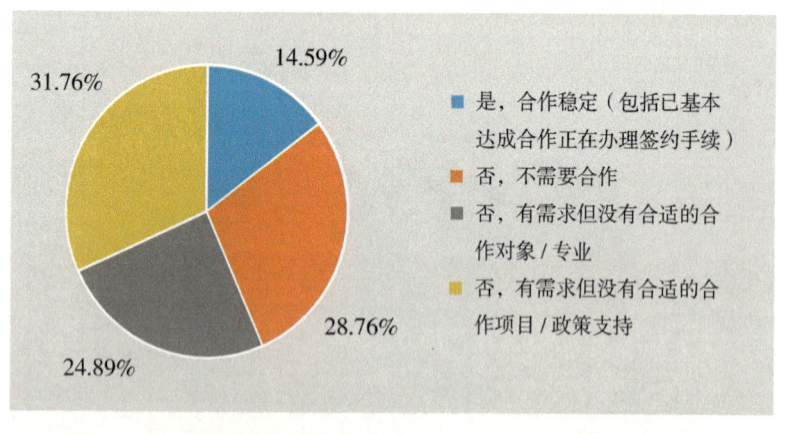

图4-22 京郊民宿参与校企合作人才培养的意愿调查结果

实习实训是专业技术技能人才培养的重要环节，决定了人才培养的质量效果，但对企业来说面临投入多收益小的问题，因此是否愿意接收实习生也最能反映企业参与人才培养的真实意愿。对京郊民宿接收实习生意愿的调查显示（见图4-23），42.49%的京郊民宿表示可以接收实习生，30.47%的民宿则持考虑态度，27.04%的民宿不愿意接收实习生。这表明当前近半数的京郊民宿愿意真实参与乡村民宿产业人才培养，但仍需政府、行业协会及相关院校进一步激发企业的育人情怀，积极引介、推动企业深度参与人才培养，为京郊民宿产业人才培养打开需求侧视角，真正提升人才培养质量。

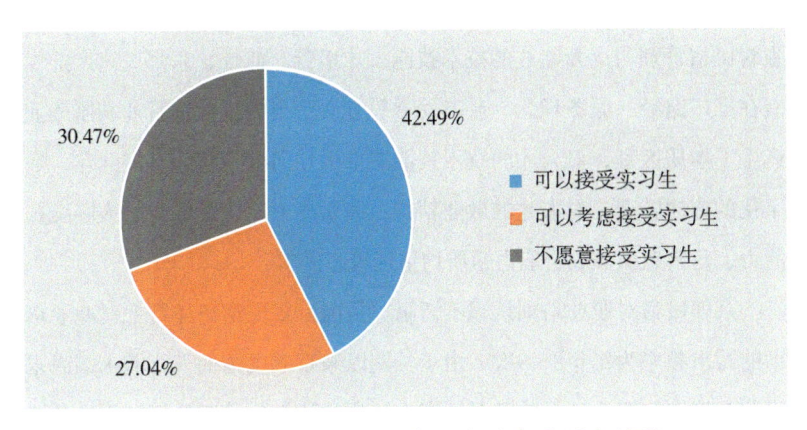

图4-23 京郊民宿接收实习生的意愿调查结果

7. 小结

本次问卷调查收到了来自8个北京郊区的共233份有效问卷，基本达到了调查目的和调查效果，形成了现阶段京郊民宿产业发展中较为真实可靠的人才需求画像，也凸显了一些矛盾点和具体问题，为进一步开展人才培养与职业培训提供了基础依据。

京郊民宿产业发展面临人才困境。当前，京郊民宿的投资形式较为单一，市场规范与政策制度有待完善，整体产业发展水平及稳定性有待提高，人才培养体系建设亟待深化。随着京郊人口不断减少，人才资源加速流失，京郊民宿人才供给市场呈现不均衡的供给短缺状态，从业人员的专业匹配度普遍偏低，高素质技术技能人才严重匮乏。

高素质技术技能人才最为紧缺。通过本次调查，估测当前京郊民宿产业年均人才需求数量约为2.5万人，对学历、性别等基本需求未具特殊选择性，整体行业准入门槛较低。由于京郊民宿行业具有较强的融合性与交叉性，京郊民宿行业对复合型、通用型人才需求量最大，对民宿管家、营销人员、客房服务、餐饮服务等岗位需求最紧迫，需要大力加强对民宿管理与运营专业的技术技能人才培养。此外，京郊民宿产业发展在推广路径、服务理念、业态发展等方面已与传统住宿行业和服务业产生了本质区别，对人才的技术技能需求也在向着现代化、多元化、数字化的方向转变，对人才的敬业精神、表达能力、应变能力、人际交往能力、营销意识等综合能力素质均呈现较高需求。

京郊民宿对职业培训认知不清晰。目前京郊民宿整体行业对职业培训的需求频率为每年8～9次。由于长期以来京郊民宿的人才需求端尚未对职业培训与职业证书的重要性产生清晰的认知，其职业培训需求及取证需求未被充分激发，表明民宿职业标准亟待完善，职业培训力度与质量有待加强。

京郊民宿参与人才培养意愿较为保守。约四成的京郊民宿运营者已经意识到民宿专业技术技能人才培养的重要性，但由于政策支持力度不足，相关院校与专业不匹配等客观因素制约，以及主观上未充分认识到专业人才对行业发展提质增效的重要性，京郊民宿参与人才培养的意愿仍较为保守，有待通过政府与相关院校的积极推动进一步提高。

二、京郊民宿产业人才供给情况分析

近年来，民宿作为一种新兴业态，随着北京乡村旅游的快速发展和乡村振兴的全面推进逐渐崛起并呈现出蓬勃发展态势，产业规模迅速扩张对行业从业人员的数量和质量形成巨大挑战，从管理、服务到营销，都需要一支高素质、专业化的人才队伍。

当前，在行业发展速度加快、竞争加剧、技术升级和消费升级等多重压力下，民宿企业普遍面临人才匮乏、人才流失等人力资源问题。为全面了解京郊民宿人力资源供需现状，总结民宿发展人才供需特点，厘清制约民宿发展的人力资源瓶颈问题，本研究通过对北京郊区50家民宿企业及10位民宿业专家进行调研及访谈，全面、深入分析京郊民宿行业人才需求与供给情况，并在此基础上有针对性地提出人才培养培训策略，以从根本上促进京郊民宿行业健康发展，助力首都乡村全面振兴。

（一）开设民宿相关专业院校

目前北京还没有专门开设民宿管理与运营类专业，传统的旅游管理、酒店管理等专业可以为从事民宿行业的人才提供相关的基础知识和技能培训。目前北京已开设旅游管理相关专业，包括旅游管理、酒店管理、酒店管理与数字化运营专业的院校共有24家。

1. 专业开设情况

在所调查的24所院校中，本科和专科层次，在开设旅游类、酒店类相关专业的本科院校多于专科院校，本科占63%，专科占37%，（见图4-24）。开设旅游、酒店类相关专业主要是旅游管理、酒店管理、酒店管理与数字化运营专业，仍以旅游管理专业为主，酒店类专业相对较少。

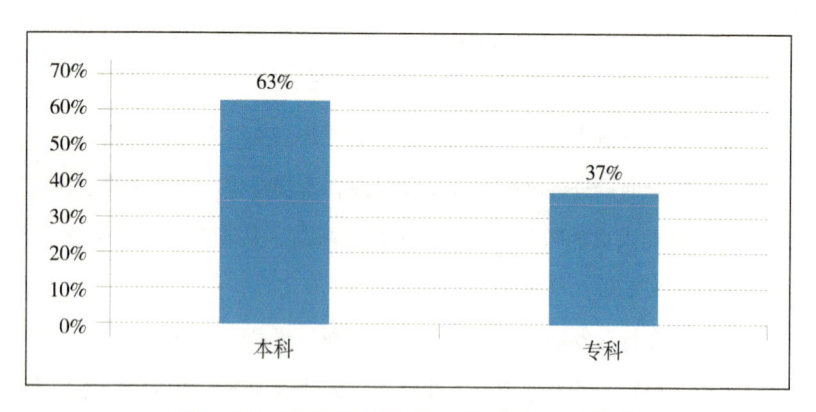

图4-24　院校开设旅游、酒店类专业情况

2. 人才培养的知识和能力情况

此类院校主要培养适用现代旅游业发展需要，具备较高的现代管理理论素养和系统的旅游管理专业知识，具有人文素质、国际视野、创新意识、创业精神、实践能力和社会责任，能在各类旅游相关企事业单位及教育和研究机构等从事经营、管理、策划、咨询、服务等工作的应用型、复合型人才。

在能力培养上，主要学习旅游管理方面的基本理论和知识，接受旅游经营管理方面的基本训练，掌握分析和解决旅游管理问题的基本能力。具体情况见图4-25。

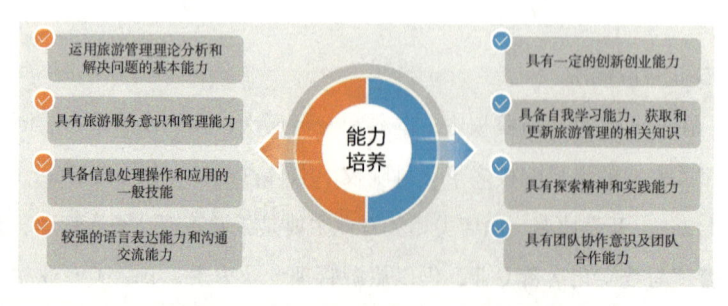

图4-25　院校培养学生能力情况

在知识方面，主要学习旅游管理、酒店管理、市场营销、工商管理、服务管理等课程知识，掌握旅游管理相关的基础及理论（见表4-3）。

表4-3　院校培养学生知识情况

课程类型	课程名称
主干课程	工商管理、经济学
核心课程	旅游学概论、旅游经济学、旅游规划与开发、旅游市场营销、旅游心理学、酒店管理、旅行社管理、旅游财务管理、现代服务业管理、旅游商务英语等
主要实践性教学环节	旅行社、旅游景区、酒店等旅游类企事业单位专业实习实践

3. 学生就业情况

从就业情况来看，旅游管理类专业的学生就业率逐年提升，2021年就业率为91%～97%，对口率大约为45.1%。就业方向主要是休闲度假和餐饮娱乐（见图4-26、图4-27）。

就业率（近三年）

73%～80%	86%～93%	91%～97%
2019年	2020年	2021年

图4-26　2019—2021年旅游管理类专业学生就业率

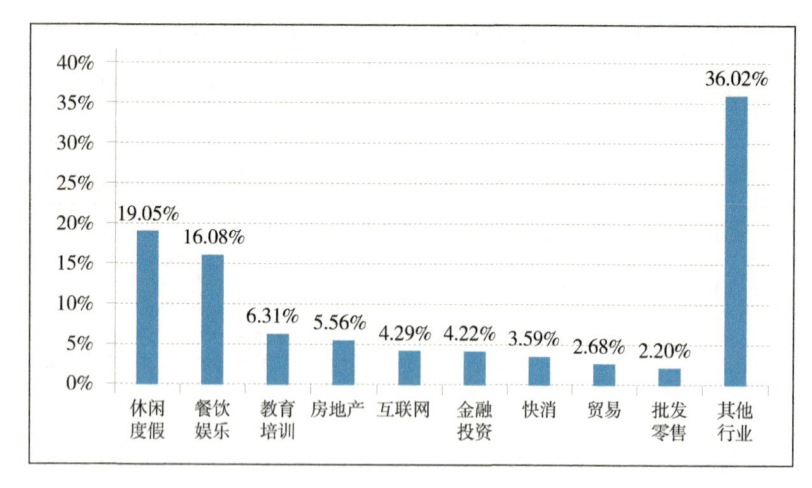

图4-27 2019—2022年学生就业行业分布情况

（二）开展民宿培训相关机构

目前，民宿人才供给来源多元，既包括应届大学毕业生，也包括从事相关行业转岗的人员、自主创业者等。民宿行业人才也涵盖多个专业领域，如酒店管理、旅游管理、设计装修、市场营销等。现有的从业人员大多没有受过民宿运营与管理专业的系统培训，在专业知识、服务技能和管理能力等方面有所欠缺。因此，需要社会培训来提升人才质量。

1. 校企合作机构

2022年北京民宿学院于中国国际贸易交易会上揭牌，北京民宿学院是由北京经济管理职业学院、国奥控股集团股份有限公司、北京旅游行业协会民宿分会三方共同组建，平谷、怀柔、门头沟等地方政府大力支持，各委办局通力合作，在地方政府、学校、企业同时挂牌建设的集人才培养、科学研究、技术创新、企业培训、社区服务、学生创业等多功能于一体的高水平现代产业学院；是国内首家集学历教育、1+X证书和社会培训于一体的民宿职业学院；是国内首家民宿专业教学、科研和实践实习基地。北京民宿学院的成立为民宿经营和高水平技术技能管理人才培养提供了平台，为学生提供实习、就业岗位，形成产、教、研协同的一体化运作机制，以技能培训带动民宿产业发展，推动民宿产业成为乡村振兴的重要增长点和支撑点，也为广大乡村农民及相关从业者提供就业及创业培训服务。

2. 政府及行业机构

北京市农业农村局、文旅局等相关政府部门，北京市民宿协会及各区的民宿协会等相关机构会不定期地举办民宿主题培训，此外一些民宿运营机构也会组织主题培训，培训内容主要包括民宿服务、民宿管家、民宿开发与运营等，为提升民宿人才质量做出了巨大贡献。（见表4-4）。

表4-4 部分培训单位及培训内容

培训单位	培训主题	培训内容
北京市农业农村局	2023北京市乡村绿色生态民宿提质增效高素质农民培训班	讲解北京市乡村民宿低碳绿色发展的相关政策，乡村民宿服务要求、评定等级标准规范；开展乡村特色农业文旅融合典型案例观摩和民宿主典型案例分享交流活动；讲解乡村民宿环境打造与设计、日常管理与运营、主题文化打造与新媒体宣传、品牌营销；乡村民宿绿色低碳运营管理关键环节与民宿生态产品、生态活动开发；实地观摩研学、分组专题讨论等
延庆区文旅局	民宿服务品质和美食提升培训	客房服务、餐厅服务，包括民宿主和从业人员对餐饮服务礼仪、服务流程、客房清洁、客房铺床、清洁后查房等规范。结合当地食材及农村物产环境，打造出特色美食
北方民宿学院	民宿开发与运营	北方民宿学院全年开设12期课程培训，既有民宿选址、建设、装修、运营等方面的技术指导课程，也有民宿管家制、民宿与乡村产业转型等实战、特色课程

续表

培训单位	培训主题	培训内容
密云区文化和旅游局	民宿业网络直播带货人才培训、2023年"云水之家"特色精品民宿专题培训班	民宿业短视频方法论，如何做好"人货场"，讲解转化案例和实操演练，分享"云水之家"精品民宿建设工作、标准
怀柔区女性就业协会	女性民俗（民宿）户经营技能提升培训	民宿解析及民宿经营者分享；特色民宿经营及打造；院落布置及绿植培养；房间装饰及艺术插花；网络推广；参观怀柔科学城，了解怀柔未来发展规划
门头沟小院联盟就业培训基地	民宿技能	做好民宿从业者职业技能培训工作，搭建交流学习平台，为门头沟区民宿行业提供人才支撑

可以看出，在社会培训方面还缺乏系统化和专业化的培训机构和培训课程。培训内容还不全面，存在局限性，只注重某些方面，忽视了民宿经营管理的全面性。例如，过多关注营销技巧培训而忽略了提升服务质量和客户体验的培训。另外，仍然采用传统的课堂授课模式，缺乏创新和互动性，这种方式无法真正贴近实际情况和培养学员的实践能力，影响培训效果。

综上，在院校培养方面，民宿相关专业在高等教育机构中的设置相对较少。很多学校没有开设与民宿行业相关的专业和课程，仍依靠旅游管理专业和酒店管理专业供给相关人才，导致人才的培养受限，行业对专业人才的需求与供应之间的匹配还有待改进。

在社会培训方面，民宿相关培训缺乏统一标准和规范，缺乏明确的评估和认证体系，难以确保培训的有效性和可信度。存在师资力量不足的问题，一些民宿培训机构缺乏实际从业经验和专业知识，无法满足行业对具备丰富经验和知识的人才的需求。另外，还存在培训资源不足的问题，有些培训机构在培训资源和设施上的投入相对有限，无法提供良好的学习环境和实践平台，这使得学员无法真正接触到行业的实际运作和挑战。

三、京郊民宿产业人才供需矛盾突出

（一）需求强烈

截至2023年7月，北京市乡村民宿发展到4965家，按照每家5名工作人员推算，行业每年对专业人才的需求达到近2.5万名。

北京乡村民宿从业人员相当一部分是各郊区当地农民，虽然其有天然的淳朴与热情，但民宿作为独立运行的经济主体，需要接受市场的竞争与考验，因此，其管理经营、策划宣传、接待服务等能力就显得更为重要。也正因此，市场倒逼相关从业主体或主动，或被动地提高自身综合素质与能力。同时，各级政府从顶层进行了设计，一是加强本地乡村民宿人才专业培训，切实提升从业能力；二是从外地引进高级人才，将先进技术与管理理念应用在本地民宿产业发展中；三是鼓励高校毕业生、乡村能人返乡创业，有利于培养本土企业家。

农民是乡村众多资源的传承者，是乡村振兴的主体，也是最大受益者。乡村民宿产业作为乡村地区的众多产业之一，且乡村民宿的载体民居，本身就是当地村民的原有资源，其应从乡村民宿产业发展中获取丰富的回报，成为最大受益者。

但从前述问卷调查发现，随着京郊人口不断减少，人才资源加速流失，适配度高的京郊民宿人才需求强烈，其中尤以高素质技术技能人才为甚。由于乡村民宿行业具有较强的融合性与交叉性，京郊民宿产业对复合型、通用型人才需求量最大，对民宿管家、营销人员、客房服务、餐饮服务等人才需求最紧迫，需要大力加强对民宿管理与运营专业的技术技能人才培养。

（二）供给不足

目前，北京地区没有专门开设民宿管理与运营专业的高等院校，民宿行业人才培养尚停留在依靠开设传统旅游管理、酒店管理等专业高校的阶段，每年的行业人才供给数量偏低。

目前，北京民宿业人才供给来源多元，既包括应届大学毕业生，也包括从事相关行业的转岗人员、自主创业者等。民宿行业人才也涵盖多个专业领域，如酒店管理、旅游管理、设计装修、市场营销等。现有的从业人员大多没有受过民宿运营与管理专业的系统培训，在专业知识、服务技能和管理能力等方面尚有欠缺。因此，需要社会培训来提升人才质量。

北京民宿人才的供给尽管形式多样，但总体数量、质量都无法满足蓬勃发展的乡村民宿产业对从业人员的需求，出现了供不应求的严峻态势。

（三）供需错位

1. 专业设置与行业需求衔接度不够

专业设置是专业建设的基础和前提，通过调研北京高职院校旅游服务类专业发展的现状，笔者发现旅游服务类专业设置主要存在两个方面的问题。一是北京高职院校没有根据民宿行业发展需求，开设与民宿相关的专业。以民宿为代表的非标住宿已成为旅游新兴业态，在住宿行业中占据重要地位。在全域旅游背景下，高度重视并布局民宿行业发展，急需大量民宿服务与管理人才。而高职院校暂未根据民宿行业发展需求，设置与民宿相关的专业。二是高职院校旅游服务类专业没有根据民宿行业发展的需求，对已开设的专业进行优化和调整。随着"互联网+"、人工智能、共享经济等的不断发展，旅游行业正在发生翻天覆地的变化，对旅游人才的需求也随着行业发展不断发生改变。北京高职院校尚未根据行业及市场需求，结合区域经济发展情况，及时对已开设的专业进行优化和调整。

造成专业设置与行业发展衔接度不够的原因主要有3个。首先，缺乏完善的市场调研机制。高职院校要保持对旅游行业及市场的关注，定期进行市场调研。现阶段，北京高职院校旅游服务类专业缺乏对区域经济、产业结构、行业需求、人才需求等内容的综合调研。其次，缺乏专业顶层设计与规划。高职院校旅游服务类专业未能结合行业需求，紧贴市场、产业、职业进行专业设置；未能及时根据行业及市场需求对已有旅游服务类专业进行优化与调整，直接制约高职院校旅游服务类专业的发展。现阶段，高职院校未把旅游服务类专业建在需求链上，未能科学准确地进行定位，缺乏专业整体顶层设计与规划。再次，缺少专业动态调整机制。随着全域旅游、休闲旅游、乡村旅游的不断发展，旅游业已经成为驱动世界经济新一轮增长的强劲引擎，游客已经不再满足传统吃、住、行、游、购、娱的旅行方式，而是向个性化、特色化、品质化的方向转变。为了满足游客的需求，旅游行业新兴业态不断呈现，行业及市场需求也在不停地发生改变。如果按照传统行业及市场需求对高职院校旅游服务类专业的学生进行培养，不对专业设置进行及时的优化与调整，则培养出的学生势必不能满足当前民宿等旅游新兴行业发展的需求。

2. 课程设置与岗位能力需求匹配度不足

课程是教育内容的集中体现，课程的设置直接影响教学内容、教材选择等多个方面。现阶段，通过调研布局高职旅游服务类专业课程设置的情况，笔者发现北京高职院校旅游服务类课程设置与民宿岗位能力需求之间还存在一定的差距，主要体现在两个方面：一是北京高职院校旅游服务类专业没有根据民宿行业发展及民宿人才需求开设与民宿相关的专业课程；二是高职学校旅游服务类专业已开设的相关课程未能满足民宿岗位能力的需求。民宿虽然仍属于大住宿业的范畴，但作为非标住宿，其岗位设置、岗位能力、岗位实际工作内容与传统酒店存在明显的区别。高职院校旅游服务类专业已开设的课程均未涉及民宿方面的内容，酒店岗位能力与民宿岗位能力之间还存在一定的差距。按照传统酒店岗位培养的人才势必不能满足民宿岗位的需求。

　　课程设置与岗位能力匹配度不足的原因主要有两个。首先，缺乏对民宿岗位能力的调研。现阶段，北京高职院校旅游服务类专业未能及时对民宿实际岗位的工作内容进行深入了解，市场调研不充分，对具体岗位的工作内容掌握不具体，造成学生在高职院校所学习的专业知识和技能与实际工作岗位需求之间存在一定的差距。其次，缺乏对民宿专业课程的开发。现阶段，北京高职院校旅游服务类专业课程的教学内容存在滞后现象，未能根据民宿行业发展及岗位能力需求开发民宿专业课程。高职院校学生学习的知识与技能与实际岗位需求存在差距，还需要在行业实习的过程中，积累大量的专业知识和专业技能。

3. 专业教师对行业发展敏感度不高

　　现阶段，部分高职院校旅游服务类专业带头人及骨干教师还不够成熟，主要存在两个方面的问题。一是对旅游行业新兴业态的关注度不够。民宿是旅游新兴业态的典型代表，作为旅游服务类专业带头人及骨干教师本应对民宿等旅游新兴业态的发展现状、发展趋势有着充分的了解，但大部分专业带头人及骨干教师暂未关注到民宿行业的发展。二是对民宿行业发展的感知度不够。2019年，北京市出台《关于促进乡村民宿发展的指导意见》，推动民宿业高质量发展，急需大量的民宿服务与管理人才。但大部分专业带头人及骨干教师对民宿行业发展的感知度不够，尚未意识到民宿人才的巨大缺口，也没有根据民宿行业发展的需求对已有的专业及课程进行调整。

　　专业教师对行业发展敏感度不高的原因主要有3个。首先，专业教师与企业的联系不够紧密。未能及时关注行业的发展和变化，未能充分了解行业的人才需求，未能与企业建立良好的互动关系，及时根据行业发展的需求对已有专业和课程进行动态的管理和调整。其次，专业教师的培训制度不够完善。未能对高职院校旅游服务类专业的教师进行理论知识、实践技能、行业知识等方面的综合指导。再次，专业教师行业挂职制度不够完善。前往行业企业进行顶岗、跟岗、挂职是加强校企合作，增强专业教师对行业了解的有效途径。但现阶段专业教师行业挂职制度还不够完善，部分高职院校旅游服务类专业的教师未能定期深入行业一线服务岗位，充分了解各个岗位的工作内容，掌握岗位所需的职业能力。

四、破解供需矛盾的对策研究

（一）政策支持，吸引多元参与，推动协同发展

1. 政府顶层引导

2022年7月，文化和旅游部、公安部、自然资源部、生态环境部、国家卫生健康委、应急管理部、市场监管总局、银保监会、国家文物局、国家乡村振兴局10部门联合印发《关于促进乡村民宿高质量发展的指导意见》，指出："将乡村民宿规划设计、开发建设、经营管理和服务人员培训纳入相关各级乡村旅游培训计划，整合行业协会、职业院校、社会企业等力量，充分发挥乡村文化和旅游带头人作用，定期开展各种类型的岗位培训，按相关规定给予培训补贴。加大人才返乡创业扶持力度，支持外出务工农民、高校毕业生等回乡进行乡村民宿创业，为乡村民宿持续健康发展提供人才保障。"

2019年12月，北京市文化和旅游局（简称"文旅局"）、农业农村局、公安局、规划自然资源委、住房和城乡建设委、卫生健康委、市场监督管理局、消防救援总队印发共同研究制定了《关于促进乡村民宿发展的指导意见》，指出："开展乡村民宿培训，不断提升乡村民宿从业人员的岗位技能和服务水平。支持乡村民宿发展，并按分类培训项目标准，给予培训补贴。加大人才引进政策扶持力度，支持外出务工农民、

高校毕业生等回乡进行乡村民宿创业,为乡村民宿持续健康发展提供人才保障。加大对乡村民宿招用本区农村劳动力和失业登记人员的支持力度,乡村民宿企业招用本区农村劳动力和登记失业人员,按规定签合同、缴纳保险、保工资的,享受岗位补贴和社会保险补贴。"文件中指出:"北京市乡村民宿发展协调小组由市领导牵头,成员单位包括市文化和旅游局、市农业农村局、市发展改革委、市公安局、市财政局、市人力社保局、市规划自然资源委、市生态环境局、市住房和城乡建设委、市城市管理委、市水务局、市卫生健康委、市市场监督管理局、市园林绿化局、市消防救援总队、国家税务总局北京市税务局等部门。"

2. 社会积极参与

北京市农业农村局、文旅局等相关政府部门,北京市民宿协会及各区县的民宿协会等相关机构会适时举办民宿主题培训,培训内容主要包括民宿服务、民宿管家、民宿开发与运营等,为提升民宿人才质量做出了巨大贡献。与此同时,不少培训企业也积极布局相关领域,通过知识和技能赋能为北京市民宿产业高质量发展提供强有力的人才支撑和智力支持。

例如,2021年4月,寒舍集团与佳乡学院达成战略投资协议,共同组建佳乡寒舍学院。寒舍集团利用丰富的项目运营管理经验,为学院提供实训和案例支持。佳乡学院在行业深耕6年非标酒店行业培训研学形成体系。双方充分发挥各自优势,共同在乡村旅游振兴、文旅项目运营、非标酒店管理、乡村人才培训等方面合作,提升双方整体实力,实现共赢发展。共同投入巨大研发资金,深入研究乡村文旅人才的培养体系,从乡村文旅行业投资、游学、店长职业经理人培训等多个维度组建全方位的人才培养体系。计划在全国范围内创办多家佳乡寒舍学院,为乡村振兴行业培养数以万计的专业人才,佳乡寒舍学院专注深耕乡村文旅行业人才培养、输出及运营指导,立志成为全国最权威、最受欢迎的乡村振兴人才摇篮。

3.学校责无旁贷

鼓励应届生下基层助力乡村民宿发展。职业院校应届生是高素质技能型人才，更是民宿行业的宝贵资源。根据乡村民宿地理位置的特殊性，农二代大学生因成长环境更熟悉农村生活环境，到乡村民宿工作更有优势，同时会更好地适应环境。推动高职院校农二代返回农村加入民宿行业可以突显专长，有利于改善乡村民宿缺少高素质技能型人才的问题。国家出台"三支一扶""大学生村官"等政策，均是为了鼓励大学生去农村就业，推动乡村振兴。在这些政策支持下，各地也出台了一些鼓励大学生回乡就业、创业发展的政策，为乡村招聘设计专业、旅游专业和民宿专业的村官，帮助乡村打造网红景点、挖掘旅游元素、引导民宿健康发展。各职业院校应做好宣传工作，鼓励学生返乡入乡，从而助力乡村振兴发展。

（二）标准引领，提升培训效果，明确成长路径

1.他山之石——莫干山经验

莫干山成为民宿行业发展的先行者、创新地和样板地，离不开浙江省德清县政府的前瞻性和敢作敢为的担当精神。德清县政府鼓励先行先试，有秩序地为民宿规范化、规模化、品牌化发展提供了法律依据和政策支持。

2014年，德清县率先颁布全国第一部地方民宿管理办法《德清县民宿管理办法（试行）》，民宿成为环莫干山地区接待业空间的统称，解决了长期以来民宿经营面临的证照审批困难等问题，为民宿的发展提供了政策保障。同年，还率先出台全国首个县级乡村民宿地方标准规范《关于全面推进农洋家乐休闲旅游业提升发展的意见（征求意见稿）》，此举

有效推动了环莫干山地区民宿的快速增长。

2015年，德清县发布了中国首部县级民宿等级划分标准《乡村民宿服务质量等级划分与评定》，制定了首个民宿地方标准，将民宿划分为精品民宿、优品民宿和标准民宿3类，有规划地引导民宿差异化发展。

2020年9月，《乡村民宿服务质量规范》国家标准正式发布实施，该标准以德清县乡村民宿地方标准为蓝本，结合各省市乡村民宿客观条件和现实情况，对全国乡村民宿建设成果进行总结提炼，在设施设备、安全管理、环境卫生、服务要求等方面做出详细规定，填补了我国乡村民宿服务和管理标准的空白。

2020年11月，德清县起草发布了湖州市旅游协会团体标准《民宿管家职业技能等级评定规范》，明确民宿管家的定义、职业守则、工作内容和等级评定等行业标准，民宿产业渐渐有了标准化的体系参照。

2021年1月，莫干山民宿管家培训中心成立，作为行业内第一家具备合法资质的人才培训机构，填补了该行业的一个空白，旨在向全国民宿从业者提供"听得懂、学得会、用得上"的民宿服务课程，目的是希望中国的乡村民宿不再缺人。

2022年6月，国家人力资源和社会保障部向社会公示了18个新职业信息，"民宿管家"顺利入围，这是全国首个以县级政府名义申报的新职业。

2022年7月，在德清县五四村召开了"民宿管家国家职业技能标准启动会"，当前《民宿管家国家职业标准》（2024版）已正式实施，这意味着民宿早已是一个被国家体系认可的行业。

由此可见，德清县政府一系列标准化、规范化政策的制定与发布，既是民宿高质量发展的本质要求，也是与时俱进的理念创新，更是行之有效的实践探索，这让莫干山民宿成为具有浙江标识度的文旅金名片。

目前，莫干山民宿管家培训中心已成为全国各地民宿管家的重要培训基地，国际文化旅游学院全程参与协同指导建设，并提供民宿行业及相关领域的师资力量支持，为学员提供优质的管家服务培训。截至2023年5月，该中心已累计培训学员4000多人，其中已有100余名民宿管家实现了持证上岗。

2. 本地探索——平谷做法

平谷区委五届十三次全会提出"打造横过来的五星级乡村休闲酒店"的发展任务，有望成为平谷推进乡村振兴、带动百姓就业、实现农民增收致富的关键一招。作为精品民宿的升级版，"横过来的五星级乡村休闲酒店"不仅需要一流的设施，更需要一流的服务和一流的人才支撑。

2020年12月，平谷区从未来发展需要出发，区人力社保局联合区文旅局、北京联合大学、区时代教育培训学校，先后到小团圆、花筑等区内重点高端民宿实地调研民宿经营发展及民宿管家服务情况，与企业对接培训资源，建立长期培训就业一体化工作机制，共同依据《国家职业技能标准编制技术规程》，编制了《旅游民宿管家职业技能标准》《北京市平谷区旅游民宿管家职业资格培训课程体系》《平谷区民宿业发展评价指标体系》，填补了民宿职业工种技能标准的空白，为培养高端民宿人才提供了指引和方向。

民宿管家核心能力的培训，将着力转变民宿从业人员的思想理念，提高民宿管理服务的行业标准。为使培训效果最大化，平谷区邀请了旅游行业资深专家，向民宿从业人员深入讲解民宿经营的基本礼仪、管理标准和服务规范，同时设置了交流分享、实地观摩、实景操作等环节。

3. 未来之路——北京经济管理职业学院模式

目前，北京地区开设民宿相关专业的职业院校数量较少，而面向社会大众开展民宿相关职业培训的院校全市只有一所——北京经济管理职业学院（见图4-28）。

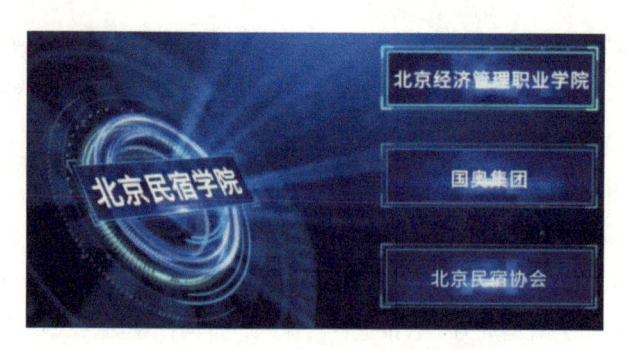

图4-28　三方组建北京民宿学院

学院在办好学历教育的同时，携手国奥控股集团股份有限公司、北京市旅游行业协会民宿分会共同建设北京民宿学院。

(1) 帮助再就业村民建立终身教育体系

①鼓励学历再教育，推动富余劳动力转移就业。鼓励年轻村民进行学历再深造，有助于帮助乡村民宿提高用工质量。教育部在2019年《关于做好扩招后高职教育教学管理工作的指导意见》中提出，高职扩招生源教育教学要分类设计课程。北京经济管理职业学院2021年面向平谷、顺义、怀柔、门头沟等北京郊区农村人口招收旅游管理专业60人、财富管理（民宿方向）专业53人。

②多元化职业培训，提高村民职业素养。在访谈中发现，乡村民宿存在服务操作不当、服务质量不高、烹饪菜肴不稳定等现象。产生以上现象主要因为，村民没有经过系统的培训，服务技能欠缺、服务意识薄弱。因此，加强村民服务技能和服务意识培训，才能提高乡村民宿高水平发展，形成良性的用工环境。

(2) 打通职业上升通道，推动星级酒店乡村民宿接轨协同发展

推动开展星级酒店与精品民宿结对帮扶工作，从服务管理、培训场地、培训师资、岗位招聘和晋升途径等角度，形成一对一帮扶。对工作

调动、挂职锻炼、岗位晋升等积极的员工在岗位调整时可以从乡村民宿调到星级酒店工作，对于工作能力与星级酒店不匹配、需下基层锻炼管理能力的员工也可以调整到乡村民宿工作。双向的员工流通，可以使星级酒店和乡村民宿双方的用工都得到良性而稳定的循环。

（三）产教融合，提高培养质量，保证能用好用

为全面落实"十四五"规划和2035年远景目标，对接新经济、新技术、新职业推进职业教育专业升级改造，教育部在2021年正式推出了"民宿管理与运营专业"，列入《职业教育专业目录（2021年）》，目前全国共有34所高校开设此专业。教育部发布的《民宿管理与运营专业简介》中"主要专业课程与实习实训"部分提出明确要求："对接真实职业场景或工作情境，在校内外进行民宿服务与接待、民宿产品营销、民宿运营管理、民宿活动组织与策划、民宿陈设设计、民宿项目策划等实训；在民宿及住宿业相关企业进行岗位实习。院校人才培养过程中要符合上述要求，进而为行业企业输送高质量人才，深入开展校企合作实现产教融合是必由之路。"

1. 校企联合共建课程体系

民宿行业作为旅游新兴业态发展速度较快，且各地区的民宿发展状况不同。民宿行业在知识、能力、素质等方面都对民宿人才有较高的要求，传统的教学模式很难培养出满足民宿行业需求的人才。因此，在选择教育内容时，要根据民宿岗位的设置情况，根据民宿行业及市场对人才的要求，结合该地区民宿发展的特色进行筛选。

（1）邀请民宿行业、企业人士一起探讨

广泛听取行业、企业管理人员和服务人员的意见，以行业、企业运营管理一线的实际经验为课程教学内容。

(2)依据民宿管家国家职业技能标准和实际需求选择教育内容

依据国家民宿相关职业标准，结合目前形势，采用一体化教学和校企合作的办学模式，坚持以就业为导向，以服务为宗旨，围绕经济社会发展和职业岗位能力的要求，并参照大、中、小型企业运营管理人员实际操作，从企业实际出发，以专业技能为主线，有针对性地介绍民宿职业道德、安全生产管理及应掌握的理论知识和操作技能。

(3)课程内容的选择以"必需"和"够用"为原则

课程内容的选择以理论为引导，围绕实践来展开，删繁就简。可以针对目前职校学生的基础和认知特点，打破原来系统的、完整的旧框架，着重培养学生实践动手能力及解决问题的能力，由理论知识、安全知识、基本操作到强化综合技能训练，理论知识和实训内容紧密结合实际，将目前企业的实用知识编入教材，为学生就业及适应岗位打下扎实的基础。

2. 校企联合打造"双师型"师资队伍

以"走出去、请进来、共建设"的理念打造民宿行业师资队伍。高校教师深入乡村民宿挂职锻炼，参与乡村民宿建设、运营、管理，有计划地为民宿行业提供培训；聘请有丰富经验的民宿高管，定期为教师开展培训、为学生开办讲座；共同制订人才培养方案和教学大纲，企业导师与师生共同深入研究民宿行业相关理论实践，构建正确的就业选择观。

(1)打造高质量的"双师型"师资队伍

打造一支理论基础扎实、专业技能强、综合素质高的教师队伍，是提高人才培养质量的重要保障。现阶段，由于对"双师型"教师这一概念还没有清晰的界定，造成高职院校旅游服务类专业具有"双证书""双职称"的"双师型"教师不占少数，但满足旅游管理专业理论知识、掌握教育教学方法、有一定行业经验、实操能力强等要求的"双师型"教师数量却不多。培养民宿师资队伍应以"双证书""双职称"为起点，保证民宿服务管理专业教师的质量。

（2）建立专兼结合的"双师型"师资队伍

民宿服务管理专业的人才培养单独依靠校内的专业教师是难以实现的，必须聘请来自民宿行业一线的专家及工作人员作为兼职教师走进校园，为学生提供专业知识及技能的指导。打造结构合理、专兼结合的教师队伍，重点要注意3个方面。一是注意把控兼职教师的来源，建立兼职教师资源库。严把兼职教师队伍的质量关，制定兼职教师的聘用标准，对兼职教师进行严格的筛选，实施动态化的考核与管理。不仅聘用来自行业的专家，也要结合高职院校师资队伍的实际情况，聘请来自行业一线的工作人员对学生进行指导。二是注意加强兼职教师的参与度。兼职教师拥有丰富的行业经验，除了教授专业知识和指导专业技能外，应充分发挥兼职教师的优势，加强兼职教师在课程开发、教材编写、实训基地建设等方面的参与度，增强兼职教师的主人意识，与专职教师一起完成民宿服务管理专业的人才培养。三是注意增加专职教师与兼职教师之间的沟通交流，充分了解学生对专业知识和技能的掌握情况，根据学生的掌握情况及时对教学内容、教学方法进行动态调整，实现理论教学与实践教学相结合。引入行业专家进校园，加强兼职教师的参与度，增加专职教师与兼职教师的沟通交流，打造一支结构合理、专兼结合的教师团队，为培养民宿服务管理人才提供保障。

（3）建立健全专业师资队伍保障机制

高职院校民宿服务管理专业的教师不仅承担着传授学生专业知识的任务，也承担着指导学生专业技能的重任。让民宿服务管理专业的教师深入了解行业，从事行业一线工作，到行业进行挂职，是扩充教师专业知识、提升教师技能的最佳方式。由于民宿仍属于大住宿业的范畴，有一些岗位及工作内容与高星级酒店有相似之处，但也有不同之处。让民宿服务管理专业教师前往民宿一线岗位进行挂职，了解民宿与高星级酒店人才需求的差别，才可以实现有针对性的培养，才能保障民宿服务管理人才培养的质量。

现阶段，由于教师的保障机制尚未健全，对教师挂职时间、挂职频率、挂职期间的保障没有明确的规定，直接影响着教师前往行业挂职的积极性。建立健全师资队伍的保障机制，鼓励高职教师前往民宿行业进行挂职，为教师进行行业挂职提供充分的保障，制定明确的专业教师行业挂职制度，对挂职时间、挂职频率、挂职效果的考核进行明确规定，切实提高行业挂职的质量。

3. 校企联合构建实训体系

一方面高职院校安排民宿专业学生到乡村民宿实地教学，另一方面，高职院校可以向乡村民宿行业开放校内的实训室。

（1）建设高质量的校内实训基地

由于民宿行业仍属于大住宿业的范围，仍需为客人提供客房、餐饮、前台等方面的服务。因此，高职院校在建设民宿服务管理专业实训基地的过程中要注重资源的整合。现阶段，高职院校旅游管理服务类专业的前台实训室、客房实训室、茶艺实训室、咖啡实训室等，均为高职院校民宿服务管理专业校内实训基地建设奠定了基础。由于民宿的实际岗位工作内容、工作环境与已有的实训室还存在一定的差别，因此在建设之前要对旅游服务类专业的实训资源进行整合。筛选出符合民宿校内实训基地建设的资源，根据行业市场调研的情况，对已有的实训资源进行调整和规划，建设与民宿岗位工作内容相适应、满足理论实践一体化教学模式、高标准高质量的校内实训基地。

校内实训基地对民宿服务管理人才学习专业技能提供了充分的保障，是学生实训技能的练兵场。由于民宿行业的更新速度较快，所以在建设民宿服务管理校内实训基地的过程中，要紧跟行业发展动态，建设高质量的校内实训基地。

（2）拓展校外资源，建设综合性的校外实训基地

民宿校外实训基地的建设是民宿服务管理专业建设中面临的一大挑战。由于高职院校旅游服务类专业尚未开设民宿服务管理专业，高职院校民宿服务管理专业校外实训基地的建设还处于探索的阶段。

如何拓展校外资源，让高职院校了解更多的民宿业态，深入民宿行业，提升民宿服务技能已成为关注的重点。在探索校外实训基地的过程中，主要注重短期体验式见习实训基地的建设和中长期顶岗实习实训基地的建设。短期体验式见习实训基地主要选择距离高职院校较近的地方，方便学生利用假期或实训课的时间前往民宿进行锻炼。中长期顶岗实习实训基地可以主要以乡村民宿为主。随着乡村旅游的发展，越来越多的人从城市来到农村体验乡村生活，乡村民宿也因此蓬勃发展，出现了多家金宿级、银宿级的高品质民宿。高职民宿服务管理专业的学生通过深入乡村，进行中长期顶岗实习实训，感知不同的民宿业态。在校外基地的建设中不仅要依靠民宿和高职院校的努力，还要依靠行业协会的支持。

现阶段，民宿正从单体独栋向集群式方向发展，在这个过程中要充分重视行业协会的力量。如果单独依靠高职院校的力量，探索适合学生实习实训校外基地的成本较高，且合作民宿的质量也缺乏保障。因此，在拓展校外资源的过程中，应借助行业协会的力量，建设短期体验式见习实训基地与中长期顶岗实习实训基地相结合的校外实训基地。

第五章

京郊民宿产业评价指标体系构建研究

北京市各区通过制定相关政策规范扶持民宿产业发展，引导乡村民宿开发和建设，推动乡村旅游提质升级，带动群众就业增收，为巩固拓展脱贫攻坚成果，全面推进乡村振兴战略做出了积极贡献。[1]目前，京郊民宿产业发展效果如何，能否实现高质量发展和可持续发展，这就需要构建一套京郊民宿产业发展评价指标体系，运用定性定量相结合的方式对京郊民宿产业发展进行评价，进而为促进京郊民宿产业发展提供更进一步的决策依据。本章节分析了京郊民宿产业发展评价指标体系构建原则、评价方法，系统设计了京郊民宿产业评价指标体系，并以游客满意度指标为例，展现了游客满意度指标数据提取、分析的全过程。

一、京郊民宿产业评价指标体系构建原则

（一）科学性原则

　　构建京郊民宿产业发展评价指标体系，首先要明确目标，根据国家和北京市有关民宿政策文件及理论框架选取合适的评价指标，使得各个指标能够客观真实地反映京郊民宿产业发展效果，避免出现指标选取存在较大偏差、重复等情况。[2]可借鉴国内外相关的评价标准进行指标选取，遵循系统的研究程序，构建符合京郊民宿产业特点的评价指标体系，使评价结果能最大限度地反映京郊民宿产业发展的情况。[3]

1　周伟伟、胡春丽、荣培君：《秦岭陕西段乡村民宿旅游空间分布及影响因素研究》，《中国农业资源与区划》，2023年第7期第1-12页。
2　缪倩：《福建省霞浦县乡村民宿产业发展效果评价及政策建议研究》，福建农林大学，2022年。
3　张隆斌：《乡村民宿产业经营绩效实证研究》，福建农林大学，2019年。

（二）全面性原则

京郊民宿产业发展是一个综合性的复合系统，涉及面广、内容多，构建的评价指标体系要尽可能将涉及的所有因素纳入其中，并且借助扎根理论的思维，使得构建的指标体系内容尽量达到饱和，最大限度地避免遗漏任何重要因素，[1]从而更加全面地反映京郊民宿产业发展的实际状况和特征。

（三）系统性原则

构建的各个指标体系不仅要考虑全面性原则，还必须考虑各个指标体系之间存在的逻辑性、关联性，使得整个指标体系形成一个相互联系、相互作用的有机整体。[2]

（四）层次性原则

应围绕京郊民宿产业发展评价的总目标，将各指标体系分层级，每个指标要尽量饱和，使得各指标之间不重叠，具有层次性，共同体现核心总目标。

（五）可操作性原则

京郊民宿产业发展评价体系涉及的内容广泛且复杂，设计的评价指标体系应最大限度地符合京郊民宿产业发展的实际情况，并且便于数据收集与处理，具有可操作性。

---

1 蔡若澜：《"一县一品"促进江西乡村产业发展绩效评估研究》，江西财经大学，2023年。
2 缪倩：《福建省霞浦县乡村民宿产业发展效果评价及政策建议研究》，福建农林大学，2022年。

二、京郊民宿产业评价方法选择

（一）文献分析法

文献分析法是指通过阅读有关国内外民宿相关资料，依据民宿现状及发展、质量体系、指标因素等相关研究报告，总结并构建出一个可供参考的民宿指标体系。

（二）层次分析法

层次分析法的原理是建立一个基于目标多层次分析结构模型，把问题分解成多个不同的要素，再根据要素间的关系进行组合。它的特点是在定量信息不足的情况下，通过定性、定量结合的方式，找到复杂问题的系统性、层次性的研究思路和解决办法。基于此特点，它在学术研究中使用较为常见。京郊民宿产业发展具有多目标、复杂性特点，在指标选取上存在一些难以直接量化的主观看法，借助层次分析法，可以有效将复杂问题直观化。[1]

（三）德尔菲法

德尔菲法，是通过匿名的方式向多位专家函询征集意见，将收集到的意见进行归纳整理，在此基础上向专家开展第二轮的意见征求，重复多次，直到专家的意见趋向相同，最终汇总分析拟定结果。德尔菲法的一般操作流程：首先，编制专家咨询表；其次，选择专家；再次，开展轮回调查；最后，对结果进行统计分析。[2]

---

[1] 蔡若澜：《"一县一品"促进江西乡村产业发展绩效评估研究》，江西财经大学，2023年。
[2] 缪倩：《福建省霞浦县乡村民宿产业发展效果评价及政策建议研究》，福建农林大学，2022年。

三、京郊民宿产业评价指标设计

（一）一级指标设计

查阅相关文献，筛选出5个与民宿产业评价最为相关的指标体系，对其28个一级指标进行汇总分析。

借鉴逻辑分析法思路，将28个一级指标进行归类，分为输入类指标13个，产出类指标13个，发展类指标2个。

然后，分别对输入类指标、产出类指标、发展类指标进行二次归类，最终确定输入类指标4个，分别为自然环境、人文环境、建设环境、政策支持；产出类指标3个，分别为社会效益、经济效益、经营效果；发展类指标1个，为可持续性（见表5-1、表5-2）。

表5-1　指标归类表

输入类指标13个	归类	产出类指标13个	归类	发展类指标2个	归类
建设环境	自然环境、建设环境	经营指标	经营效果	学习成长	可持续性
景观要素	自然环境	管理指标	经营效果	民宿发展	可持续性
交通要素	建设环境	经营场所	经营效果	—	—
旅游基础	自然环境、人文环境	服务品质	经营效果	—	—
自然要素	自然环境	体验项目	经营效果	—	—
基础设施	建设环境	品牌经营	经营效果	—	—
政策扶持	政策支持	社会效益	社会效益	—	—
生态宜居	自然环境	文化建设	经营效果	—	—
政策扶持	政策支持	社会效益	社会效益	—	—
区域特征	自然环境、人文环境	经济效益	经济效益	—	—

续表

输入类指标 13个	归类	产出类指标13个	归类	发展类指标2个	归类
布局规划	政策支持	主题特色	经营效果	—	—
基础设施	建设环境	运营管理	经营效果	—	—
住宿设施	建设环境	功能效益	经营效果	—	—

表5-2　一级指标设置

指标属性	一级指标
输入类指标	自然环境
	人文环境
	建设环境
	政策支持
产出类指标	社会效益
	经济效益
	经营效果
发展类指标	可持续性

（二）二级指标设计

通过文献调查，政策解读，专家座谈，初步构建评价指标体系二级指标39个（见表5-3）。

表5-3 二级指标设置

指标属性	一级指标	二级指标	指标释义
输入类指标	自然环境	自然风貌	考虑民宿所在地的时令、气候、地理环境、自然景观等
		环境质量	考虑民宿所在地的空气质量、水质环境、垃圾处理能力等
		保护投入	考虑当地当年对自然环境保护的资金投入
	人文环境	文化内涵	考虑民宿是否蕴含深刻的文化内涵
		地方特色	考虑民宿是否具有独特的地域特色
		文化创新水平	考虑传统文化内容、形式创新、文化影响力等
		乡村居民服务意识	考虑当地居民是否具有服务意识
	建设环境	地区经济	考虑当地经济发展状况
		交通条件	考虑当地与外区、外省交通的便利程度
		景区周边道路状况	考虑民宿周边景区道路状况，即民宿到达景区的交通便利程度
		核心旅游区距离	考虑民宿距离和核心旅游区的平均距离
		环境卫生	考虑当地的环境卫生情况
		水电供应	考虑当地的水电供应情况
		网络技术环境	考虑区域网络覆盖率
		安全设施	考虑当地住宿游玩的安全设施是否到位
	政策支持	统筹协调	考虑当地对民宿发展是否有明确定位及规划
		证照办理	考虑当地民宿证照办理的难易程度
		支持政策（税收优惠、经济补偿）	考虑促进民宿发展政策的制定、执行及保障
		人才培养	考虑当地是否有明确的人才培养需求及引进计划

续表

指标属性	一级指标	二级指标	指标释义
产出类指标	社会效益	就业带动	考虑民宿带动当地村民就业情况
		文化传承	考虑民宿带动当地文化传承情况
		乡村环境保护	考虑民宿发展对当地环境保护的影响
		税收收入	考虑民宿发展对当地税收的贡献
		带动其他产业发展	考虑民宿带动当地旅游、餐饮等产业的发展情况
		带动城乡融合发展	考虑当地各类要素向乡村流动、推动城镇化、盘活农村闲置房屋和宅基地、提升土地利用率等
	经济效益	民宿数量	考虑当地民宿数量
		单间民宿平均价格	考虑当地民宿平均价格水平
		村民民宿收入	考虑当地从事民宿经营管理的村民年均民宿收入
	经营效果	合规经营（经营资格）	考虑已有民宿合规经营情况
		接待能力	考虑当地民宿的接待能力
		员工教育培训	考虑民宿员工教育培训情况
		主题/特色风格打造	考虑民宿主题打造、特色风格展示等情况
		创新性体验	考虑民宿创新性体验情况，包括家庭文化感受、生活情感互动、特色餐饮、创新活动等
		宣传力度（包括网络平台等）	考虑线上线下营销是否到位
		游客满意度	考虑民宿好评率
发展类指标	可持续性	品牌知名度与美誉度	考虑民宿所在地打造的知名民宿品牌的数量及其美誉度
		经营理念传播	考虑民宿创新性经营理念的传播情况
		资源运营能力成长	考虑民宿运营能力的发展潜力
		市场业务能力成长	考虑民宿市场的扩张潜力

四、京郊民宿游客满意度分析

本章的数据样例以北京郊区民宿市场为主,海鳗云公司在携程、去哪儿、飞猪、马蜂窝等多家OTA(在线旅行社)平台上采集了2023年上半年北京周边20家民宿的评论数据(为了避免广告嫌疑,以下分析结论不透露具体民宿名称,统一用区域+序号表示,如延庆1等)。民宿区域分布如表5-4。

表5-4 民宿区域分布数量

区域	分析民宿数量
昌平区	3
房山区	2
怀柔区	2
门头沟区	5
密云区	3
平谷区	2
延庆区	3
总计	20

(一)数据总览

海鳗云公司在多家OTA平台上采集了北京周边20家民宿的评论数据,采集周期为2023年1月1日—2023年6月30日,并对采集到的数据运用海鳗云游客满意度分析模型进行满意度分析,模型运算结果如图5-1所示。

从图5-1可以看出,游客对北京周边20家民宿的整体满意度一般,20家民俗综合得分为7.38分。其中,游客对环境维度满意度最高,得分

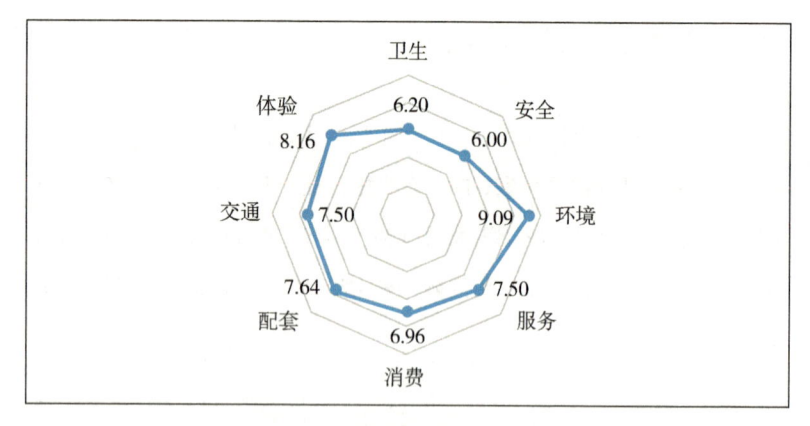

图5-1 北京周边部分民宿游客满意度得分情况

为9.09；其次是对体验维度的满意度得分为8.16；对安全维度的满意度得分最低，为6.00分。

从个体民宿来看，20家民宿中有3家民宿（约15%）的游客满意度得分在8.00分以上，分别位于门头沟、延庆和昌平。游客满意度得分在7.00～8.00分的有13家，分别位于昌平、密云、门头沟、平谷、延庆、怀柔（见图5-2）。

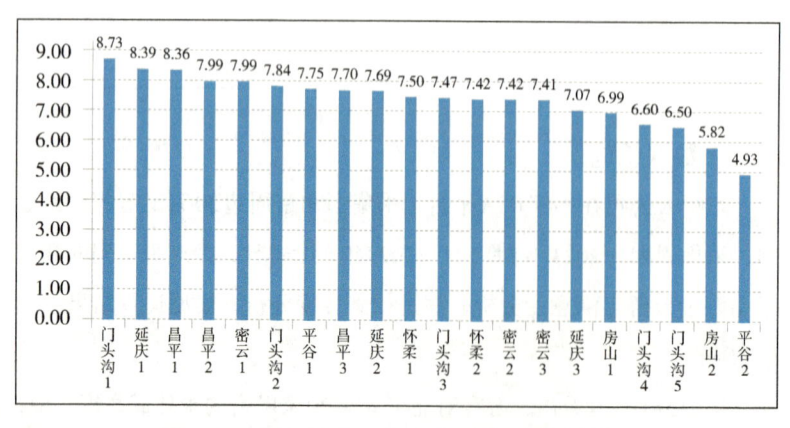

图5-2 北京周边20家民宿游客满意度得分

在游客满意度TOP10中,昌平的民宿数量最多,为3家,占比30%,其次是门头沟和延庆,分别为2家,占比均为20%(见表5-5)。

表5-5 北京周边20家民宿游客满意度得分情况

	卫生	安全	环境	服务	消费	配套	交通	体验	游客满意度得分
门头沟1	9.96	6.00	9.21	8.00	10.00	9.27	8.00	9.43	8.73
延庆1	6.00	6.00	8.24	9.99	10.00	8.12	9.99	8.76	8.39
昌平1	6.00	6.00	7.60	8.67	9.99	9.99	8.67	9.99	8.36
昌平2	6.00	6.00	8.62	9.02	9.20	8.50	9.02	7.59	7.99
密云1	6.00	6.00	9.99	8.00	6.00	9.99	8.00	9.96	7.99
门头沟2	6.00	6.00	9.58	9.24	6.00	8.18	9.24	8.47	7.84
平谷1	6.00	6.00	8.00	9.99	9.99	2.04	9.99	9.98	7.75
昌平3	6.00	6.00	8.70	6.80	9.99	9.99	6.80	7.29	7.70
延庆2	6.00	6.00	9.99	9.99	6.00	9.99	9.99	7.60	7.69
怀柔1	6.00	6.00	10.00	6.00	9.99	6.00	6.00	9.99	7.50
门头沟3	6.00	6.00	8.86	8.26	6.00	8.96	8.26	7.47	7.47
怀柔2	6.00	6.00	7.94	8.66	6.00	8.54	8.66	7.54	7.42
密云2	6.00	6.00	8.96	9.38	2.02	9.27	9.38	8.32	7.42
密云3	6.00	6.00	8.00	8.00	6.00	9.99	9.99	7.33	7.41
延庆3	6.00	6.00	10.00	6.80	6.00	7.33	6.80	7.67	7.07
房山1	6.00	6.00	9.99	6.00	6.00	9.96	6.00	6.00	6.99
门头沟4	6.00	6.00	8.97	7.14	2.01	8.26	7.14	7.30	6.60
门头沟5	6.00	6.00	9.99	6.00	6.00	2.02	6.00	9.98	6.50
房山2	6.00	6.00	10.08	2.02	6.00	8.40	2.02	7.03	5.82
平谷2	6.00	6.00	10.00	2.01	6.00	2.02	2.01	5.43	4.93

（二）20家民宿八大维度满意度情况

参照海鳗云游客满意度计算模型，将20家民宿近两年的评论数据进行卫生、安全、交通、服务、配套、体验、消费和景观八大维度分析。在每一个维度下面，分别设置了若干二级指标。在二级指标的取值方面，基于文本挖掘技术和情感判断技术对互联网游客评论数据进行文本分层和关键词归纳，并在二级指标内提取对标的特征词，对特征词进行正、中和负三个维度的情感标注，计算每个指标下特征词及其情感属性的数量，并进行满意度运算（见图5-3）。

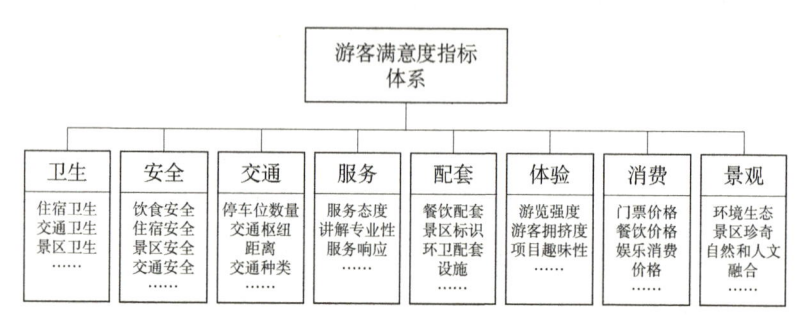

图5-3 游客满意度指标体系

以下将从环境、配套、交通、卫生、安全、服务、消费、体验八大维度，对北京周边20家民宿进行满意度分析。

1. 游客对民宿的环境满意度分值最高，比较关注视野的开阔性和环境的安静程度

通过对OTA平台上游客的评论数据进行语义分析和关键词提取，我们发现，北京周边20家民宿在环境维度的满意度分值最高，为9.09分，总体表现最好。具体来看，10家民宿在该维度的得分在9.00分以上，占比50%。其中有3家民宿为满分10分，分别位于延庆、怀柔和平谷（见图5-4）。

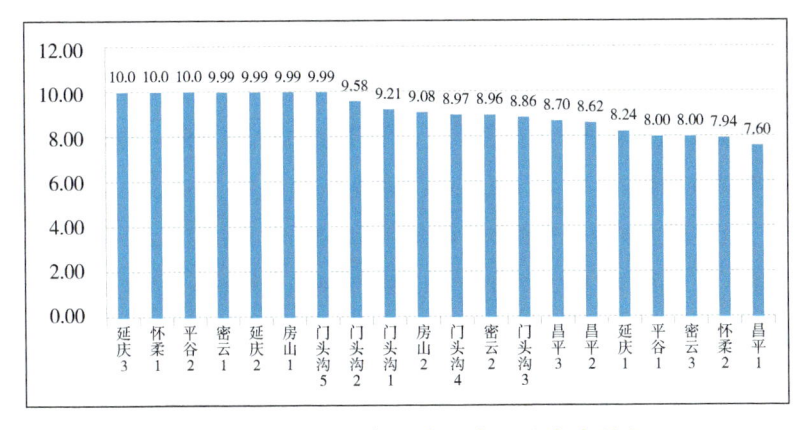

图5-4　20家民宿在环境维度的满意度得分

从环境维度的细分指标看，民宿周围环境的视野开阔性和安静程度是游客关注的重点。从数据可以看出，OTA平台中有45%的游客评论"环境好"，22%的游客评论"环境差"（见图5-5）。

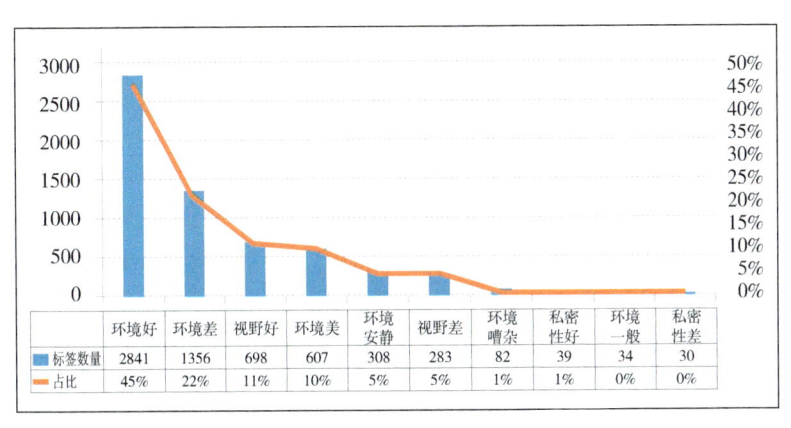

	环境好	环境差	视野好	环境美	环境安静	视野差	环境嘈杂	私密性好	环境一般	私密性差
标签数量	2841	1356	698	607	308	283	82	39	34	30
占比	45%	22%	11%	10%	5%	5%	1%	1%	0%	0%

图5-5　住宿环境维度下二级标签情况

值得关注的是，因为一些民宿追求区位的便利性，往往会把选址定在街边或路边，这在一定程度上加大了游客对环境的不满意度，比如在评论中提到因所住房间临街会觉得周边环境嘈杂，清晨会被吵醒，更有

275

甚者会觉得私密性不高。

2. 体验维度满意度分值排名第二，可口的餐食和舒适的入睡环境是游客关注的重点

北京周边20家民宿在体验维度的满意度分值排名第二，为8.16分。被监测的民宿中，有6家在消费维度满意度得分超9.00分，占比30%（见图5-6）。

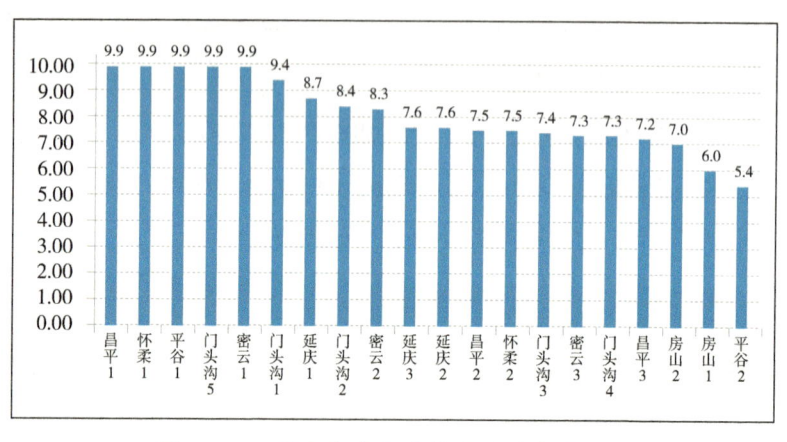

图5-6　20家民宿在体验维度的满意度得分

餐饮和住宿是民宿体验的两大王牌产品，也是游客最关注的两点需求。从数据看，有66%的评论与用餐体验有关，比如"餐饮好""用餐体验好""用餐体验差"等，住店游客对BBQ（户外烧烤）、地方特色美食、爱心早餐等好感度较高。15%的评论与住宿体验有关，如"房间舒适度""床舒适度"等，相比于餐饮体验，游客对住宿的体验更在意房屋设施能否为其提供舒适的入睡环境，与入睡相关的设施设备和周遭环境是其最关心的住宿因素。其他诸如网络是否畅通、电梯是否便利等也是游客关心的点，但提及频次较少（见图5-7）。

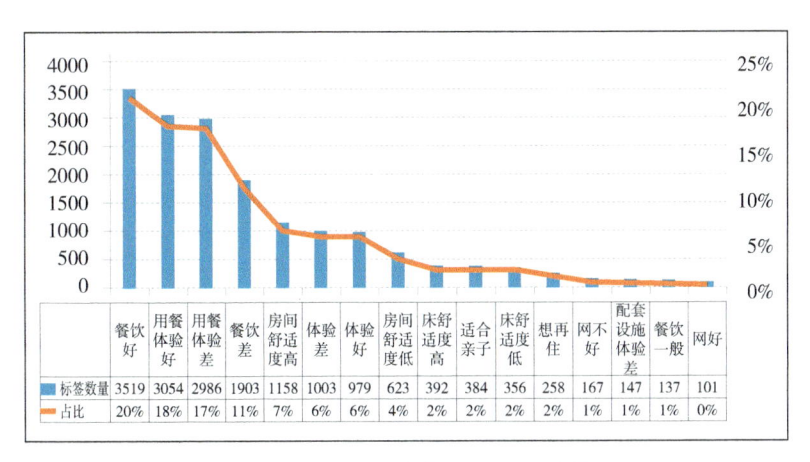

第五章 京郊民宿产业评价指标体系构建研究

标签	餐饮好	用餐体验好	用餐体验差	餐饮差	房间舒适度高	体验差	体验好	房间舒适度低	床舒适度高	适合亲子	床舒适度低	想再住	网不好	配套设施体验差	餐饮一般	网好
标签数量	3519	3054	2986	1903	1158	1003	979	623	392	384	356	258	167	147	137	101
占比	20%	18%	17%	11%	7%	6%	6%	4%	2%	2%	2%	2%	1%	1%	1%	0%

图5-7 住宿体验维度下二级标签情况

3. 配套维度的满意度分值排名第三，亲子娱乐设施是重要关注点

北京周边20家民宿在配套维度上的满意度得分为7.65分。从数据上看，被监测民宿中有7家得分在9.00分以上，占比35%，昌平和密云各有2家民宿配套得分为9.99分。得分为8.00～9.00（不含）分的有7家，占比35%。有3家民宿在该维度得分低于2.5分，需要关注（见图5-8）。

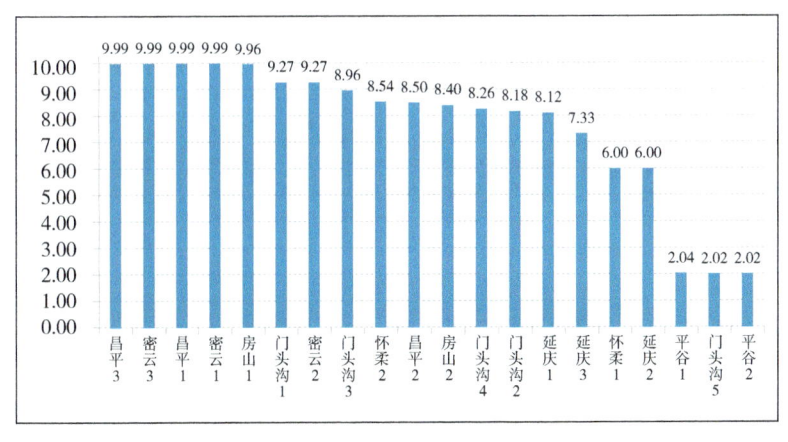

图5-8 20家民宿在配套维度的满意度得分

在该维度下，总体来看游客普遍认为所住房间设施齐全、房屋设施好。从评论的文本数据看，游客对民宿的房间设施、卫浴设施、装修风格关注度较高。

值得注意的是，北京周边民宿的主要消费市场是亲子家庭，亲子客群对民宿配套的关注点以亲子娱乐设施为主。有不少游客提出个别民宿存在亲子设施不齐全的问题，比如亲子房内没有单独的玩具间、亲子房玩具质量差、反味严重、亲子床垫不合格等。

此外，有个别游客提到房间设施不齐全的问题，比如缺少一些基本软硬件，如厕所未提供小手巾和地巾、室内所有大床均为两张单人床拼成、边角太尖对孩子不友好、室内桌面太少甚至没有床头柜、床品过少等问题（见图5-9）。

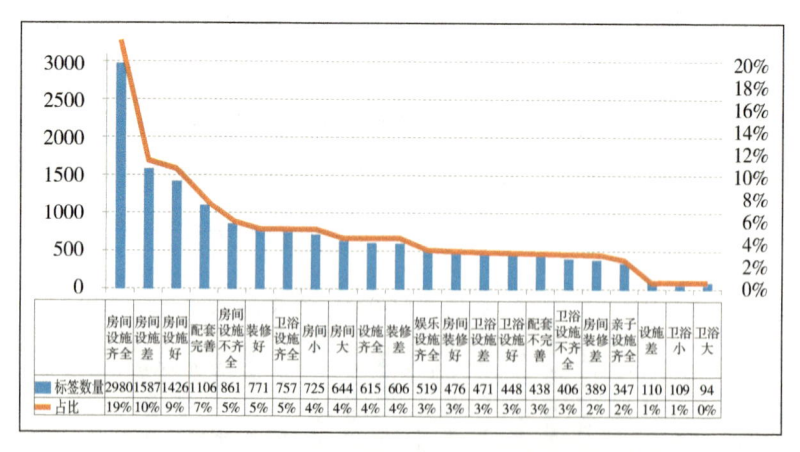

标签	房间设施齐全	房间设施差	房间设施好	配套完善	房间设施不齐全	装修好	卫浴设施齐	房间小	房间大	设施齐全	装修差	娱乐设施齐全	卫浴设施好	卫浴设施差	配套不完善	房间设施不齐全	亲子设施齐全	设施差	卫浴小	卫浴大
标签数量	2980	1587	1426	1106	861	771	757	725	644	615	606	519	476	471	448	438	406	389	347	110	109	94
占比	19%	10%	9%	7%	5%	5%	5%	4%	4%	4%	4%	3%	3%	3%	3%	3%	3%	2%	2%	1%	1%	0%

图5-9　住宿配套维度下二级标签情况

4. 交通维度的满意度得分良好，餐饮、交通的便利性及民宿区位条件是游客关注重点

受交通基础设施较为完善及民宿选址优先考虑通达性等多种因素影响，北京周边20家民宿在交通维度上的满意度得分为7.50分。从数

第五章 京郊民宿产业评价指标体系构建研究

据上看，被监测民宿中有6家得分在9.00分以上，占比25%；6家得分在8.00~9.00（不含）分（见图5-10）。

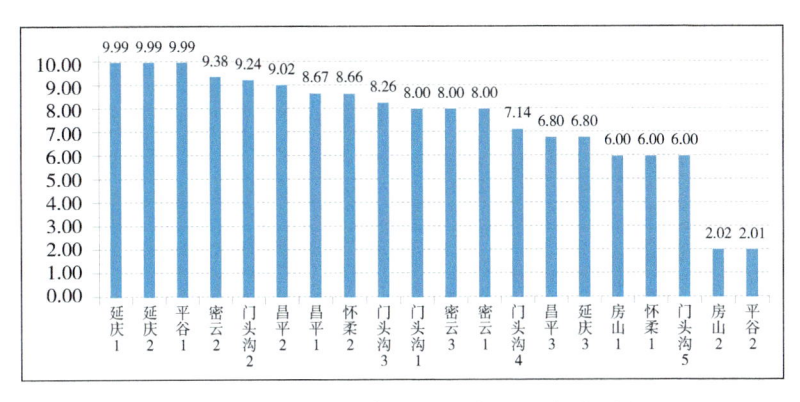

图5-10 20家民宿在交通维度的满意度得分

民宿到周边景点的便利性、民宿区位条件、到附近餐饮的便利性是游客在交通维度最关注的3点内容。从数据上看，有38%的游客关注所住民宿周边餐饮的便利性问题，30%的游客关注所住民宿与周边景点的交通便利性问题，20%的游客关心民宿位置是否好找及民宿的通达性问题。另外，还有10%的游客关心停车问题（见图5-11）。

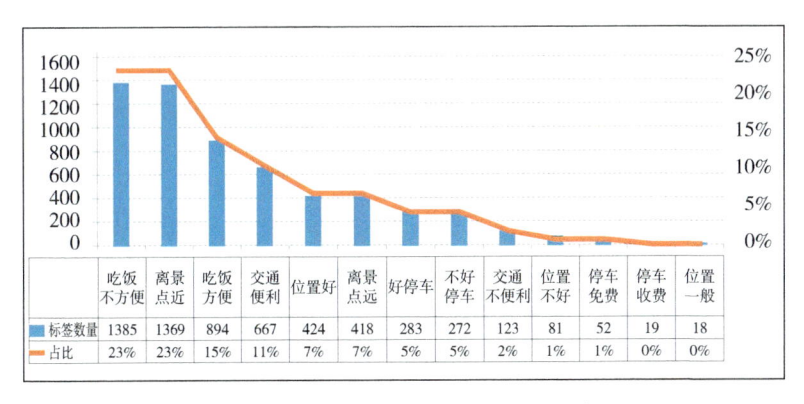

图5-11 住宿交通维度下二级标签情况

279

5. 服务维度满意度综合表现良好，前厅服务和免费服务是游客关注重点

北京周边20家民宿在服务维度的满意度得分为7.50分，9.00分及以上的民宿6家，占比30%。具体来看，延庆的2家民宿和平谷的1家民宿得分为9.99分。8.00~9.00（不含）分的民宿有6家，值得关注的是有2家民宿的满意度得分低于2.5分（见图5-12）。

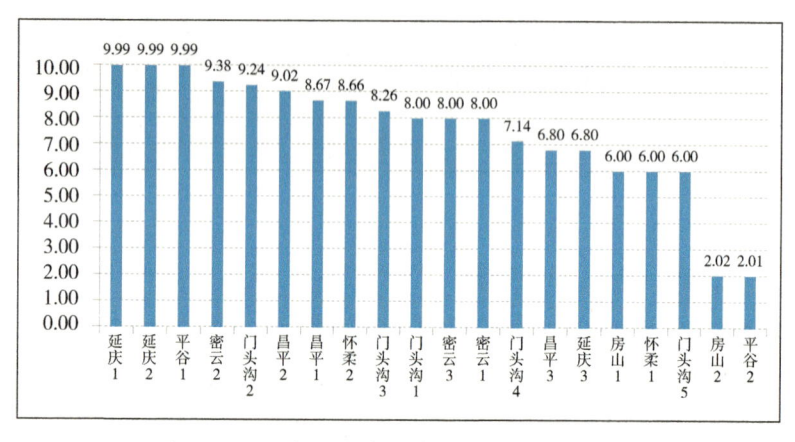

图5-12　20家民宿在服务维度的满意度得分

前厅服务和免费服务是游客关注的重点。从数据上看，有52%的评论认为所住民宿服务好，评论关键词有服务态度、服务细节、服务及时性等。有15%的评论提及民宿前厅服务，其中认为前厅服务差的占比为9%，认为前厅服务好的占比为6%。民宿前厅的沙发、茶室、咖啡厅等是游客在办理入住时停留时间最长的地方，也是游客接触民宿的第一印象区，因此前厅服务是游客评论提及较多的区域。建议民宿从业者要重视前厅服务的质量，给游客提供完美的第一印象（见图5-13）。

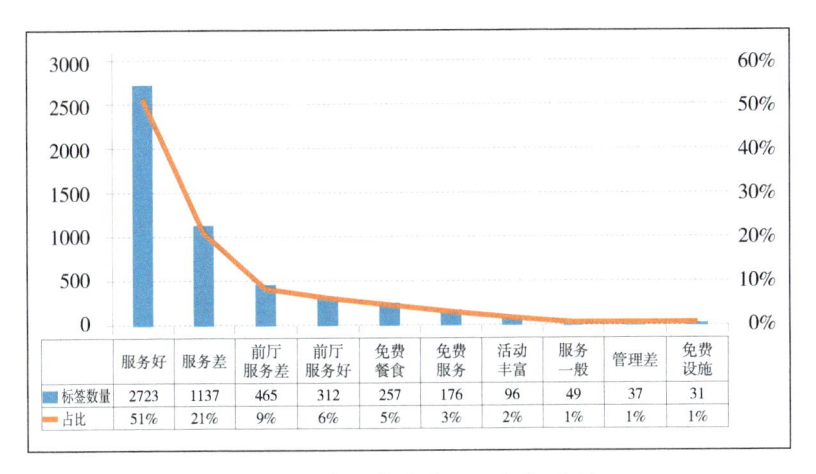

	服务好	服务差	前厅服务差	前厅服务好	免费餐食	免费服务	活动丰富	服务一般	管理差	免费设施
标签数量	2723	1137	465	312	257	176	96	49	37	31
占比	51%	21%	9%	6%	5%	3%	2%	1%	1%	1%

图5-13 住宿服务维度下二级标签情况

值得关注的是，一些免费服务很容易博得游客住店好感度，如免费餐食、免费设施服务、免费升房服务等。

6. 消费维度综合满意度一般，性价比是住店消费者关注重点

从整体上看，游客对北京周边20家民宿在消费维度的满意度一般，得分为6.96分。被监测的民宿中，有7家在消费维度满意度得分超9.00分，占比35%（见图5-14）。

性价比和住宿收费问题是游客关注的重点。从数据上看，有80%的评论与住店消费性价比有关，其中，74%的评论对所住民宿性价比较为满意，评论大多围绕民宿软装有品位，设施设备如卫浴、厨具等都使用进口大品牌，床品堪比五星级酒店的品质，这些都让游客觉得高端大气上档次，此次消费十分值得。此外，还有4%评论与住店收费有关，其中有2%的游客认为收费不合理，有2%的评论认为民宿价格不合理。

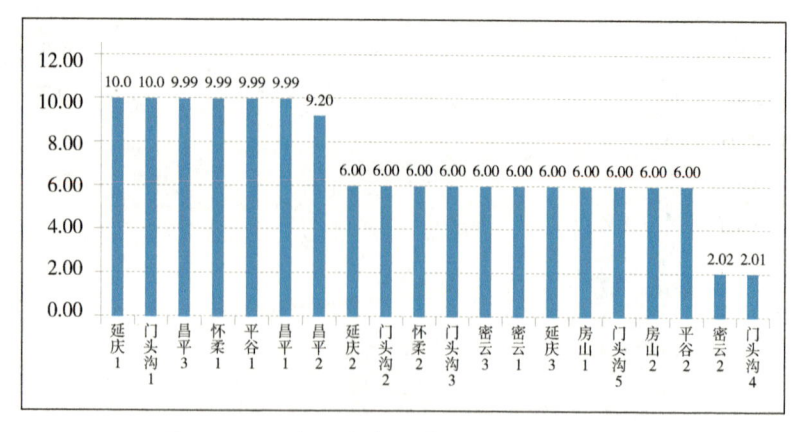

图5-14　20家民宿在消费维度的满意度得分

值得关注的是，有2%的评论与退订消费有关，这些评论大多由于涉疫、天气等问题无法前往民宿而产生了退订问题，在与店家和OTA沟通过程中产生了些微不愉快的感受（见图5-15）。

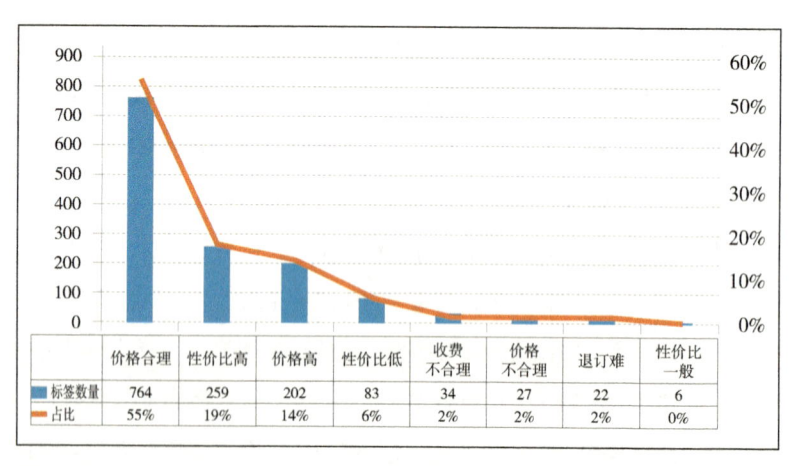

	价格合理	性价比高	价格高	性价比低	收费不合理	价格不合理	退订难	性价比一般
标签数量	764	259	202	83	34	27	22	6
占比	55%	19%	14%	6%	2%	2%	2%	0%

图5-15　住宿消费维度下二级标签情况

7. 卫生维度和安全维度满意度得分有待提升，餐饮卫生和住宿安全是关注重点

从海鳗云游客满意度分析模型运算结果可以看出，北京周边20家民宿在卫生维度综合得分为6.20分，安全维度综合得分为6.00分，民宿卫生及安全水平有待提高。

在卫生维度方面，通过对游客评论文本数据进行分层和关键词分析，我们发现游客对餐饮卫生、房间卫生、床品和卫浴卫生关注较高。值得关注的是，游客对房间有虫、床品不干净的评论虽然较少，但是对民宿的整体影响较大（见图5-16）。

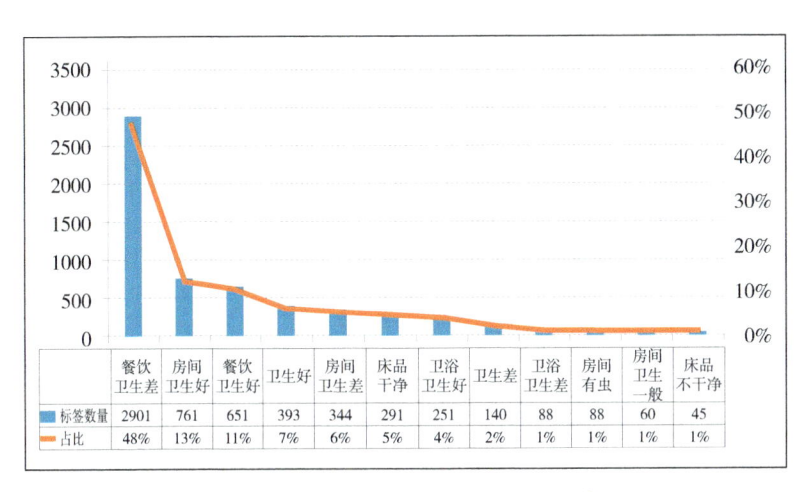

	餐饮卫生差	房间卫生好	餐饮卫生好	卫生好	房间卫生差	床品干净	卫浴卫生好	卫生差	卫浴卫生差	房间有虫	房间卫生一般	床品不干净
标签数量	2901	761	651	393	344	291	251	140	88	88	60	45
占比	48%	13%	11%	7%	6%	5%	4%	2%	1%	1%	1%	1%

图5-16　住宿卫生维度下二级标签情况

在安全维度方面，通过对游客评论文本数据进行分层和关键词分析，发现游客对住宿安全、配套设施安全、健康问题关注度较高。"维权""侵犯隐私""配套设施不安全"虽然提及频次少，但也应当引起高度关注（见图5-17）。

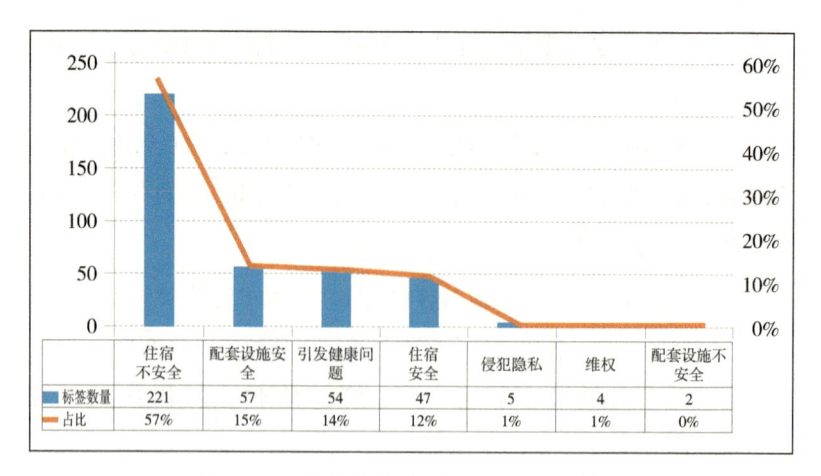

图5-17　住宿安全维度下二级标签情况

	住宿不安全	配套设施安全	引发健康问题	住宿安全	侵犯隐私	维权	配套设施不安全
标签数量	221	57	54	47	5	4	2
占比	57%	15%	14%	12%	1%	1%	0%

（三）分析小结

纵观遴选的20家京郊民宿在OTA上的游客满意度表现，可以发现，满意度得分较高的民宿的基本特征为餐饮可口、环境舒适、服务贴心、距离景点和休闲娱乐场所近，以及店内亲子服务设施齐全（见图5-18）。

图5-18　词频统计图

主打高奢休闲市场的民宿则在设计、装修上注重个性，在服务、体验上强调人情味，让游客更容易感受到温馨、舒适与放松。主打亲子休闲度假的民宿一般选址在交通便利的景区周围，店内配套有露天电影、亲子游戏屋、私家花园、户外烧烤、卡拉OK和泳池等，在安抚小孩儿的同时，也能让大人体会到休闲度假的乐趣。总体来看，以民宿为主体，联合周边景区景点，搭配便利的交通区位条件，并能为住店游客提供"食住行游娱"一体的休闲度假服务，已成为京郊民宿的标配。

第六章

京郊民宿产业发展的政策建议

一、明确京郊民宿发展定位，盘活乡村旅游资源

（一）明确京郊民宿发展定位，发挥民宿的引领带动作用

京郊民宿的发展应立足于服务首都"四个中心"功能战略定位，在乡村振兴、文旅融合发展趋势下，明确新时代京郊民宿行业的战略定位，结合北京城市发展规划，将乡村民宿行业发展融入北京整体发展战略规划，科学规划、建设发展，进一步明确京郊民宿行业区域空间布局、发展重点和路径，不断发挥京郊民宿在乡村振兴、生态保护、文旅融合等领域的引领带动作用。

首先，京郊民宿发展能够带动乡村振兴与文化传承。京郊民宿可以秉持乡村振兴的理念，保护和传承当地的传统文化和历史遗产，充分利用乡村资源和优势，打造具有地方特色和文化内涵的民宿。通过提供丰富的文化体验、民俗活动和传统手工艺制作等，吸引游客感受当地独特的乡村文化。

其次，京郊民宿发展可改善首都自然环境、践行生态保护理念。京郊民宿位于郊区，环境优美，周边自然资源丰富，通过民宿发展带动自然保护，提供生态游、农耕体验、生态农业等活动，加强生态环境的保护和可持续利用，让游客亲近自然、感受乡村生活的魅力。

再次，京郊民宿可为广大的北京市民提供休闲度假场所。京郊民宿可定位为休闲度假的目的地，提供高品质、舒适的住宿环境和休闲设施，结合当地的特色资源，如温泉、山水景观、户外活动等，为游客提供身心放松、健康养生的休闲度假体验。

最后，京郊民宿发展可带动与文旅景点的合作与联动。京郊民宿可以与周边的文旅景点、特色乡村、农家乐等进行合作与联动，共同推动文旅产业的发展。通过提供丰富的旅游线路和合作项目，为游客提供全

方位的旅游体验，增加京郊民宿的吸引力和竞争力。

（二）积极盘活乡村资源，提炼与传播乡村文化

乡村的山、林、田地、房屋等民宿要素集体流转，市场化运作民宿资源，探索多种发展模式，或由专业机构经营管理，村民除获取固定收益外，还可以转换身份成为民宿产业集群中的新型从业者；立足闲置民居民宿化，充分释放乡村发展活力；强调休闲农业体验化，加快农村生活、农业生产、生态保护的融合发展，构建生态庄园、农耕文旅研学馆、红色民俗、康养教学及旅游的新"打卡点"。

一是充分挖掘京郊乡村资源。了解京郊乡村的自然、人文和历史资源，包括美丽的自然环境、特色的人文景观、乡土建筑和民俗文化等。通过研究和分析，确定乡村的特色资源，对其进行重点挖掘和保护，形成特色亮点，并结合民宿的定位将其融入民宿的建设和服务中。

二是设计主题与体验活动。根据京郊乡村的特色资源，设计独特的主题和体验活动，如农耕体验、手工艺制作、传统节日活动、民俗表演等。通过这些活动，将乡村文化融入民宿的运营中，让游客更深入地了解、感受乡村文化。

三是加强合作与交流。与当地村民、农户和乡村文化组织建立合作关系，开展文化交流与合作项目。可以邀请当地的乡土文化专家、传统手艺人、民间艺术家等参与到民宿的文化活动中，通过合作交流，传承和发展乡村文化。

四是开展数字化推广和宣传。利用互联网和社交媒体等数字化平台，对京郊乡村民宿进行宣传推广。通过发布精美的图片、有趣的故事，讲述京郊乡村的历史文化和生活风光，吸引更多人的关注，传播京郊乡村文化的内涵。

五是积极开展培训和教育活动。在乡村民宿中提供有关京郊乡村文化的培训和教育机会，包括京郊乡村文化历史知识的学习、传统手工艺的培训、农耕技术的交流等。培养员工对京郊乡村文化的认知和理解，提高服务质量和客户体验。

六是参与文化传承与保护。积极参与京郊乡村文化的传承与保护，与当地文化遗产保护组织或机构合作，推动文化遗产的保护与传承工作。通过规范化的运营管理，注重乡村文化的保护意识和责任感，确保文化资源得到有效利用和传承。

二、加快建设公共服务数据平台，加强事中事后监管服务与监管并举

（一）健全地方法规，完善配套的地方标准和行业规范

制定专门的法规和规划，明确乡村民宿的定位、标准和要求。法规和规划应包括土地使用、建筑设计、环境保护、卫生安全、设施设备等方面的要求，为民宿的建设和运营提供明确的指导。

建立健全的民宿管理制度和流程，包括民宿的审批程序、验收标准、日常监管和违规处理等。制定相关制度和流程，利于规范民宿行业的发展，提高整体运营水平。

鼓励、支持和培育乡村民宿行业协会。行业协会可以制定行业规范及道德操守，并组织行业内部的培训、交流和合作，推动行业标准化和规范化发展。

总之，在住宿业管理办法的框架下进一步明确对民宿市场准入、经营规范、服务水平、发展保障等要求，完善配套的地方标准和行业规范，打造体系完备、操作性强的民宿行业标准体系。

（二）明晰相关部门的监管职责，避免多头、重复管理

在京郊民宿发展中，需要明确旅游、市场监管、公安、消防、卫生健康、生态环境、自然资源等相关部门的监管职责，以避免多头、重复管理。

地方政府可以建立领导协调机制，包括旅游、市场监管、公安、消防、卫生健康、生态环境、自然资源等相关部门的代表，共同参与决策和协调工作。通过定期会议、联席会议等形式，加强信息共享和沟通，避免职责分散和冲突。

相关部门可以签署跨部门合作协议，明确各个部门在京郊民宿监管中的职责和权限。协议应明确监管指标、检查标准和执法流程，避免重复和冲突。同时，可以共享资源和信息，提高监管效能。

建立统一的监管平台，整合各个部门的信息系统和数据库。监管平台可以实现信息共享、多部门协同工作，更有效地监督和管理京郊民宿。平台可以包括申请审批、运营数据录入、执法检查等功能，实现一体化管理和监管。

相关部门可以开展跨部门的专业培训和指导，提高各部门人员对民宿行业的了解和知识水平。培训内容可以包括行业规范、法律法规、安全管理等方面的知识，提高监管人员的业务能力和全面素质。

统一监管标准和执法手册。制定统一的监管标准和执法手册，明确各个部门在民宿监管中的职责和执法要求。标准和手册应具体、明确，并根据实际情况持续修订和更新，以适应行业发展和市场变化。

（三）深化"放管服"改革，加强对民宿行业的事中事后监管

简化审批程序。对符合规定的民宿项目，简化审批程序，缩短审批时间。取消不必要的环节和材料，加快审批流程，提高审批效率。推行

网上申请和审批系统，方便申请人提交材料和了解审批进度。

强化事中事后监管。加强对民宿项目的事中事后监管，确保民宿的建设和运营符合规定。建立监管机构，加大对民宿项目的检查和巡查力度，及时发现和纠正违规行为。加强与业主、经营者的沟通和培训，提高民宿管理水平。

建立投诉举报机制。设立民宿投诉举报渠道，接受公众对民宿问题的投诉和举报，并及时处理。建立投诉举报的快速反馈机制，让举报者能够及时得到反馈和处理，维护公众的合法权益。

定期检查和评估。定期对民宿进行检查和评估，确保民宿在安全、卫生、环境等方面符合要求。评估结果可以作为监管的参考，对问题严重的民宿实施限期整改或暂停运营，提高行业的整体质量和信誉。

强化信息公示。建立民宿信息公示平台，公开民宿的基本情况、经营状况等信息。通过信息公示，促使民宿经营者自觉遵守规定，提高行业透明度和公信力。公众可以通过平台了解民宿的品质和信誉，做出合理的选择。

推行多部门联合执法，进一步规范监督执法工作，加大执法帮扶力度，减少对民宿正常经营活动的干扰，营造公平竞争、规范有序的行业环境。同时，也可以提高监管的针对性和精准度，保障民宿行业的安全和质量，提升行业的整体形象和信誉。

（四）打造产业数字化监管平台

准确掌握本地区产业资源分布、企业发展动态、游客消费方式和行为、本地区客流趋势和公共场所客流情况等，为地方进一步制定产业政策、引导产业发展、优化基础设施和公共服务提供科学参考。产业数字化监管平台包括但不限于以下功能。

数据集成与共享。建立一个综合性的数字化平台，整合并汇总民宿相关的数据资源，包括民宿基本信息、审批数据、执法检查记录、投诉举报情况、经营数据等。各相关部门可以共享数据资源，提高监管的精准度和权威性。

建立信息核验系统。在数字化监管平台中，设置信息核验系统，将民宿基本信息与实际情况进行核验，确保申请登记的民宿真实、合规。通过数据比对和实地核查，避免信息造假和违规操作。

智能化执法工具。数字化监管平台可以集成智能化执法工具，例如通过人工智能（AI）和大数据分析技术，对民宿进行风险预警和监测。通过监控系统、违建识别技术等手段，实时监测民宿的运营情况和违规行为。

便捷的在线申报和审批平台。通过数字化监管平台，建立在线申报和审批平台，申请人可以方便地提交申报材料和办理审批手续。审批部门可以通过平台实时审批，加快办事效率，减少人为的审批瓶颈。

数据分析和预警功能。利用数字化监管平台的数据分析功能，可以对民宿行业的运营情况、市场需求、投诉举报等进行分析和研判。通过预警系统，及时发现问题，采取相应的措施，提升监管的针对性和精准度。

公众参与和信息公示。数字化监管平台可以设立公众参与机制，让公众对民宿的监管提供意见和反馈。同时，通过平台的信息公示功能，公开民宿的基本信息、评级、监管结果等，提高行业的透明度和公信力。

三、加强行业自律、社区自治及建设数字文旅生态系统，培育民宿产业集群竞争力

（一）发挥民宿协会的引导作用，加强行业自律与社区自治

充分发挥民宿协会在京郊民宿发展中的引导作用，推动形成监管部门、村集体、行业协会、经营主体良性互动机制。通过制订推广规范化、标准化的管理和服务流程，提高京郊民宿现代化服务水平。引导京郊民宿经营者认真履行企业的主体责任，强化诚信意识，增强经营者的自律意识和社会责任感，不折不扣地落实承诺的内容。

推进行业自律与社区自治，开展"最美乡村民宿""有故事的乡村民宿主人""大厨下乡"等评选活动，强化培训学习，培育北京民宿行业发展内生动力，提升抗风险能力，筑牢行业发展根基。同时，鼓励合理引入资本、连锁酒店管理集团，或者对接大型文旅企业，提高乡村民宿的服务质量及经营管理水平。在完善乡村公共服务设施基础上，促进京郊民宿的集群化发展，提高京郊民宿资产管理能力。

（二）建设数字文旅生态系统，培育民宿产业集群竞争力

数字技术正在改变游客的需求、体验和行为，更依赖文旅领域的智能基础设施和公共服务设施。建立数字化平台，汇集民宿信息、旅游资源和文化元素等，为消费者提供便捷的在线预订和信息查询服务，平台还可以提供机构申请登记、证照办理等服务，促进民宿产业的规范化管理。利用数字化平台收集的数据，进行数据分析并提供市场营销建议，通过对市场需求、客户偏好等的分析，帮助民宿主制定更精准的运营策略，提高市场竞争力。建立民宿产业集群的供应链管理体系，实现资源共享和合作，通过与周边酒店、旅行社等旅游服务企业的合作，为民宿

提供多元化的服务和产品，丰富客户的旅行体验。

地方政府应投入更多的财力用于城市旅游的智能化、乡村旅游的信息化和公共文化的数字化，丰富夜间旅游和景区感知数字化，提供"管家式"云服务技术，将线上服务与线下服务连接起来，促进完善的数字文旅生态系统形成。

同时，数字技术产生的数据已经成为连接政府、企业、消费者等各方的有效工具和渠道，数字时代的公共服务和行业监管需要构建更好的"市场—行政—司法"交流机制，提高针对民宿产业的行业监管、市场营销、人才培养等方面的数字管理能力，进而培育民宿产业集群的竞争力。

四、挖掘人文及绿色资源，培育北京特色民宿品牌

（一）挖掘北京人文特色，打造文旅融合的特色IP

北京集古都文化、红色文化、京味文化、创新文化于一体，有着丰富的文化底蕴。应充分挖掘融合与利用历史遗迹、传统建筑、节庆活动、体育赛事、民俗美食等资源，提炼地域特色要素融入民宿经营，打造文旅融合的特色IP，塑造北京民宿主人个人魅力，进一步加强乡村民宿的参与性和文化体验性。

如利用北京丰富的历史文化资源，将民宿打造成穿越时光的"书房"，以历史文物、古籍书画等装饰，营造浓厚的历史氛围。同时，可以开展文化讲解、传统手工艺展示等活动，让客人深入了解北京的历史文化。通过挖掘北京文化名人的故事与成就，将其故居或相关场所改造成民宿，以其名人元素为特色，吸引文化追随者和影视爱好者入住。同时，可以结合相关名人的文学、艺术等创作，开展相关的文化活动。与

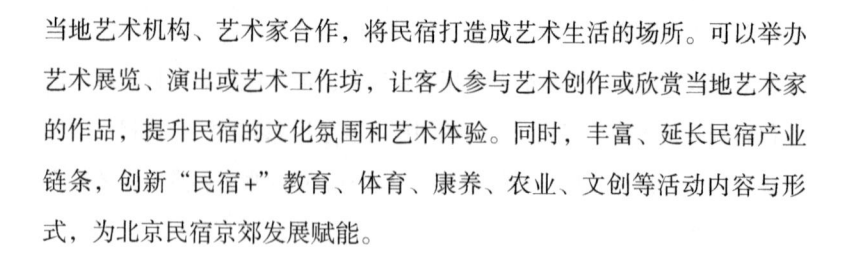

当地艺术机构、艺术家合作,将民宿打造成艺术生活的场所。可以举办艺术展览、演出或艺术工作坊,让客人参与艺术创作或欣赏当地艺术家的作品,提升民宿的文化氛围和艺术体验。同时,丰富、延长民宿产业链条,创新"民宿+"教育、体育、康养、农业、文创等活动内容与形式,为北京民宿京郊发展赋能。

(二)保护首都绿色资源,构建新生态民宿品牌

在发展乡村民宿过程中,民宿景观设计应力求保护生态平衡,既保证与自然环境相适应,又不损害周边景观生态系统。民宿主应积极采用绿色建筑理念,优先选择环保材料和节能设备,减少对环境的负面影响。同时,倡导垃圾分类、节水节能、减少化学污染等环保措施,保护首都的绿色资源。

在营造特色民宿景观环境时,要充分考虑资源的循环利用问题,以满足景观空间形态和周边生态系统的可持续发展。民宿建筑可以融入自然景观,尽量保留原有的植被和自然特色。同时,可以引入生态景观设计,如花园、庭院、休闲区等,为客人提供舒适的自然体验。将部分农田改造为有机农业基地,与民宿合作,给客人提供当地有机农产品的采摘和品尝活动。通过推广有机农业,保护农田生态环境,同时增加农民收入,促进农村经济发展。倡导民宿主采用当地农产品作为民宿的食材,提供口味独特的特色美食。通过支持当地农产品的发展,促进农村产业发展和农民增收,保护首都的农业资源。

注重保护生态资源,与当地的自然保护机构合作,开展生态教育活动,向客人传递环保理念,增强公众的环保意识。发扬北方民居的独特优势,保护民居环境风貌、天际线特色,加强乡镇民宿风貌管理,打造与自然环境和谐共生的民宿建筑。严格遵守环境保护法等相关法律规

定，严把生态红线，保护和利用好首都的绿色资源，构建具有强烈北京特色的新生态民宿品牌。

（三）构建产业联盟，推进京郊民宿产业集群项目

组织民宿企业、行业协会、相关政府部门、旅游局等共同参与的联盟，共同制订行业发展规划、资源整合和政策倡导。通过联合行动来解决共同面临的问题，推动京郊民宿产业集群的发展。鼓励京郊民宿企业之间进行优势互补合作，共同打造各具特色的民宿产业集群，通过资源共享、市场开发和渠道合作，提升综合竞争力，为客人提供更好的旅游体验。联合开展市场推广和营销活动，如共同参加旅游展会、制作宣传片、推出联合营销活动等，通过集体行动，提高京郊民宿产业的整体知名度和影响力，吸引更多客人选择京郊地区的民宿。

集合本土民宿品牌，整合管家服务、线上营销、安防保障等不同方面的优势，并通过统一运营，平摊接待中心、休闲娱乐等设施建设费用，缩减各家运营成本。积极推进当地民宿资源开发、智慧服务规划实施，聘请知名设计师、人工智能专家，对接国外民宿行业机构，推进高质量特色化、国际化民宿产业集群建设。

五、数字赋能乡村民宿行业管理，打造数字民宿新高地

民宿业是共享经济的重要领域，借助区块链、大数据、人工智能、智能合约等数字化技术赋能民宿行业管理，不断提升京郊民宿的服务标准、经营规范、安全保障和文化体验水平。

（一）搭建智慧旅游平台，促进京郊民宿集群发展

借助北京本地信息化优势搭建完善的智慧旅游平台，为游客、商户

提供品牌融合、产品打包、统一宣传等一站式服务，促进京郊民宿集群发展。如扎实建好智慧安防基础设施，将道路安全、住宿安全、风险识别与公安部门联防，打造民宿安全示范区；积极开展数字营销，借助网络直播、短视频营销等变革传统营销方式；以消费者为中心，以"互联网+品牌运营"为依托，不断探索优化消费场景，打造数字民宿新高地。

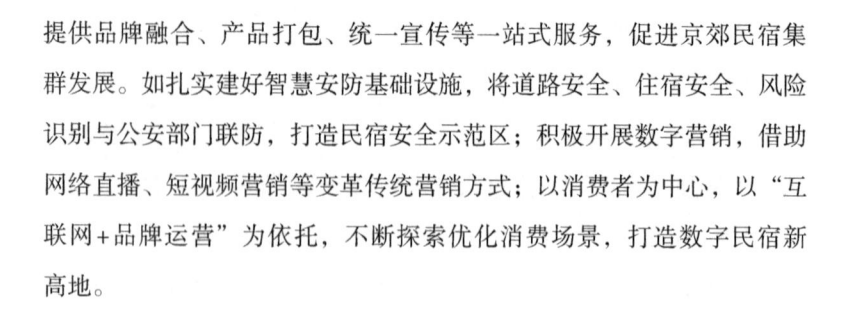

（二）形成数字民宿生态系统，不断拓展民宿业功能

随着数字技术的快速发展，以智能硬件为支撑，以数字化、沉浸式、在线服务为特征的新兴民宿产业生态正在形成，数字技术的应用催生了民宿行业的创新服务，打破了传统住宿业的界限，将智能住宿、个性化服务、标志性"打卡"、自助出行和其他行业相关联，为消费者提供"主客互动"的贴心美好的消费体验和内容丰富的产品供应。

（三）数字化促推民宿业以"互动体验为中心"的产品创新

目前，民宿行业的自然和文化资源的开发往往需要整合行业数字化技术和信息化管理，并以此作为保障。高度系统整合和深度开发激活自然和文化资源，能够提升真实体验，引领虚拟体验，发掘民宿产业利润增长点，丰富产业集群内部产品结构，创新数字技术在旅游领域应用新场景，以低碳绿色产品提升产业集群的产业质量。

首先，数字产品创新要创新文旅场景、丰富数字资源。以推动乡村振兴为抓手，将乡村资源数字化、价值化，借鉴"乡村网红打卡地""淘宝村""数字民宿"等数字文旅创新成果，夯实线下文旅资源和服务品质，线上线下资源互补互哺，推进乡村产业融合发展。其次，数字产品创新要挖掘民俗文化特色、转化上线上云。再次，数字化推动公共服务与行业监管更加高效。最后，数字技术的广泛应用促进民宿产业链更具韧性。

六、发挥北京民宿学院作用，培养京郊民宿产业人才

充分发挥北京民宿学院的人才培养优势，为京郊民宿输送产业人才。北京民宿学院作为一所专门培养民宿产业人才的院校，整合北京经济管理学院、国奥集团、北京旅游协会民宿分会三方资源，以培养民宿行业潜在人才和培训民宿行业人才为目标。

（一）优化课程设置，培养民宿行业潜在人才

北京民宿学院可以根据市场需求和行业发展情况，与北京经济管理职业学院合作，共同开设与民宿管理和经营相关的专业课程。北京经济管理学院作为一所在经济管理领域有着丰富经验和资源的高校，通过课程设置和优质教学，可为学生提供丰富的理论知识和实践经验，使学生能够全面了解民宿产业的运营管理、市场营销等方面的知识，并具备相关技能。同时，三方合作可以搭建实践平台，让学生参与实际的民宿管理和运营项目，提升实践能力。

（二）建立师资队伍，保障可持续的人才输出

北京民宿学院应建立一支高水平的师资队伍，包括拥有丰富实践经验的从业者、学术界的专家学者等。师资队伍既包含北京经济管理职业学院的专职教师，也吸纳北京旅游协会民宿分会、国奥集团等兼职导师，师资团队紧跟民宿行业发展动态，积极参与学科研究和实践，为学生提供权威的教学指导和实践辅导。

（三）深化校企合作，共同开展实践项目

北京民宿学院应加强与国奥集团的深度合作，共同开展实践项目。国奥集团作为一家在旅游产业领域拥有丰富资源和经验的企业，可以为学生提供实践机会和实际操作的机会。学生可以在国奥集团旗下的民宿项目中实习，亲身体验民宿的运营管理，学习如何提供优质的服务、满足客户需求等。此外，国奥集团还可以为学生提供实践项目的场地和资源，使他们能够在实践中学习和成长。

（四）加强专业培训，提高民宿从业人员的综合素质

北京民宿学院应积极与北京旅游协会民宿分会建立合作关系，开展产学研合作项目。通过实地考察、实习实训、实践研究等方式，将理论知识与实践经验相结合，培养学生创新能力、团队合作能力和解决实际问题的能力。此外，北京旅游协会民宿分会可以为学生提供行业动态、市场趋势等信息，使他们能够了解民宿行业的最新发展和变化。

北京民宿学院可以开展针对从业者的专业培训和进修课程，提供持续学习和进修的机会。通过举办研讨会、论坛、讲座等，为学生提供与民宿行业专业人士交流的机会，拓宽他们的视野和思路。同时，承担起技术转化和相关技能培训的职责。一方面，通过培训可以提高农户对于乡村民宿的认知，增强经营者的信心；另一方面，通过培训向农户传授相关的经营知识技能，将朴素的致富热情提升为理性的经营思想。以培训推动行业内知识的传播和经验的分享，提高从业者的专业素养和行业竞争力，这是民宿产业可持续发展所必需的。

附　录

京郊民宿产业人才需求调查问卷

各相关企业：

感谢贵公司对北京民宿产业发展做出的杰出贡献！

为切实了解贵公司的用人需求，形成北京民宿人才培养风向标，助推北京民宿产业高质量发展，特进行此次调查。

本次调查信息仅用于学术研究并将严格保密，请放心填写，非常感谢您的支持！

一、基本信息

1. 公司（民宿）名称：

2. 联系人：

3. 联系电话：

4. 贵公司投资形式（多选）：

　　□ A. 政府支持

　　□ B. 开发商投资

　　□ C. 民众自发组建

　　□ D. 其他：（请说明）

5. 贵公司（民宿）所在行政区（单选）：

　　□ A. 通州

　　□ B. 平谷

　　□ C. 顺义

☐ D.怀柔

☐ E.昌平

☐ F.门头沟

☐ G.房山

☐ H.大兴

☐ I.密云

☐ J.延庆

二、调查问题（共20题）

6. 目前民宿行业的人才供给是否可以满足行业发展（单选）：

☐ A.完全满足

☐ B.基本满足

☐ C.一般

☐ D.不太满足

☐ E.不满足

7. 贵公司是否可以按需招到人（单选）：

☐ A.所有岗位都可以按需招到人

☐ B.基本上可以

☐ C.只能招到一部分

☐ D.很难招到

8. 贵公司每年人才需求数量（单选）：

☐ A.5人以下

☐ B.5~9人

☐ C.10~19人

☐ D.20~29人

☐ E.30人以上

9. 贵公司最需要哪方面的人才（多选）：

☐ A.民宿管家

☐ B.客房服务

☐ C.餐饮服务

☐ D.维保人员

☐ E.前厅服务

☐ F.人力管理

☐ G.财会

☐ H.营销人员

☐ I.升级业态服务（包括旅游、文创设计、活动组织等）

☐ J.其他：（请说明）_____

10. 贵公司最需要的人才类型（多选）：

☐ A.技能型

☐ B.通用型

☐ C.创新型

☐ D.复合型

11. 贵公司在用人过程中遇到的最大问题是（多选）：

☐ A.人才流失问题严重

☐ B.从业人才专业对口率低，培训成本高

☐ C.技术技能人才严重匮乏

☐ D.从业人才文化水平偏低

☐ E.对综合素质要求高，但符合要求的人才少

12. 贵公司最缺乏什么学历的人才（多选）：

☐ A.高中（中专）及以下

☐ B.大专

☐ C.本科

☐ D.硕士及以上

13. 贵公司对人才性别的需求（单选）：

☐ A.男性

☐ B.女性

☐ C.随意

14. 贵公司最缺乏什么专业的人才（多选）：

☐ A.酒店管理

☐ B.旅游管理

☐ C.民宿管理与运营

☐ D.其他：（请说明）_____

15. 贵公司对人才的技术技能需求（多选）：

☐ A.新媒体宣传

☐ B.地域文化挖掘及呈现

☐ C.财务管理

☐ D.心理学

☐ E.信息化管理

☐ F.产品创新与开发

☐ G.安全管理

☐ H.服务质量监管

☐ I.新业态及增值服务（如咖啡制作、茶艺、康养、亲子、文化、户外、体育等）

☐ J.活动策划

☐ K.民宿创办

☐ L.一般接待与服务

☐ M.政策与法律法规

☐ N.外语

☐ O.应急处理

☐ P.其他：（请说明）_____

16. 贵公司对人才的综合素质需求（多选）：

☐ A.敬业精神

☐ B.工作经验

☐ C.营销意识

☐ D.人际交往能力

☐ E.知识面广

☐ F.表达能力

☐ G.应变能力

☐ H.其他：（请说明）_____

17. 贵公司对民宿管家需求（单选）：

☐ A.必需

☐ B.可以考虑聘用

☐ C.不需要

18. 贵公司对员工职业培训的需求（单选）：

☐ A.需要：（请说明大致培训方向，可参考16、17题的需求内容，也可填写贵公司需求的其他方向）_____

☐ B.不需要

19. 贵公司员工参加职业培训的需求频率（单选）：

☐ A.每周一次

☐ B.每半月一次

☐ C.每月一次

☐ D.每季度一次

☐ E.每年一次

☐ F.不需要

20. 贵公司员工对语言培训的需求（单选）：

☐ A.需要：（请说明语种）_____

☐ B.不需要

21. 贵公司对人才持有职业证书的态度（单选）：

☐ A.优先考虑，十分重要

☐ B.必备条件，但不是最重要

☐ C.不是必要的，可以作为加分项

☐ D.不需要，更看重实际能力

22. 贵公司认为民宿行业最需要的职业证书（单选）：

☐ A.民宿管家

☐ B.驾驶证

☐ C.其他：（请说明）_____

☐ D.没有必要

23. 贵公司认为学校开设民宿管理与运营专业的必要性（单选）：

☐ A.有必要

☐ B.无所谓

☐ C.没有必要

24. 贵公司是否与有关院校建立了长期合作关系（单选）：

☐ A.是，合作稳定（包括已基本达成合作正在办理签约手续）

☐ B.否，不需要合作

☐ C.否，有需求但没有合适的合作对象/专业

☐ D.否，有需求但没有合适的合作项目/政策支持

25. 贵公司是否愿意接收实习生（单选）：

☐ A.是

☐ B.否

☐ C.正在考虑

参考文献

[1] 吴宜夏，田禹．"民宿+"模式推动乡村振兴发展路径研究——以北京门头沟区百花山社民宿为例［J］．中国园林，2022，38（06）：13-17．

[2] 何艳琳，崔建裴，李耘，等．门头沟区旅游民宿发展模式、困境与建议——以洪水口村和白虎头村为例［J］．北京工业职业技术学院学报，2022，21（01）：89-92+102．

[3] 李燕琴，于文浩，柏雨帆．基于Airbnb网站评价信息的京台民宿对比研究［J］．管理学报，2017，14（01）：122-128+138．

[4] 潘颖颖．浙江民宿发展面临的困难及解析——基于西塘的民宿旅游［J］．生产力研究，2013（03）：132-135.DOI:10.19374/j.cnki.14-1145/f.2013.03.040．

[5] 戴荣里．古村落文化在乡村振兴中的继承与发展——以爨底下村为例［J］．住宅产业，2021（04）：106-111．

[6] 贾犇．国奥集团董事长张敬东参加怀柔养老调研［J］．国奥内刊，第50期．

[7] 李树全．国奥怀柔休闲养老项目正式启动［J］．国奥内刊，第50期．

[8] 姜晶晶．国奥的乡间旅居样本［N］．京郊日报，2015，06．

[9] 相惠莲．盘活农宅变乡居：地方政府摸索新边界［N］．财经，2015，09．

[10] 田一涵. 全域旅游背景下中职学校民宿服务管理专业建设探索与构想［D］. 广西师范大学, 2018.

[11] 陈菲燕, 苏梦, 吉丽雪, 等. 乡村振兴背景下京郊民宿发展现状研究——以水峪村为例［J］. 中国集体经济, 2020（17）.

[12] 徐菊. 乡村振兴背景下民宿人才发展困境及前景——以南京市溧水区为例［J］. 泰州职业技术学院学报, 2023（2）.

[13] 徐文婕. 乡村振兴背景下我国民宿产业的研究及发展建议［J］. 商业经济, 2023（6）.

[14] 杨霜萍. 中职民宿专业（方向）"整合+拓展"实践教学模式创新研究［D］. 广西师范大学, 2020.

[15] 王业娜, 王若军, 张彦欣. 数字经济背景下民宿产业集群化发展研究［J］. 天津商务职业学院学报, 2023, 11（02）: 68-75.

[16] 王业娜, 马媛媛, 王若军. 北京乡村民宿发展的政策规制问题研究［J］. 北京经济管理职业学院学报, 2023, 38（01）: 74-80.

[17] 程金龙, 郭琴. 国内民宿发展三十年研究综述——基于CiteSpace软件的可视化分析［J］. 南阳师范学院学报, 2023（22）: 15-21.

[18] 戴湘毅, 张鑫. 北京民宿的现状、问题和发展建议［J］. 中国经贸导刊（中）, 2019: 100-103.

[19] 付华, 张明庆. 北京市乡村民宿发展的主要特征与对策建议［J］. 现代化农业, 2023: 69-72.

[20] 高飞. 京郊乡村民宿缘何后来居上［N］. 农民日报, 2022-03-12.

[21] 过聚荣. 中国民宿发展报告（2020—2021）［C］. 社会科学文献出版社, 2021.

[22] 侯宇轩, 李赟, 王恒. 北京乡村民宿产业高质量发展分析——基于北京M区精品民宿的调研［J］. 农业展望, 2022（18）: 61-67.

[23] 黄冠华. 绿色生态背景下北京乡村民宿发展现状·问题与对策研

究［J］．安徽农业科学，2021（49）：137-140.

[24] 贾子玉，高梦瑶，厉基魏，等．基于Airbnb数据的京郊乡村民宿空间分布与影响因素分析［J］．住区，2019：76-81.

[25] 刘保莲．乡村振兴战略背景下北京市乡村旅游的民宿品牌化建设研究［J］．安徽农业科学，2023（51）：116-119.

[26] 梅林，姜洪强．基于Airbnb数据的北京市民宿空间分异过程、因素与趋势［J］．经济地理，2021（41）：213-222.

[27] 任柯燃，何忠伟．北京乡村民宿旅游发展路径分析［J］．农业展望，2021（17）：103-107.

[28] 魏燕妮．乡村振兴战略背景下北京乡村民宿业可持续发展路径研究［J］．生态经济，2020（36）：135-141.

[29] 袁铭，饶晖，曹崠．北京乡村民宿消费动机分析［J］．农业展望，2020（16）：133-137.

[30] 詹玲慧，李甘乔，孙文策，等．北京精品民宿可持续发展分析——以延庆区为例［J］．农业展望，2021（17）：114-119.

[31] 中国旅游协会民宿客栈与精品酒店分会．2021全国民宿产业发展研究报告［M］．北京：中国旅游出版社，247-260.

[32] 蒋佳倩，李艳．国内外旅游"民宿"研究综述［J］．旅游研究，2014，6（04）：16-22.

[33] 张广海，孟禺．国内外民宿旅游研究进展［J］．资源开发与市场，2017，33（04）：503-507.

[34] 张海洲，虞虎，徐雨晨，等．台湾地区民宿研究特点分析——兼论中国大陆民宿研究框架［J］．旅游学刊，2019，34（01）：95-111.DOI:10.19765/j.cnki.1002-5006.2019.01.014.

[35] 张雪丽，胡敏．乡村旅游转型升级背景下的民宿产业定位、现状及其发展途径分析——以杭州市民宿业为例［J］．价值工程，2016，

35（23）：101-103.DOI:10.14018/j.cnki.cn13-1085/n.2016.23.036.

[36] 孙新见，柯冬英．我国民宿产业的发展及其法律规制问题研究［J］．中国领导科学，2016（12）：43-45.

[37] 李亮．国内乡村民宿发展存在的问题与对策［J］．科技视界，2016（22）：140+146.DOI:10.19694/j.cnki.issn2095-2457.2016.22.093.

[38] 乔宇．乡村振兴背景下乡村旅游民宿发展模式——以海南省为例［J］．社会科学家，2019（11）：102-107.

[39] 吴忠军，宁永丽，侯玉霞．民宿旅游国外研究趋势与展望［J］．旅游论坛，2019，12（06）：75-86.DOI:10.15962/j.cnki.tourismforum.201906066.

[40] 朱明芬．浙江民宿产业集群发展的实证研究［J］．浙江农业科学，2018，59（03）：353-359.DOI:10.16178/j.issn.0528-9017.20180301.

[41] 蒋秀芳，周刚，陈才．台湾民宿发展关键成功因素及其对海南的启示［J］．台湾农业探索，2016（03）：6-11.DOI:10.16006/j.cnki.twnt.2016.03.002.

[42] 朱颖祯．溧阳地区民宿成熟度评价及对策研究［D］．华东交通大学，2020.

[43] 张隆斌．乡村民宿产业经营绩效实证研究［D］．福建农林大学，2019.

[44] 毛心怡．丽水绿色产业发展评价与发展策略研究［D］．浙江工业大学，2020.

[45] 刘威．全域旅游形势下民宿产业发展模式及评价——以绍兴民宿行业为例［J］．品牌研究，2019（12）：8-9.

[46] 王光伟，王春艳．阳朔县传统村落发展民宿产业的潜力评价研究［J］．北方经贸，2022（02）：154-157.

[47] 张建，马景，米莉．北京市乡村休闲旅游空间分布及优化策略研究［J］．小城镇建设，2023，41（08）：22-29.

[48] 霍剑波,毛翔飞,高云,等.北京市乡村民宿产业发展的思考[J].中国农业资源与区划,2024,45(01):238-243.

[49] 李晨,江晶.北京市延庆区乡村民宿带动农民增收研究[J].农村经济与科技,2023,34(13):137-140.

[50] 张佰明.民宿社区共生情商力[M].北京:世界图书出版公司,2022.